전환의 문학

조해옥 비평집

국학자료원

서 문

　필자는 어린이대공원 근처에 간 적이 있다. 오랜만에 외출을 했기 때문에 집에 빨리 돌아오고 싶지 않아서 근처에 있는 대학의 연못가에 앉아서 한가한 시간을 보내고 있었다. 얼음이 연못을 뒤덮었지만, 따스한 볕이 연못 귀퉁이를 녹이고 있었다. 청둥오리와 집오리가 함께 뒤섞여서 학교 식당에서 내놓은 밥알을 쪼아 먹고 얼음이 녹은 연못 귀퉁이에서 헤엄을 치며 놀았다. 오리들이 무리를 지어 모이를 먹고 함께 물 위를 가르며 헤엄을 치는 모습은 겨울 추위를 녹이는 햇볕처럼 포근하고 평온해 보였다. 그런데 한 야생오리가 얼음판 위에서 혼자 물을 부리로 떠서 마시는 모습이 눈에 띄었다. 처음에는 물 마시는 모습도 날개를 떨면서 물기를 말리는 모습도 연못 풍경을 평온하게 꾸며주는 것처럼 보였지만, 자세히 보니 그 야생오리는 오로지 물 마시는 동작과 날개 떠는 동작만 되풀이 하고 있었다. 다른 오리들이 무리지어 밥을 먹고 헤엄을 즐기고 있는 내내 홀로 차가운 얼음판 위에서 방향도 바꾸지 않고 같은 동작을 반복하는 오리가 이상해 보였다. 오리들로부터 따돌려진 것인가? 오리들도 우리들처럼 적응하지 못하는 대상을 무리에 끼어주지 않고 소외시키고 있는 것인가?

　그러나 그 의문을 곧 풀렸다. 움직이는 야생오리를 보니 한 쪽 다리를 심하게 절고 있었다. 오리는 불편한 다리로는 물 속에서 자유롭지 못했기 때문에 얼음 위에 그냥 서 있었던 것이다. 필자는 오리의 처지가 안타까웠다. 그 오리는 다른 오리들처럼 정상적으로 밥을 먹고 헤엄을 치기에는 힘이 부치기 때문에 혼자 얼음 위에 서 있을 수밖에 없었다. 무리에 끼지 못하고 혼자서 자신의 처지를 묵묵히 견뎌내야 하는 오리는 주변에서 외롭게 삶을 견디는 사람들의 모습과 그들의 처지를 돌아보지 못하는 우리 자신을 비춰주는 거울 같았다. 그 오리는 너무나 순진해서 백치로 따돌림을 받으면서도 고독하게 자신의 순결한 영혼을 지키는 미쉬낀 공작을 생각나게 했다. 미쉬낀 공작은 도스또예프스키의 소설 『백치』의 주인공이다. 미쉬낀은 어린아이의 영혼을 고스란히 간직한 채 성인이 된 사람이다. 그렇기 때문에 그 앞에서는 교묘하게 감추고 있던 사람들의 속물적인 모습들이 그대로 노출된다. 그래서 사람들은 미쉬낀을 바보 취급하면서 따돌린다. 미쉬낀 공작은 그를 둘러싸고 있는 사람들이 감추고 있는 생각과 감정을 감추지 않고 그대로 비춰주는 거울과 같은 존재라고 볼 수 있다.

우리가 다른 사람에게 보여주는 우리 자신의 모습은 위장된 채로 표출된 것이라고 말할 수 있다. 우리는 어떤 관계 속에서도 나를 그대로 드러냄으로써 상처받고 싶어 하지 않는다. 나의 인상과 위치를 손상 받지 않으면서 다른 사람들로부터 우위를 차지할 수 있도록 항상 긴장의 끈을 놓지 않는 것이다. 상대방을 경쟁관계로 보고 상대보다 좀 더 나은 사람처럼 보일 수 있게 최선을 다 하는 우리와, 자신을 위해 아무런 방어도 하지 않으며, 할 수도 없는 순결한 미쉬낀 공작을 비교해 본다. 어린 새처럼 무방비로 세상을 견뎌야 하는 연못의 야생 오리와 미쉬낀 공작과 어린아이를 떠올리면서 순수하게 대상을 바라볼 수 있는 마음에 더께가 두껍게 내려앉은 나 자신을 뒤돌아보았다.

대상을 어린 아이처럼 바라볼 수 있을 때, 선제된 관념에 의해 차단된 학문을 벗어날 수 있다. 전환의 문학이란 무엇인가? 필자에게 그것은 작품을 보는 자가 지녀야 하는 시각의 새로움을 의미한다.

한 가지 구체적인 예를 들자면, 이상 문학을 연구하는 데 있어서 이상이 그의 시와 소설에서 보여주는 도시를 대하는 태도는 비판적 자세를 보여주지만, 그의 수필을 보면, 그의 이러한 비판의 자세에는 도시 예찬의 태도는 은폐되어 있다. 그러나 일상의 경험에서 발생하는 솔직한 감정을 문학적 상징으로 전환시킬 필요가 없는 수필에서 이상은 도시의 일상에 대해 비판자적 태도를 가지면서도 동시에 도시의 화려함을 감각하고 탐닉하는 이중적 태도를 갖는다. 따라서 이상 문학 정신을 규명하기 위해서 반드시 필요한 것은 이상 작품을 대하는 시각의 새로움이 전제되어야 한다. 또한 이상 문학의 정점인 근대적 자의식의 해명에 구체성을 부여할 수 있는 방법은 폐쇄된 연구 자세를 벗어나 그것을 입증할 수 있는 인접 학문과의 소통이다.

우리의 현대문학사 기술도 정치적 이데올로기에 속박된 기술태도로부터 벗어나서 북한의 문학을 문학사 연구대상에 포함시킬 때, 비로소 우리의 분단 문학사는 극복될 수 있을 것이다. 북한 문학뿐만 아니라, 재외 동포들의 문학도 우리의 문학 속에 포함시킬 때, 비로소 우리 문학은 온전한 위상을 정립할 수 있을 것이다. 이때 유의해야 할 점은 문학 자료를 대하는 연구자의 객관적인 자세가 무엇보다 우선되어야 한다는 것이다.

본 저서의 1부는 본격적인 논문들로 구성되어 있다. 이상의 수필에 대한 연구, 이상 문학의 최근 연구사, 조연현의 비평 연구, 김기림과 신동엽의 시 연구, 북한문학과 재일 시인인 김리박 시 연구 등이 실려 있다. 2부에는 시에 대한 짧은 논문과 현장 비평의 방향에 관한 글들이 실려 있고, 3부에는 최윤의 소설 작품인 「저기 소리 없이 한 점 꽃잎이 지고」와 이를 영화화한 <꽃잎>을 비교하면서 의미를 살핀 글과 중남미 작가들-시인인 로르까, 소설가인 마르께스와 보르헤스-의 작품들을 분석한 글들이 실려 있다. 본 저서에 실린 몇 편의 논문들은 필자가 처음에 의도했던 것을 견지하고 있는 듯하지만, 그밖의 글들은 필자의 의도에 적합하지 않은 글들이라서 만족스럽지 못하다. 본 저서의 표제인 '전환의 문학'은 현재 이루어진 것이 아니라, 연구자로서, 비평가로서 필자가 앞으로 나아가고 싶은 방향을 스스로에게 제시하고 있다는 느낌이 든다.

본 저서를 정리하면서 부모님과 가족들, 한남대 은사님들과 고려대 은사님들께도 고마움을 전해드리고 싶다. 책이 나올 수 있도록 애써주신 국학자료원 편집부 여러분에게 감사드린다.

목 차

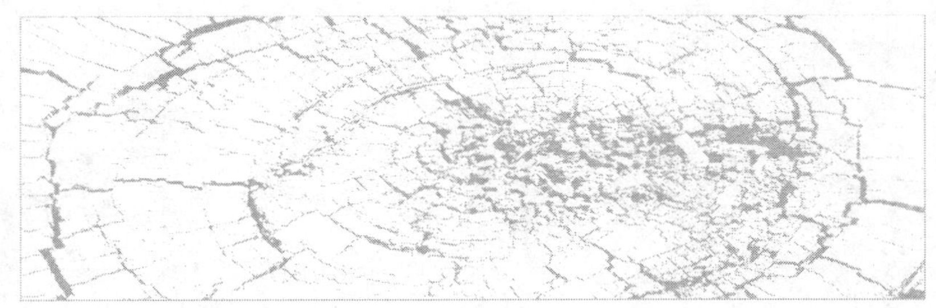

1부

이 상 수 필 의 이 중 성 연 구

– 「早春點描」와 「秋燈雜筆」을 중심으로

1. 머리말

이상은 시와 소설과 수필 장르를 넘나들면서 창작 활동을 하였다. 이상의 문학의식을 총체적으로 고찰하기 위해서는 이상의 시와 소설과 수필이 지닌 각각의 고유한 특질을 규명함과 동시에 각 장르를 아우르는 연구 작업이 연계되어야 할 것이다. 김승구는 이상 문학 연구에서 시, 소설, 수필이라는 장르 구분은 불필요한 것으로 인식되어 왔다고 지적한다. "이상의 글쓰기에서 보이는 장르적 구속을 초월한 자유로운 태도는 '이상의 텍스트'라는 표현이 가장 자연스러운 것으로 느껴지게 하는 주요인이라고 할 것이다. 연구자들의 전공 상의 구속성이 강한 학위논문의 경우에 있어서도 시나 소설이라는 장르적 제한을 두면서도 실제 연구 과정에서는 이상 텍스트 전반을 포괄적으로 수용하는 면모를 보이고 있다. 이는 이상 문학 연구에 관한 한 시나 소설, 수필이라는 장르적 범주가 큰 의미를 지닐 수 없음을 반증하는 것이라 하겠다."[1] 그러나 이상의 시와 소설과 수필이 각각의 고유한 의미를 지니고 있음을 볼 때, 각 장르가 지니는 고유한 특질을 우선적으로 규명해야 할 것이다. 지금

---

1) 김승구, 『이상, 욕망의 기호』, 월인, 2004, 20-21면.

까지의 이상 연구가 이상의 시와 소설에 집중해 온 반면에 이상 수필문학은 시와 소설 연구를 위한 근거 자료로서의 역할에 그쳤다. 그러나 일상적 소재로 작가의 의식을 직접적으로 드러내는 수필 작품을 연구함으로써 이상 문학 정신의 전체적인 면모와 본질적인 측면을 살펴볼 수 있을 것이다. 기존에 분류된 이상 수필의 범위와 작자의 문제를 철저히 규명하는 한편, 수필을 통해 육체와 공간의 동질화에 바탕하고 있는 이상 문학의 독특한 사유에 대해 세밀하게 천착함으로써 이상 문학에서 이상 수필이 지니는 위상과 의의를 바로잡을 수 있을 것이다.

지금까지 이상의 수필 문학이 지닌 문학성에 대해 연구자들의 동의는 있었지만 수필 문학에 대한 독자적인 연구는 드물다. 이상 수필만을 다루고 있는 연구로는 김상선의 「절대추구의 역설」2), 홍경표의 「이상문학의 비유법 소고- '산촌여정'을 중심으로」3), 이우경의 「이상의 '권태'의 세 공간구조와 자의식의 양상」4), 월터 K. 류의 「이상의 "山村旅情, 成川紀行 중의 몇 절"에 나타나는 활동사진과 공동체적 동일시」5), 이경훈의 「'권태'의 사상」6) 등 몇 편에 불과하다.

김상선의 「절대추구의 역설-이상의 수필을 중심으로」에서 김상선은 이상의 문장 재능이 가장 성공한 것은 이상의 수필이라고 평가하고 있다. 그는 이상의 「19세기식」과 「동경」과 「권태」를 분석 대상으로 하여

---

2) 김상선, 「절대추구의 역설-상」, 《수필문학》, 1975.10, 106-114면.
 김상선, 「절대추구의 역설-하」, 《수필문학》, 1975.11, 58-68면.
3) 홍경표, 「이상문학의 비유법 소고-'산촌여정'을 중심으로」, 효성여대국문학연구회 편 『국문학연구』, 1988.6, 17-26면.
4) 이우경, 「이상의 '권태'의 세 공간구조와 자의식의 양상」, 이화한국어문학연구소 편, 『이화어문논집』 10호, 1989.3, 669-697면.
5) 월터 K. 류, 「이상의 '山村旅情, 成川紀行 중의 몇 절'에 나타나는 활동사진과 공동체적 동일시」, 《Trans》 1집, 1999, 122-136면.
6) 이경훈, 「'권태'의 사상」, 『이상, 철천의 수사학』, 소명출판, 2000, 295-324면.

19세기와 20세기, 도시와 농촌, 그 어느 쪽에도 속하지 않으려는 데서 이상의 의식의 좌절이 비롯되었다고 보았다.

홍경표의 「이상문학의 비유법 소고-'산촌여정'을 중심으로」는 「산촌여정」에 사용된 수사적 기교인 비유의 뛰어남을 역설한 글이다. 이우경은 「이상의 '권태'의 세 공간구조와 자의식의 양상」에서 시에서 소설로 소설에서 수필로 완성시키고 있는 이상의 자의식의 세계는 이상 수필에 대한 해명을 절실히 요구하고 있다고 보았다. 그는 「권태」에 나타난 시·공간 구조를 살피는데, 「권태」에서 이상의 자의식은 벽촌이라는 현실적 공간의 한계점을 창조적·의식적 공간에서 역설적으로 도치시킴으로써 초월적인 단계인 절대적 공간에 도달한다고 파악하였다.

이상 수필에 나타난 의식을 본격적으로 고찰한 연구자로는 월터. K 류와 이경훈을 들 수 있다. 월터. K 류의 「이상의 '山村旅情, 成川紀行 중의 몇 절'에 나타나는 활동사진과 공동체적 동일시」는 「산촌여정」에 나타난 상호텍스트성 연구이다. 「산촌여정」에 나오는 일본작가인 幸田露伴의 『人의 道』와 조선총독부 농촌금융조합의 선전 활동사진회의 조선 전지역의 모습을 묘사한 영화의 상영 내레이터의 언술을 통해 성천 주민에 대한 이상의 거리감과 동시에 식민화된 민족의 한 일원임을 드러내는 심리적 양상을 파헤치고자 하였다.

이경훈은 「'권태'의 사상」에서 성천의 자연을 "추악한 백치"로, 성천 주민을 "거대한 백치"로 인식하는 이상의 의식은 근대적 식민화의 덫에 붙잡힌 존재의 모습을 보여준다고 파악하였다. 그러나 이들의 이상 수필 연구가 이상의 수필 작품들 가운데 한 편에 대한 것이므로 이상 수필이 지니는 의식을 규명하기는 힘들다.

위에서 살펴보았듯이 지금까지의 이상 수필 연구는 「19세기식」, 「동경」,「권태」,「산촌여정」 등 연구 범위가 몇 편의 수필에 한정되어 이루어졌다. 이 같은 연구의 한계는 수필에 나타난 이상의 문학의식을 전체적으로 고찰하기 힘들다는 점이다. 따라서 이상의 수필에 나타나는 이상의 문학의식을 살피기 위해서는 연구 범위를 이상 수필 전체로 확대시켜야 하며, 이상의 시와 소설과의 연계성 속에서 이상 수필의 문학적 특질을 규명해야 할 것이다.

이상의 수필은 산촌을 배경으로 하는 작품들과 도시 공간을 배경으로 하는 작품들로 나누어 살펴볼 수 있다. 도시 공간이 배경이 된 작품으로 「早春點描」와 「秋燈雜筆」이 있다. 본고에서는 「早春點描」와 「秋燈雜筆」을 텍스트로 삼아서 1930년대 경성의 일상을 통해 인간의 내면으로 깊이 파고 들어간 이상의 의식을 살펴보고자 한다. 이상은 「早春點描」에서 대상들을 객관적이고 과학적인 시선으로 그림으로써 자본이 지배하는 도시 공간과 그곳을 배경으로 형성된 인간의 면모를 드러내고자 한다. 또한 그는 도시적 일상에 대한 비판적 태도를 드러내는 한편 「秋燈雜筆」에 나타나 있는 것처럼 도시를 예찬하는 태도를 보인다.

이상이 그의 시와 수필에서 동일한 공간인 경성을 창작의 배경으로 삼고 있음에도 불구하고 그의 시와 수필에서 이상의 의식의 표출은 다르게 나타난다. 이상의 시에서 그의 시적 자아는 도시 공간과 불화의 관계에 있다. 반면에 수필에서 이상은 찬미와 비판이라는 이중적 시선을 가지고 도시의 일상을 대한다. 이상의 이 같은 태도의 차이는 각각 실재하는 일상을 다루는 수필과 일상을 문학적 상징으로 전환시키는 시의 양식적 차이에서 비롯된다.

따라서 본고에서는 이상의 도시 공간을 소재로 삼은 수필을 텍스트로 하여 근대 도시 경성의 이중성과 그곳에서 일상을 경험하는 작가의 의식과 태도의 이중성에 대해 고찰하고자 한다. 이상이 일상 속에서 실제로 체감한 근대 도시의 면모와 그의 의식을 구체적으로 살펴보는 작업은 그의 시와 소설에 표출된 문학 의식의 규명과 긴밀한 연관성을 가질 수 있다.

2. "눈에 띄지 않는 矛盾"[7]을 드러내는 분석의 시선-「早春點描」

이상은 ≪매일신보≫에 1936년 3월 3일부터 3월 26일까지 「早春點描」[8]라는 제목으로 각각 독립된 일곱 편의 수필문을 연속하여 게재하였다. 그 일곱 편의 수필은 「保險 없는 火災」(3월 3일), 「斷指한 處女」(3월 5일), 「此生輪廻」(3월 7일), 「空地에서」(3월 12일), 「都會의 人心」(3월 20일), 「骨董癖」(3월 24-25일), 「童心行列」(3월 26일)이다. 「早春點描」는 이른 봄 경성의 일상을 들여다보고 있는 글이다.

이상 수필에 나타나는 일상 풍경을 관찰하는 이상의 묘사기법은 대상을 바라보는 주체의 객관적 시선이라는 유사성을 들어서 비교해 볼 수 있다. 이상은 도시 공간에 속한 인간의 풍속과 인심과 자연을 세밀하게 그려내고 그러한 공간을 배경으로 살아가는 사람들의 내면까지 그리고자 한다. 이상은 이들 수필에서 눈에 보이는 1930년대 경성의 일상 풍경을 그리는 것으로 시작하여 그 안에 내재하는 "눈에띄지 않는矛盾"[9]에까지 세밀하게 접근한다. 이처럼 바깥 풍경이나 사건의 감춰진 이면은 이상의 관찰의 시선에 의해 그 모습을 드러내게 된다.[10]

---

7) 이상, 「早春點描-此生輪廻」, ≪매일신보≫, 1936.3.7.
8) 이상, 「早春點描」, ≪매일신보≫, 1936.3.3 - 3.26.
9) 이상, 「早春點描-此生輪廻」, ≪매일신보≫, 1936.3.7.
10) 이상은 그의 시 「AU MAGASIN DE NOUVEAUTES」(『朝鮮と建築』, 1932.7)에서

이상의 「早春點描」는 각각 독립된 일곱 편의 글들을 하나의 글로 배치시켰다. 이상의 「早春點描」에 나타나는 여러 특징들이 이상 수필을 독특하게 창조해 낸다. 대상들에 대한 세부적인 측면들에 대한 접근과 그것의 치밀한 묘사로부터 이상의 대상 인식의 독특함이 발현된다. 이상은 이른 봄 경성의 변두리와 도심 거리에서 전개되는 모습들로 도시 공간과 그곳에서 살고 있는 사람들의 인성을 깊이 파헤쳐서 보여준다. 이상의 시선은 사물과 현상을 과학적으로 재현해 내는 데 집중한다. "색들은 그림 위에서 떨어져 나와 망막에서 재조직"[11]되는 것처럼 이상이 경성의 일상들을 묘사한 풍경들은 이상의 '의식의 망막' 위에서 재조직된다.

이상의 수필을 보면, 대상에 대한 작가의 과학적이고 해부학적인 시선이 작동하면서 동시에 솔직한 감정을 표출시킨다. 이상은 문학적 정서를 과학적 태도와 결합시키며, 기계와 인간, 과학과 인간이 하나의 육체와 의식을 이루는 힘을 그의 수필에서 보여준다.

> 不幸히 불은 예까지는오기전에써젓다. 그조흔불구경이 너무 하잘것
> 업시끚난것도섭섭햇지만 그와는달리 무엇이라고 形言할수업는寂寞을늣
> 겻다
> 듯자니 工場은 火災保險덕에 한폰드짜리알콜병하나쓰내놋치안코數
> 萬圓의補償을바드리라한다. 火災保險-참 이것은 엇던種類의고마운하느

대상들을 관찰자의 시선으로 묘사한 바 있다. 「AU MAGASIN DE NOUVEAUTES」에서 화자의 시선은 마치 백화점의 설계도면을 읽는 것처럼 백화점 내부를 오르내린다. 화자의 철저히 관찰자적인 시선은 백화점의 내부 풍경뿐만 아니라, 그 공간을 채우고 있는 사람들의 내면까지 파고 들어가서 그들의 人性을 드러낸다. 이 같은 이상의 서술 시각은 대립 공간을 조감하고 분할된 공간에 의해 규정지어진 의식에 까지 접근하고자 하는 작가의 태도를 보여준다

11) 황인송, 「신인상주의의 Georges Seurat에 관한 연구」, 조선대학교 석사학위 논문, 1998, 37면.

님보다도훨신더고마운하느님에틀님업다.

　어머니는엇지되든지간에 그쌔마음갓해서는 「비라먹을! 몽탕 다 타나
버리지」하고 실업시심술이낫다. 財産도 그대신걸내조각도업는알몸동이
가한번되어보고십헛든게다. 勿論 火災保險하느님이 내게 아모런 補償
도씨칠바는아니렷만…12)

　「保險 없는 火災」에서 이상은 그가 그리고 있는 대상들에 쉽게 동화
되지 않는다. 그는 화재를 당한 빈민굴과 공장의 풍경을 그리고 있다.
이상은 빈민굴 주민이지만, 그의 시선은 빈자의 시선으로 분류되지 않
는다. 빈자와 유산자의 격차와 그에 따른 위화감을 이상 자신의 의식을
통해 드러내고 있는 것 같지만, 그는 철저히 중간자적 위치에서 관찰할
뿐이다. 이때 그의 심리적 반응까지도 자신의 관찰 대상이 된다. 이상의
비판적인 시선은 빈민가의 화재 사건에서 출발하여 하느님처럼 전능한
힘을 발휘하는 화재보험과 자본에 의해 공간이 분할되는 현상으로 이동
한다. 즉 눈에 보이는 현상을 바라볼 때, 이상의 관찰은 눈에 뜨지 않는
모순들에 미쳐 있으며, 그 모순들에 대한 자신의 심리적 반응까지 꿰뚫
어 보고 있다.

　이상이 살고 있는 빈민촌과 공장은 격장(隔墻: 담 하나를 사이에 둔
아주 가까운 곳-필자 주)으로 인접해 있다. 지리적으로 한 공간이라고
볼 수도 있는 빈민촌과 공장은 현격한 차이가 존재한다.13) 「保險 없는

---

12) 이상, 「早春點描-保險 없는 火災」, ≪매일신보≫, 1936.3.3.
13) 　여기에서 보이는 빈민가와 공장의 불연속성은 1930년대 경성의 경제적 이중성, 즉
　　일본과 식민지 조선의 불연속으로 확대시켜 볼 수 있다.
　　　"조선인이 주로 거주하던 종로통 부근 '북촌'과 일본인 상가, 주택가가 중심을 이
　　루던 남산 부근 '남촌'의 구분도 그렇지만, 경성의 생활방식 역시 이중적으로 형상
　　화되어 있다. 전근대적인 생활방식과 근대적인 생활방식은 도심 곳곳에서 충돌하고,
　　화려한 도시의 꿈은 그곳에 다가설 수 없는 생활현실이라는 절망의 벽에 부딪혀 환
　　상으로 변하고 만다."(신명직, 『모던쎈이, 京城을 거닐다』, 현실문화연구, 2003, 22

火災」는 공장에서 화재가 발생하여 그 내부를 적나라하게 드러내게 된 빈민굴을 그리고 있는데, 여기에서 공장과 그에 인접한 빈민굴은 뚜렷하게 두 개의 공간으로 구분된다. 두 개의 공간으로 나뉘는 기준은 각각의 공간이 화재보험에 가입하였는가 그렇지 않은가이다. 화재를 일으킨 곳은 공장이지만 화재보험에 든 공장은 전액을 보상 받고, 불을 내지도 않고 공장 때문에 피해를 입은 빈민굴 사람들은 보상을 전혀 받지 못한다. 그러므로 빈민가의 아들인 이상은 화재보험을 '하느님'과 같은 전능한 힘을 가지고 있다고 자조하는 것이다. 화재라는 극한의 상황은 자본이 도시 공간을 평가하고 그 공간 속에 살고 있는 인간들과 자연까지도 분류시켜 재배치하고 있음을 명료하게 드러낸다.

「斷指한 處女」[14]에서 이상은 '孝'라는 유교적 관념에 희생된 처녀에 대해 이야기하면서 인습에 희생된 비주체적인 인간의 무지함과 처녀로 하여금 서슴없이 단지하게 만드는 가증한 전통에 대해 비판한다. 이상은 각설이떼 문체로 읊은 효자충신전의 부추김에 손가락을 자른 처녀의 허상을 비판하고 있다.

> 귓태누이 동무되는새악시가 그어머니臨終에 왼손 無名指를신엇다.
> 果然 東洋道德의最高水準건드렷대서 무슨 賞인지 돈 三圓을탓단다. 歲
> 月이歲月갓흐면 번듯한 紅門이서야할階梯에 돈 三圓이란 엇던度量衡法

면) 여기에서 경성의 북촌과 남촌은 청계천을 경계로 나눈 것이다. 남촌은 청계천 이남의 본정통(충무로), 명치정(명동) 등 일본인 상가를 중심으로 이루어진 곳이며, 북촌은 조선인 상가가 주로 많았던 종로통을 중심으로 이루어진 곳이다.

14) 안미영은 전통적인 유교 사회에서 몸은 조상으로부터 물려받은 '유체(遺體)(재인용. 이상옥 역, 「祭儀篇」, 『禮記』 中, 명문당, 1995, 373면)'로서의 신체인식과 개인의 의지에 따라 신체를 파악하는 '專有物'로서의 신체로 구분한다. 안미영은 이상의 신체인식은 유체로서의 신체를 비판하고 전유물로서의 신체의식을 보여준다고 파악한다. 그는 이상이 전통적인 신체관의 폐해를 지적한 한 예로 「조춘점묘」의 '斷指한 처녀'를 들고 있다.(안미영, 『이상과 그의 시대』, 소명출판, 2003, 29-54면)

으로算出한額數인지는 알바가업거니와 그보다도 잠간 이 斷指한새악시
自身이되어 생각을해보니 소름이끼친다. ……(중략)……
　　원체가 東洋道德으로는 身體髮膚에瘡痍를내는것을 嚴重히取締한다
고 寡聞이들어왓거늘그럼이 무시무시한 毀傷을 日, 中에도 으뜸이라는
孝道의極致로대접하는 逆說的理論의根據를 찾기어렵다.
　　무슨 物質的인文化에 그저盲從하자는게 아니라 時代와生活시스템의
變遷을조차서 거기딸으는역시새로운 卽 이時代와 이生活에準矩되는 適
確한倫理的尺度가생겨야할것이고가 아니라 意識的으로 立法해내어야할
것이다.
　　斷指―이 너무나毒한道德行爲는 오늘 우리가질머지고잇는 엇던種類
의生活시스템이나思想的푸로그람으로재어보아도 송구스러우나 一種의
無智한 蠻的事實인것을否定키어려운外에아모取할것이업다.
　　알아보닛가 學校도변변이못가본閨中處女라니 勿論 學校에서어더배
운것은아니겟고 그러타면―어른들의 호랑이담배먹는옛이야기나 그럿치
안으면 울긋불긋한 각설이째體 孝子忠臣傳이 쬐겨준[15]것임에틀님업슬
것이다. 그박게 손싸락을잘나서 죽는父母를살닐수잇다는 가엽슨孝法을
이새악시에게如實히가르처줄수잇슬만한길이업다. 아―傳說의 힘의 이
렇듯큼이여.[16]

　　이상의 시선은 斷指한 처녀의 이야기를 통해 '보이지 않는 모순'으로
이동한다. 순진한 처녀를 단지하게 만드는 전통의 허상은 가증스럽다.
어머니의 임종을 맞은 처녀는 어머니를 살리기 위해 무명지를 자른다.

---

15) "그럿치안으면 울긋불긋한 각설이째體 孝子忠臣傳이 쬐겨준"은 '각설이떼 타령 같
　　은 효자충신전에 의해 부추겨진' 인식으로 해석할 수 있다. 그런데 임종국 판에서는
　　"그렇지 않으면 울긋불긋한 각설 이때 體 孝子忠臣傳이 뙤겨준"(임종국 편, 『이상
　　전집』, 개정판, 문성사, 1966, 34면)으로 바뀌었다. 이어령 판에서도 "그렇지 않으면
　　울긋불긋한 각설이때 體孝子忠臣傳이 띄겨준"(문학사상연구자료실 편, 이어령 校註,
　　『이상수필전작집』, 갑인출판사, 1977, 37면)으로 바뀌었다. 김윤식은 이것을 "각설이
　　떼 體孝子忠臣傳이 띄겨준"으로 바꾸었다.(김윤식 편, 『이상문학전집 3-수필』, 문학
　　사상사, 1991, 38면) 띄어쓰기를 잘못함으로써 그 의미가 전혀 다르게 해석될 우려
　　가 있는 것이다.
16) 이상, 「早春點描-斷指한 處女」, ≪매일신보≫, 1936.3.5.

이상의 누이 친구인 처녀는 손가락을 자른 대가 혹은 효성의 값어치로 삼 원의 상금을 받는다. 그는 효의 대가가 삼 원으로 환산되는 것에 놀란다. "아—傳說의 힘의 이렇듯큼이여." 라는 그의 탄식은 순진무구한 처녀의 의식과 행동을 지배하고 있는 관념과 허구가 가지는 힘을 일상에서 확인하는 데서 오는 놀라움의 표출이다. 이상은 "무슨 物質的인 文化에그저 盲從하자는게 아니라 時代의 生活시스템의 變遷을 좇아서거기 따르는역시새로운 卽 이 時代와 이 生活에 準矩되는 適確한 倫理的 尺度가 생겨야할것이고가아니라 意識的으로 立法해내어야 할것이다."[17]라고 주장한다. 그는 이 시대와 생활에 준거되는 새로운 윤리적 척도를 의식적으로 입법해야 한다고 역설하는 것이다. 斷指는 그가 보기에 무리한 야만적인 사실이기 때문이다. 단지는 다만 가증한 전통적 효법(孝法)이 주입된 결과에 불과하다. 어머니를 살리려는 처녀의 마음은 순수한 것이지만, 단지의 행동은 허상적인 이데올로기의 주입에 따른 비주체적인 행동이었다는 것을 이상은 꿰뚫어보고 있다. "당신을 공경하면서 오히려 斷指를 미워하는 心思 저 뒤에는 아주 根本的으로 미워해야 할 무엇이 가로 놓여있는 것을 小姐! 그대는 꿈에도 모르리라."[18] 이상은 가증한 전통과 그것의 허상을 비판적으로 보지 못하는 처녀의 무지함과 인습에 희생되는 비주체적 인간 등을 보이지 않는 모순으로 찾아낸다.

「斷指한 處女」는 허구에 불과한 이데올로기가 무지한 인간의 의식을 지배하고 희생시키는 것에 대한 이상의 비판적 시선이다. 「骨董癖」에서도 이상은 골동품을 소재로 하여 골동벽이 허세이며 허구임을 비판하고 있다. 골동품에 대한 허영심을 매개로 하여 사람들은 서로 속고 속인다. 골동벽은 미술품에 대한 가공할 무지를 드러내는 것일 뿐이다. 이상은

---

17) 윗글.
18) 윗글.

골동벽을 가진 사람의 唾棄할 수전노적 사유관념이라고 말한다.

> 하로 鐘路를오르내리는동안에세번 積善을베푼일이잇다. 破記錄的事實임에틀님업다. 한푼바다들고 여내 고개를끄썩이고꽁문이를쌔는꼴을 보면서 「네놈덕에내가사람노릇을하는것이다. 알기나아니?」하고甚히窮한 虛榮心에서苦笑하얏다. 自身 亦地上에살資格이그리업다는거슬각금늣기는까닭이다. 그러나 다음瞬間 「나를먹여살니는내바도 上部構造가쏘이러케 滿足해하겟지」하고 소름이 聯작끼쳤다. 그쌔의나는틀님업시 엇던 점잔은분들의 虛榮心과 生活原動力을提供하기위하야 쑤멀쑤멀하는 「거지的存在」구나 눈의불이 번쩍나지안을수업섯다.[19]

인간 관계가 수평의 관계가 아니라 상부구조와 하부구조로 이루어져 있음을 이상은 도시의 일상 속에서 발견한다. 이 같은 수직관계를 연결하는 고리가 인간의 허영심이라는 사실을 이상은 자신의 내면을 통해 인식한다. 그는 자신이 적선한 거지의 굽신거리는 모습을 보고 "「네놈덕에내가사람노릇을하는것이다. 알기나아니?」하고甚히窮한 虛榮心"을 만족시킨다. 그가 거지에게서 가졌던 자신의 허영심을 스스로 들여다보면서 그 역시 자신보다 상부구조에 있을 누군가의 허영심을 채워줄 "거지적 존재", 다시 말하여 상대적으로 하부구조에 속한 사람임을 깨닫는다. 이 글에서 허영심은 상대적 가치를 갖는다는 것을 잘 보여준다.

「空地에서」에서 이상은 '空地'의 개념이 사라져버린 도시에서 누구의 소유물도 아닌 곳이며, 그렇기 때문에 의식의 자유까지도 누릴 수 있는 '진정한 空地'를 꿈꾼다. 그러나 그는 겉으로 공지처럼 보이는 어떠한 곳도 어떤 이의 소유가 아닌 곳이 없음을 잘 알고 있다.

---

19) 이상, 「早春點描-此生輪廻」, ≪매일신보≫, 1936.3.7.

> ……쌍도 인제는 草木이 욱어지고 奇巖怪石이配置되는데만 滿足해하
> 지는안을게다. 차라리草木이업고怪石이업드라도집이스고 집속에사람들
> 이 북적북적하고 쏘 집과집사이에 참 앗기고앗겨서남겨노흔 가늘고길
> 고 요리휘고조리휘인 얼마간의地面-卽 길에는 늘구두신은男女가 쑤걱
> 쑤걱오고가고 여러가지車輛들이굴러가고 하기를 希望할것이다. 그럿케
> 쌍의 性格도嗜好도 變하얏슬것이다.
>
>   (중략)
>
> 하나도 空地가업는이世上에 어듸로갈가 하든차에 이런空地다운空地
> 를發見하고 저기가서 두다리쑥-쌧고누어서 담배나한대피엇스면하고나
> 서 쏘생각해보닛가이것도 亦××保險會社가利潤을기다리고잇는建造物인
> 것을째달앗다. 다만이建造物은콩크리트로여러層을싸아올닌것과달니雜草
> 가욱어진形態를하고잇을쑨인것이다.[20]

경성의 땅은 초목이나 기암괴석의 배치로만은 만족하지 않을 것이라
고 이상은 이야기한다. 그는 경성이 새로운 공간 개념으로 재조립되었
으므로, 경성 땅의 성격도 기호도 변하였을 거라고 말한다. 새로운 환경
이 인성을 변하게 만드는 것처럼 동일한 경성의 땅이지만 그것의 성격
은 새롭게 변한 경성만큼이나 변하였을 것이다.

도시는 자연적인 현상이 아니다. 그것은 특수한 역사적 조건과 상황
의 산물이다. 근·현대의 도시는 '자본주의'라는 일정한 역사발전 단계와
떼어놓고 생각할 수 없다. 그것이 선진 산업사회의 도시이건, 후진국의
도시이건 19세기의 도시에 대한 여하한 환상이나 희망도 결국에는 '도시
문제'라는 역사적 病症으로 대치되었다. 지금까지 존속해오던 도시의 인
본주의적 공간 틀을 뒤흔들어놓고 만 것이다. 도시는 이제 자연적 환경
과 대치된 인위적 공간으로서, 사람들은 그들이 만든 새로운 먹이사슬
의 덫에 걸려들어 도시적 생태계를 보존하는 종으로 전락하고 있다. 자

---

20) 이상, 「早春點描-空地에서」, ≪매일신보≫, 1936.3.12.

본주의적 도시의 형성은 중세도시의 붕괴와 상업자본의 형성으로부터 비롯되었다. 다시 말해서 산업발전에 따른 화폐경제는 도시의 면모만이 아니라 그 안에 사는 도시민의 인성구조도 바꾸어 놓았다.[21]

이상이 뿌리내릴 만한 공지가 경성에는 없다. 경성의 모든 곳은 누군가가 소유하고 있거나 이윤을 기다리는 建造物이다. 건물 대신에 자연물이 자리를 차지하고 있더라도 그것은 겉으로 자연 혹은 공지인 체하고 있을 뿐이다. "天下에 空地라곤요盆안에놓인땅한군데밖에는업다고좋아하였다.그러나두다리를뻗고누워서담배를피우기에는이동글납작한 空地는너무좁다"에 잘 나타나 있는 것처럼 이상이 마음껏 향유할 수 있는 공지는 화분에 놓인 땅 한 곳밖에 없다.

「都會의 人心」에서 이상은 그가 살고 있는 나가야의 모습을 묘사하여 도회의 인심이 얼마나 야박한가에 접근하고 있다. 나가야는 셋방들이 한 울타리 안에 늘어선 주택이다. "같은 들뽀 한 지붕밑에죽―칸칸이산다.朴서방, 金氏, 李상, 崔주사, 이렇게크고작은문패가칸칸이붙었다. 그러나 그들은서로사귀지 않는다." 같은 대문을 사용하는 사람들은 어찌보면 한 집에 사는 사람들로 볼 수 있는데도 서로의 일에 무관심으로 일관한다. 경제적으로 무능한 남편과 헤어진 후에 카페 여급이 이사를 나가도 이웃한 사람들과 서로 인사도 안 한다. 또 젖먹이 아이를 잃은 젊은 부부의 슬픔에도 사람들은 부조하지 않는다. 이상은 부부가 아이를 잃은 사실도 일이 있고서 훨씬 뒤에야 알게 된다. 정월에 이웃끼리 음식을 나누는 것이 전통 풍속이지만, 나가야에서는 서로 음식을 나눠먹지 않는다. 도시는 인성까지도 변모케 한다.

「早春點描」의 큰 제목으로 연재된 일곱 편의 수필문들-「保險 없는 火

---

21) 정기용, 「도시공간의 정치학」, 『문화과학』 3호, 1993, 봄호, 217-220면.

災」, 「斷指한 處女」, 「此生輪廻」, 「空地에서」, 「都會의 人心」, 「骨董癖」,
「童心行列」-에서 이상은 자본에 의해 공간의 구획이 이루어지고 경계가
지어짐으로써 차별과 소외가 발생하는 경성의 이면을 파헤친다(「保險
없는 火災」) 또한 그는 전통의 허구적 관념이 하나의 이데올로기가 되
어 개인의 자유로움을 억압하는 기제가 된 현상을 꿰뚫어보고(「斷指한
處女」), 도시 공간에서 인간관계는 자본 여하에 따라 상부구조와 하부구
조로 구분되고, 각각 자신이 속한 계층 여하에 따라 그들의 의식 구조
역시 분리되고 서로 대립되어 있음을 보여준다.(「此生輪廻」) 이상은 경
성 사람들의 인성에 대해서도 풍자하고 있다. 그는 인심의 각박함이 극
에 달해 있음이 도처에서 경험하고 있음을 이야기한다.(「都會의 人心」)
또한 현대인의 값싼 골동 취미의 허구성을 드러낸다.(「骨董癖」) 이들 수
필의 내용은 이상이 경험한 1930년대 경성의 일상들이다. 경험의 내용은
이상의 동시대인들과 동일하지만, 이상이 그것들을 대하는 태도는 과학
적이고 분석적인 의식에서 비롯되고 있음을 살펴볼 수 있다.

3. 1930년대 경성의 이중적 면모와 체험자의 이중성-「秋燈雜筆」

「秋燈雜筆」란에 연속하여 게재된 이상의 수필들은 일상을 대하는 이
상의 유사한 의식을 드러낸다는 점에서 「早春點描」와 비교해 볼 수 있
다. 「秋燈雜筆」22)은 신문의 「秋燈雜筆」란에 각각 다른 제목의 수필 다
섯 편-「秋夕揷話」, 「求景」, 「禮儀」, 「寄與」, 「失手」-을 연속하여 실은 것
이다. 이상은 「秋燈雜筆」에서 「早春點描」처럼 일상에 은폐된 모순점들

---

22)   ≪매일신보≫의 「秋燈雜筆」란에 「秋夕揷話」(1936.10.14-15), 「求景」(1936.10.16),
    「禮儀」(1936.10.21), 「寄與」(1936.10.22), 「失手」(1936.10.27-28) 등이 실려 있다.

을 드러내고자 한다. 그러나 「秋燈雜筆」에서 이상이 비판적으로 경성을 관찰하는 동시에 경성의 근대적 외양을 예찬하는 심정도 복합적으로 표출한다는 점에서 「早春點描」와 차이가 난다.

이상이 「秋燈雜筆」에서 중요하게 다루고 있는 것은 사적인 공간을 들여다보고자 하는 타자의 욕망과 개인이 자신의 사적인 생활을 보호받고자 하는 권한이 서로 충돌하는 상황들에 관한 것이다. 이들 수필에서 일상의 사건은 타자의 관찰 욕망과 그 욕망의 대상이 되는 자의 갈등에서 유발된다. 타자의 시선은 개인의 사적인 공간을 침입하고 개인의 내면까지 관찰 대상으로 삼고자 하는 욕망을 강하게 드러낸다.

근대에 들어와서 시각은 중요한 감각이 되었다. 관찰에 근거하여 도출해 낸 현상의 법칙과 질서는 과학이 가져온 근대의 획기적인 의식의 전환이었으며, 현상에 대한 이 같은 과학의 접근 태도는 과학 외의 영역에 큰 영향을 미치며 근대 문명을 전개시켰다. 과학적 접근 태도는 대상에 대한 관찰, 즉 시각에 의거한다. 이는 눈으로 확인할 수 있는 것, 즉 가시적인 것을 신뢰하는 정신과 그에 따른 태도를 가리킨다. 또한 르네상스 이후 인간이 사유의 주체가 됨과 동시에 사유의 대상이 되었는데, 인간의 정신과 육체는 관찰이 가능한 대상이 된다. 근대 과학의 시각이 자연을 탐구 대상으로 삼았던 것과 마찬가지로 인간의 육체뿐만 아니라, 내면까지도 관찰할 수 있는 대상이 된 것이다. 대상을 관찰함으로써 그것의 본질을 꿰뚫어보려는 욕망이 바로 다른 감각에 비해 시각이 부각된 이유가 될 것이다.

이상은 「求景」과 「寄與」에서 각각 형무소와 병원의 풍경을 그리고, 개인 내면의 존중을 역설한다. 이상은 개인이 범죄 행위로 교도소 생활을 하거나 나병에 걸리는 극한적인 상황에 처해졌다고 할지라도 모든 사람들의 인간적인 권한이 지켜져야 한다고 말한다. 그는 개인의 사적인 생활은 어떠한 경우에도 다른 사람들에 의해 침해받아서는 안 된다고 역설한다. 건축가 르 코르뷔지에도 도시의 이상적인 면모로 개인의 자유가 보장되는 것을 들고 있다. "도시는 개인의 자유와 집단 활동의 특권을 정신적·물질적인 면에서 보장되어야 한다."[23) 개인의 자유는 개인에게 그의 '내밀성'이 보장되는 것과 동일한 의미를 갖는다.

> 내밀성이란 드러나지 않는 것, 자신만의 고유한 것, 따라서 자신의 내면에 속하는 것이다. ……19세기 서구에서 새로운 생활방식이 탄생했는데, 주거공간은 가족만의 공간으로, 사적인 공간으로 변형되고, 그 공간에서 이루어지는 생활과 욕망의 흐름은 사생활과 내밀성이란 개념으로 명명된다. 세속적이고 개인적인 속성으로 변환된 근대적 내밀성은 이러한 공간적 변용을 조건으로 하여 성립한 것이면서, 동시에 그러한 공간을 외부세계와 분리하고 대립시키는 두꺼운 장막이 된다. 이로써 주거공간은 사생활의 욕망이 권리의 형태로 보장받을 수 있는 절대적 장이 되고, 사생활은 내밀성과 동일한 외연을 확보하게 된다. 그것은 모든 것이 드러나야 하는 공적인 세계와 대비되는 사적인 세계의 최소한을 정의한다.[24)

이진경은 위의 인용문에서 근대인의 내밀성을 주거공간에 한정시켜서 살펴보고 있지만, 주거 공간 외에도 공공기관 같은 공개된 공간과 학교와 병원과 군대 등의 집단생활이 중요하게 된 근대적 도시 공간에서 개인의 내밀성은 그것이 노출될 상황들과 부단히 충돌함으로써 이전에 비해 뚜렷하게 부각되는 문제이다.

「求景」을 보면 이상이 건축학을 공부하던 시기가 배경이 되고 있다.

---

23) 장 장제르, 『르 코르뷔지에』, 김교신 역, 시공사, 1997, 47면.
24) 이진경, 『근대적 주거공간의 탄생』, 소명출판, 2000, 239면.

이상은 건축에 대한 공부를 위해 마포 벽돌 공장으로 견학을 간다. 그는 벽돌을 제조하는 과정을 보기 위해 형무소에 속한 공장에 도착한다. 그러나 그곳에 도착했을 때 이상은 자신의 심정이 벽돌 제조에는 관심이 없었고, 오로지 "罪人들의 生活, 動靜의 姿態를 볼 수 있다는 것이 이 見學이 나로하여금즐겁게하여주는 理由의 全部였다."고 진술한다. 이상은 囚人이라는 대상을 관찰하고자 하는 욕망을 강렬하게 표출한다. 그러나 그가 죄수들을 보는 순간 그들의 끝없는 증오의 시선에 부딪히고 만다.

> …… 그런데 果然 아니나다를가, 그들은 끗업는 憎惡의視線을 우리들에게 던지는것이아니냐 나는 놀랏다. 가슴이 두근두근해왓다. 그리고 제출물에怯이나서 얼골이 달아들어오는것을어찌하는수가업섯다. 넘우 나쪽쪽이 不快한表情을지어보이는그들을 나는참아 바로처다보는재조가 업섯다.
>
> 自己의 恥辱의 生活의 內面을 或 恥辱이라고까지하지는안토라도 決코남에게 써벌려 자랑할것이못되는 제生活의內面을 어쩐生面不知 사람들에게 莫不得已 求景식히지안으면안되는것을 누구나다실어하리라. 仰不愧於天 俯不作於心 이런心境에서 사는사람이라도 그런 一點의흐린구름이 지지안흔生活을, 남이 그야말로 求景써리로알고 보려달려들째에는 저윽이不快할것이다. 況此 罪囚들이自己네들의 恥辱的生活을 白日아래서 餘地업시 求景써리로어쩐멋사람압에 내노치 안흐면안되는境遇에 그들의 心痛함이 쏘한 服役의괴로움보다오히려倍大할것이다.[25]

이상은 위의 글에서 囚人이 자기의 개인 생활을 다른 사람에게 보이기 싫은 심정은 당연한 것인데도 그들에게서 자기 노출에 대해 거부할 권리를 빼앗는 근대적 처벌 제도를 비판한다. 그는 사생활을 드러내고 싶지 않은 인간의 최소한의 권한마저도 보호받지 못하는 수인들의 처지

---

25) 이상, 「秋燈雜筆-求景」, ≪매일신보≫, 1936.10.16.

에 연민을 갖는다. 이상은 감옥을 견학하는 사람들의 시선[26]에 노출되어야만 하는 수인들의 '마음의 통증'은 복역의 괴로움보다도 클 것이라고 이야기한다. 그렇기 때문에 이상은 "그들이 第一싫어하는'求景'을 絶對로禁해야할 것이다."라고 말한다.

위의 글에 잘 드러나 있는 것처럼, 감옥과 병원에서 사적인 공간을 확보하려는 개인들과 그곳을 끊임없이 침입하려는 타자의 욕망은 강렬하게 충돌한다. 감옥과 병원에 수용된 사람들의 권한은 그들을 수용하는 주체에 의해 억압되기 때문이다. 집단을 수용하는 근대적 공간에서 권력은 일방향으로만 작동한다. 권력은 감옥의 죄수와 병원의 환자들에게 일방적으로 이행되며, 그들은 철저히 수직적인 권력에 의해 타자화되고 수동적인 대상이 된다.

> 그다지 名譽롭지못한 그러나 생각해보면 쏘 그러케까지 不名譽라고
> 까지할것도업는 疾患을가지고 어썬學府 附屬病院에를갓다. 診察이씃나
> 고 인제 治療를始作하려 그 그리보기조치안은 쎄드위에올라누엇다. 그
> 랫드니 난데업시 數十名의黑裝束의 壯丁 一團이 우—闖入하야는 내 寢
> 床을 둘러싸는것이다. 말할것도업시 이 學府在學의 學生들이오 이것은
> 臨床講義時間임에틀림업다. 손에는 各各노—트를들엇고 視線을 내患部
> 인 한點에 集中식히고잇는것이다. 醫師즉敎授는 徐徐히입을열어 用意

---

26) 미셸 푸코의 『감시와 처벌』에 따르면, 일반인들에게 죄수들의 징벌 현장을 볼 수 있도록 한 것은 "죄수들의 사역을 공개함으로써 저항적 시민들이나 반체제적 사람들의 저항의지를 약화시키는 도덕적 효과를" 위한 목적이 있었다는 것이다.(미셸 푸코, 『감시와 처벌』, 오생근 역, 나남출판, 1994, 12면) 그런 이유로 은밀한 형벌 대신에 죄수가 징벌 당하는 현장을 공개하였던 것이다. 푸코는 죄수의 형벌 자체에 대한 관심보다는 그 형벌을 의미화하려는 근대적 감옥의 이면을 다음과 같이 노출시키고 있다. "비밀리에 행해지는 형벌의 절반은 쓸모없는 형벌이다. 형벌이 집행되는 현장에 아이들이 찾아올 수 있어야 하고, 그곳에서 시민 교육의 학습이 이루어지도록 한다. 또한 성인은 그곳에서 정기적으로 법을 배울 수 있게 된다. 징벌의 현장을 온 가족이 일요일에 견학할 수 있는 '법의 정원'과 같은 곳으로 생각해 보자는 것이다.……그것이야말로 치안 박물관에서의 산 교육인 것이다."(윗글, 172면)

周到하게 내 治療밧고저하는個所를 주물르면서 流暢한語調로 講義를
開始하는것이아닌가. 이것은나에게잇어서 참으로千萬意外의일일쑨아니
라 정말로 不快하기싹이업는逢變일수박게 업는일이다.
　　그들은 大體 누구의許諾을어더 나를 實驗動物로 使用하는것인가 옆
구리에 腫氣하나가나도 그것을 남에게내어보이는것이 不快하겟거늘 아
픈탓으로 恥部를 내보이지안으면안되는 그 자그마한機會를타서 미천
드리지안코 그들의實驗動物을 엇고저씌하는것일것이니 治療를 밧기爲
하야는 반드시 이런屈辱을 밧아야만된다는制度라면 辭此不避일것이나
그럿타하드라도 이變만은 어디싸지든지 不快한일이다.27)

「寄與」에서도 이상은 「求景」과 「禮儀」와 마찬가지로 '보는 것', '개인
의 사생활이 타자의 시선 앞에 노출되는 것'을 문제 삼고 있다. 개인의
권한을 침해하는 타자의 시선과 개인의 사적 공간은 서로 충돌한다. 개
인의 생활을 남에게 구경시키는 것, 개인의 내면까지도 구경의 대상이
되는 시대에 이상은 마치 자기 자신이 '실험동물' 같은 느낌을 갖는다.
이상은 감옥과 병원이라는 특수한 공간에서의 경험을 이야기하면서 사
적인 개인이 타자의 시선에 노출되는 경우의 부당함을 지적하고 있다.
이상은 「寄與」와 「求景」, 「禮儀」 등의 수필에서 타자의 시선에 노출되
는 개인의 사적인 생활을 그리고 있다. 물론 이 같은 이상의 비판적 시
선은 그러한 욕망에 지배를 받는 자기 자신에게까지 미치고 있다.

　　걸핏하면 喫茶店에 가안저서무슨맛인지 알수업는茶를, 마시고 쏘 우
리傳統에서는, 무던히 먼 音樂을듯고 그리고 언제싸지라도 우둑허니,
머물러잇는趣味를 업수녁이리라. 그러나 電氣機關車의믹근한線, 鋼鐵과
유리建物 構成, 銳角, 이러한데서 美를 發見할줄아는世紀의人에게잇어
서는 茶房의一憩가 新鮮한道德이요 優雅한禮儀가아닐수업다.28)

<hr>

27) 이상, 「秋燈雜筆-寄與」, ≪매일신보≫, 1936.10.22.
28) 이상, 「秋燈雜筆-禮儀」, ≪매일신보≫, 1936.10.21.

위의 수필에서 "電氣機關車의믹근한 線, 鋼鐵과 유리建物 構成, 銳角, 이러한데서"가 기존의 이상 전집류에서는 "電氣機關車의 미끈한 線, 鋼鐵과 유리, 建物 構成, 銳角, 이러한데서"로 바뀌었다.[29] 여기에서 이 구절을 어떻게 띄어 쓰느냐에 따라 의미가 크게 달라진다. 이상은 끽다점(喫茶店)에서 도시의 바깥의 풍경들에서 아름다움을 발견할 줄 아는 이야말로 예의를 갖춘 자라고 말한다. 그는 바깥에 보이는 풍경으로 '전기기관차의 미끈한 선'과 '강철과 유리로 건축된 건물의 구성'과 그것들의 예각에서 건축물의 아름다움을 이야기한다. 임종국 판과 이어령 판처럼 띄어쓰기를 한다면 '강철과 유리'는 건축물이 아니라, 전기기관차를 설명하는 부분이 될 것이다.

여기에서 이상이 매혹된 것은 전기기관차의 미끈한 선과 건축물의 구성과 예리한 각도가 보여주는 기하학적인 아름다움이다. 이들 근대적 문물들이 지니는 형태의 아름다움은 그러한 사물들의 재료가 가지는 촉감과 시각에서 발생한다. "電氣機關車의믹근한線, 鋼鐵과유리建物 構成, 銳角, 이러한데서 美를 發見할줄아는世紀의人"에서 전기기관차와 건축물에 대한 이상의 묘사는 사물들이 지닌 매끄러움과 차가움과 투명함에서 그가 근대적 정신의 구현이라는 관념을 발견하고 있음을 알 수 있다.[30]

---

29) 임종국 편,『이상 전집』, 개정판, 문성사, 1966, 106면.
　　문학사상연구자료실 편, 이어령 校註,『이상수필전작집』, 갑인출판사, 1977, 90면.
30)　다음의 건축물에 대한 비평을 보면, 건축가의 의식이 건축물에 구현되고 있음을 잘 알 수 있다. 건축 재료들이 결합하여 하나의 건물로 구축되는 순간 건축물은 관념적인 의미가 발생한다. 크리스티나는 독일 빈의 우체국 저축 은행 중앙홀(1904-1913년)에 대해 유리 천장, 받침 기둥의 노출, 유리, 돌, 바닥 등 전체 구성은 아름다움과 기능성을 현실로 보여준다고 평가한다. 그는 이 건물의 건축가인 오토 바그너가 '쓸모가 없는 것은 아름다울 수 없다'고 진술한 것을 인용하면서 (크리스티나 하베를리크, 안인희 역,『20세기 건축』, 해냄, 2002. 30면) 실용성이 곧 건축물이 지닐 수 있는 아름다움임을 주장한다. 크리스티나는 에리히 멘델론이 지은 포츠담의 아인슈타인 탑에 대해 '건축유기체'(윗글. 52면)라고 평가하기도 하고, 건축물은 "형태 언

건축물이 의식의 반영물이라는 생각은 1930년대 경성에서 첨단의 근대적 건축물인 백화점에 관련된 다음의 글에서 명료하게 드러나 있다. 千村俊夫는 1930년대 미쓰코시 백화점이 지니는 근대적 건축물의 대중화, 즉 그것의 상품성이 뛰어남에 대해 극찬하고 있다. 근대적 건축물이 지닌 가치가 돋보이는 부분은 신분이나 계층의 차별 없이 대중에게 개방되어 있다는 점일 것이다. 누구나 누릴 수 있는 대중성이 곧 가치로 전환된다는 것은 근대 도시를 배경으로 삼지 않고서는 형성될 수 없는 관념이다.

> 건축은 자본가의 배경을 요하지만, 대부분의 경우 그 목적은 대중화되지 않으면 달성되지 않는다. 따라서 건축은 맹렬한 스피드로 대중화되어 간다. 왜냐하면 건축은 일종의 상품이기 때문이다. (중략) 개인의 공상적 현훈(眩暈)이나 감상적 사모(思慕)로 건축이 창작되어서는 안 된다. 그러기 위해서는 너무나 값비싼 공간을 점령하고 물질을 너무 많이 소비하기 때문이다. 건축가는 크게 근대의 거리 위를 활보하며 과학을 섭취하고 시멘트를 먹으며 유리, 목재, 강철(Steel)을 소화하는 투명한 감정과 상식을 필요로 한다. 왜냐하면 그들의 생활은 혼자의 생활이 아니기 때문이다. 나는 이러한 건축 사상을 근거로 데파트 미쓰코시를 생각해 보고자 한다. (중략)
>
> 더 나아가 건장한 뇌리에 하나의 멋진 구상도가 완성되어 치밀하게 표현된 창틀의 색조, 테라코타와 화강암의 배합은 이상이 처음으로 활동하기 시작한 봄날을 생각하게 한다.
>
> 외관이 하나의 의상도(意想圖)에 통수(統帥)되어 태연한 것처럼, 내부도 세부에 이르기까지 정연하여 못마땅한 곳 없으며 어느 곳의 어떤 부분에도 무리가 없다. 이것이 이 건물의 그 어느 점보다도 훌륭하여 나는 좋아한다.[31]

어"(윗글. 54면)라고 평가하기도 한다. 크리스티나의 이 같은 평가는 건축물이 '의식의 반영물'이라는 점을 잘 드러내고 있다.

31) 千村俊夫, 「三越」, 『朝鮮と建築』 9집 11호, 1930.11, 36-38면. ≪이상리뷰≫ 제3호 (역락, 2004. 166-168면)에 이경훈 번역으로 게재됨.

위의 글에서 千村俊夫는 동경에 세워진 미쓰코시 백화점이 지니는 근대적 건축의 완벽함을 찬미하고 있다. 자연물이 관조의 대상이 되고 상상력의 바탕이 되었듯이 근대적인 건축물은 시각적인 미가 발현되는 대상으로 떠오른다. 그것은 시각의 만족을 넘어 정신으로까지 깊이 침투하는 아름다움을 지니는 것이다.

이상은 「禮儀」에서 낯선 문물들을 맛보고 듣고 본다. 여기에서 그는 오감을 통해 새로운 문물들을 경험하면서 만족감을 느낀다. 그는 알 수 없는 차를 맛보고, 서양음악을 들으며 몽상을 즐기는 자신의 취미는 바로 도시의 근대적인 건축물과 전기기관차에서 아름다움을 발견할 수 있는 자라서 가능한 일이라고 자족하고 있다. 이처럼 전기기관차의 미끈한 선과 근대 건축물의 세부적인 것에서 아름다움을 발견할 수 있게 하는 것은 그것들을 볼 수 있다는 것과 그것들을 감상할 만한 사적인 공간이 확보되어 있기 때문이다.

1930년대 경성은 이상으로 하여금 근대 도시 건축물의 아름다움을 마음껏 누릴 수 있게 한다. 이상은 끽다점(喫茶店)에서 도시의 바깥의 풍경들에서 아름다움을 발견할 줄 아는 이야말로 예의를 갖춘 자라고 말하고 있다. 이 예의는 바로 근대화된 도시에서만 경험할 수 있는 예의이다. 그러한 도시 풍경의 외관을 미적 감각으로 인지할 수 있는 여유는 그 풍경을 관찰할 수 있는 간격이 내재할 때 가능한 것이다. 「禮儀」에서 이상은 현대 건축물의 숨찬 억압으로 거칠기 쉬운 정서를 끽다점에서 휴게하고자 한다. 이상에게 끽다점-다방은 누구에게나 공평하게 열려 있는 수평의 공간이면서 개인의 안락과 정서의 휴게를 취할 수 있는 지극히 사적인 의미를 창출하는 공간이기도 하다.

이상은 「秋燈雜筆」에서 내밀한 공간을 들여다보려는 타자의 욕망과 그 욕망의 대상이 되는 존재들의 충돌과 갈등을 다루고 있다. 이상은 「求景」과 「唇奧」에서 각각 형무소와 병원의 풍경을 그리고, 개인 내면의 존중을 역설한다. 그러나 이상은 자신이 살고 있는 경성이 모순에 가득 찬 공간으로 느끼면서도 경성의 화려한 외양에 대해서는 찬미하지 않을 수 없는 그의 이중적 감정을 드러내고 있다. 경성에 대한 비판과 예찬이 이상의 의식 속에서 동시적으로 작동하고 있음을 그의 수필 「禮儀」에서 살펴볼 수 있다.

4. 맺음말

본고는 이상의 수필 가운데 도시 공간을 배경으로 하는 작품들인 「早春點描」와 「秋燈雜筆」을 텍스트로 삼아서 1930년대 경성의 일상을 통해 인간의 내면으로 깊이 파고 들어간 이상의 의식을 살펴보았다. 이상은 「早春點描」에서 대상들을 객관적이고 과학적인 시선으로 자본이 지배하는 도시 공간과 그곳을 배경으로 배태된 人性을 날카롭게 드러낸다. 「秋燈雜筆」에서도 그는 일상에 가려진 모순들에 대해 비판의 태도를 견지하면서 동시에 도시를 예찬하는 태도를 보인다. 이상은 그의 수필에서 근대적 도시인 경성과 그곳에서 살아가는 사람들의 의식에 가려진 모순들을 간파하고 있으며, 동시에 근대 도시의 화려한 외양을 감상하고 그것에 탐닉하는 태도를 보인다. 1930년대 경성이 지닌 발전하는 대도시로서의 면모는 빈민가와 공간의 불연속에 놓인다. 공간의 불연속은 인간관계의 심리적 단절을 낳는 원인이 된다. 경성의 이 같은 이중성은 그곳에서의 일상을 경험하는 이상의 의식과 긴밀하게 연관되어서 이상의 수필에 재현되고 있는 것이다.

도시 공간을 배경으로 하는 이상의 시와 소설에서 도시에 대한 찬미의 태도는 나타나지 않는다. 그는 그의 시와 소설에서는 비판적 자세만을 드러내는데, 이러한 비판의 자세에 근대 도시에 대한 예찬의 태도는 은폐되어 있다고 볼 수 있다. 그러나 일상의 경험에서 발생하는 솔직한 감정을 문학적 상징으로 전환시킬 필요가 없는 수필에서 이상은 도시의 일상에 대해 비판자적 태도를 가지면서도 동시에 도시의 화려함을 감각하고 탐닉하는 이중적 태도를 갖는다.

화려한 건축물들과 환한 불빛으로 눈부신 경성은 빈민가와 함께 공존하는 이중적인 외양을 갖는다. 이를 경험하는 자의 의식 역시 비판과 찬미의 이중적 태도를 보인다. 본문에서 살펴본 것처럼 이상은 도시를 배경으로 삼은 수필들에서 화려한 외양과 함께 공간의 불연속이 공존하던 1930년대 경성을 재현하고 있다고 볼 수 있다. 경성의 일상 속에 감춰진 모순들과 이중적인 다면적인 시선과 감정을 표출함으로써 이상이 그의 수필에서 보이는 그의 비판과 예찬의 이중적 의식은 비참한 빈민가와 뒷골목을 지니고 눈부신 근대 도시의 외양을 자랑하는 경성의 이중성과 긴밀하게 연결된다.

<h1 style="text-align:center">자 의 식 해 명 의 구 체 화</h1>

- 이상 연구사의 최근 동향

1. 이상 연구의 사적 전개

근대인의 대표적인 정서인 불안과 소외감 등 내면의식을 주제로 한 이상의 작품은 지속적으로 조명을 받아 왔다. 50년대는 전후의 불안 속에서 실존주의와 이상 연구가 맞물리기도 했으며, 60년대는 정신분석학과 결합된 분석이 성행했다. 70년대는 사회적인 관심사로 부각되었던 소외론의 영향을 받기도 했다. 이처럼 이상 연구는 각 시대의 문화사와 긴밀한 관련을 맺고 있음을 알 수 있다. 80년대는 리얼리즘 문학의 융성기이다. 문학 연구에서도 역사적 시각이 중요한 평가의 척도로 작용하게 된다. 그런 만큼 인간의 내면의식을 보여주는 이상 문학에 대한 관심은 상대적으로 위축되었다. 그러나 점차 문학이 역사의 긴장력에서 벗어나면서 이상 문학 연구는 90년대를 전후하여 활발하게 전개되었다.

이상 연구에 대해 세부적으로 살펴보면, 30년대의 이상 연구는 김기림과 최재서와 김문집에 의해 이루어진다.[1] 이들의 평가는 한 편의 작

---

1) 김기림, 「현대시의 발전-7」, ≪조선일보≫, 1934.7.19.
   김기림, 「모더니즘의 역사적 위치」, ≪인문평론≫, 1939.10, 80-85면.
   최재서, 「리얼리즘의 擴大와 深化 : '천변풍경'과 '날개'에 대하여」, ≪조선일보≫, 1936.11.31-12.7.

품으로 이상의 문학정신을 밝히고 있기 때문에 추상적이고 주관적인 평자의 관념이 작품분석에 앞서 있다.

본격적인 이상 연구는 50년대에 이루어진다. 이 시기에 이루어진 임종국의 『이상 전집』[2] 발간과 연구는 이상 문학에 대한 연구를 촉발시켰다. 임종국은 이상의 문학을 부정과 불안의 문학으로 파악했다.[3] 이어령은 현대문학의 본궤도에 진입한 것으로 이상 문학을 평가한다.[4] 고석규는 문학에 대한 평가가 몰이해에서 출발하거나, 충분한 근거를 제시하지 못한 채 찬미하는 연구 태도를 비판한다.[5]

60년대는 전후의 불안과 서구문학이 유입되는 혼돈을 겪으면서 현대문학이란 과연 무엇인가에 대한 본격적인 '탐구'의 자세를 갖추게 되는 시기이다. 이러한 문학적 배경은 근대인의 불안의식을 표출하는 이상 문학을 '탐구'하도록 만든다. 정명환은 서구 작가들과 이상 문학을 비교하면서 비판한다.[6] 서구 작가들과 이상 문학을 비교하면서 정명환은, 절망의 태도가 지적이었다는 점에서 이상의 독자성이 있지만, 이상의 절망에는 극복하려는 변증법적 노력이 없다고 본다. 정명환의 작업은 본격적인 이상 연구이지만, 한국문학의 독자성 속에서 이상 문학을 살피는 데 소홀했다는 비판이 제기되기도 한다.[7] 이밖에 이상 시의 형식과

---

2) 임종국 편, 『이상 전집』 1·2·3권, 태성사, 1956.
3) 임종국, 「이상론」, ≪고대문화≫, 1955.12. 114-141면.
4) 이어령, 「나르시스의 학살」, ≪신세계≫, 1956.10, 239-247면.
   이어령, 「續·'나르시스'의 학살」, ≪신동아≫, 1957.1, 128-139면.
5) 고석규, 「시인의 역설-3」, ≪문학예술≫, 1957.4, 162-171면.
   고석규, 「시인의 역설-4」, ≪문학예술≫, 1957.5, 199-207면.
   고석규, 「시인의 역설-6」, ≪문학예술≫, 1957.7, 201-219면.
6) 정명환, 「부정과 생성」, 『한국인과 문학사상』, 일조각, 1964. 재게재.『한국작가와 지성』, 문학과지성사, 1978, 100-161면.
7) 김윤식, 「이상론의 行方」, ≪심상≫, 1975.3, 54-67면.
   최동호, 「'날개'론의 방향」, ≪한국문학≫, 1983.11, 282-287면.

내용면을 전체적으로 조명한 송민호의 글이 있다.[8]

70년대에 이상 문학 연구는 다양한 접근이 이루어지는데, 특히 정신분석학을 대입시킨 연구가 주류를 이룬다.[9] 이상 문학을 전기적 시각으로 접근한 연구의 성행은 극단적인 형태를 띠기도 하는데[10], 이상 문학을 정신분석적인 면에서 문제점이 발견되는 것으로 보거나, 작품 속의 자아와 작가를 동일 인물로 보는 태도는 지양해야 할 것이다. 이처럼 전기적 분석에 매달려 작품을 분석하게 될 때, 자칫하면 작품의 다양한 의미가 한 개인의 이력 추적으로 그칠 수 있다. 이상 문학 연구에서 전기적인 작품분석이 작품의 의미를 한정시킬 수 있다는 우려는 많은 연구자들이 공감하는 바이다. 그러나 유독 이상 문학에 대해서 이와 유사한 접근방법이 지속되고, 설득력을 얻는 것은 작가의 독특한 이력과 작품이 쉽게 분리되지 않는 이상 문학의 특성에 그 원인이 있을 것이다.

이상 문학 연구에서 보이는 하나의 편견은 이상에게는 역사의식이 부재한다거나, 그의 문학은 현실과 단절되었다고 보는 것이다.[11] 시대와 차단되었다는 점이 이상 문학이 갖는 병폐라고 보는 것은 개인의 내면의식을 다룬 이상 문학에 '집단의식'의 잣대를 적용하는 부적절한 접근 태도일 것이다. 1930년대는 이미 세계의 대도시들은 근대화가 실현된 시기이다. 근대문학은 근대의 대도시를 물리적인 토대로 하여 형성된 문학이

---

8) 송민호, 「이상 文學考」, 송민호·윤태영 공저, 『절망은 기교를 낳고』, 교학사, 1968, 110-178면.

9) 정귀영, 「이상문학의 초의식 심리학」, ≪현대문학≫, 1973.7·8·9월
추은희, 「쉬르레알리슴에 비춰본 箱의 작품세계」, ≪현대문학≫, 1973, 7, 275-284면.

10) 김종은, 「이상의 理想과 異常-한국예술가에 관한 정신의학적 추적」, ≪문학사상≫, 1973.7, 241-252면.
김종은, 「이상의 정신세계」, ≪심상≫, 1975.3, 80-88면.
추은희, 「이상 문학의 단절의식과 파괴적 요소」, 『숙명여대 논문집』 16집, 1976. 12, 77-96면.

11) 윤재근, 「이상의 詩史的 위치」, ≪심상≫, 1975.3, 101-107면.

다. 근대도시를 배경으로 창작된 이상 문학을 두고, 단순히 기존의 민족 전통적인 정서를 표현한 문학과의 단절을 지적하기보다는 새롭게 정립되는 현대문학의 전통이 무엇인가를 탐구해야 할 것이다.[12]

1980년대의 이상 연구는 이상의 전기와 결합시켜 병리학적 이상(異常)으로 작품을 평가하는 태도를 지양하고, 이상 작품 전체에 일관되는 주제가 무엇인지를 해명하려는 경향을 보인다.[13] 이상 문학에 대한 김윤식의 연구는 80년대에도 지속적으로 이루어지는데, 그의 연구는 텍스트의 특성을 해명하는 데 집중된다.[14] 김윤식은 『이상연구』, 『이상소설연구』 등[15]에서 이상의 정신세계를 탐색한다. 그는 작품에 나타나는 이상의 정신과 심리세계를 밝히고 있다.

90년대에 이르러 이상 텍스트에 대한 세밀한 분석과 함께 다양한 시각의 접근이 이루어진다. 건축 개념을 도입한 최혜실의 논문[16]과 라깡과 크리스테바의 이론을 적용한 논문들[17]이 있는데, 이는 80년대까지

---

12) 90년대 김인환의 논의는 이상 문학과 전통문학의 연관성을 찾으려는 노력이다. 김인환은 이상 시의 문학사적 위치를 전통 시형식인 시조와 가장 거리가 먼 곳에 놓는다. 그는 시조와 거리가 가장 멀지만, 이상의 위치는 독특하면서도 뚜렷하다고 본다. 김인환은 90년대로 이어지는 이상 시의 뚜렷한 계보를 그림으로써, 역설적으로 이상 시의 전통 단절 논의를 재고케 한다.(김인환, 「이상 시의 계보」, 『현대비평과 이론』, 1997, 가을·겨울호, 100-132면)

13) 김승희, 「접촉과 부재의 시학 : 이상 시에 나타난 '거울'의 구조와 상징」, 서강대 석사학위 논문, 1980.
유재천, 「이상 시 연구」, 연세대 석사학위 논문, 1982.
이기서, 「1930년대 한국시의 의식구조 연구 : 세계상실과 그 변이과정을 중심으로」, 고려대 박사학위 논문, 1983.
이승훈, 「이상시 연구 : 자아의 시적 변용」, 연세대 박사학위 논문, 1983.

14) 김윤식, 「이상 연구 각서」, ≪문학사상≫, 1986.10, 143-151면.
김윤식, 「텍스트의 세 범주와 규칙 세 가지」, ≪시문학≫, 1986.12, 74-90면.

15) 김윤식, 『이상연구』, 문학사상사, 1987.
김윤식, 『이상소설연구』, 문학과비평사, 1988.

16) 최혜실, 「1930년대 한국 모더니즘 소설 연구」, 서울대 박사학위 논문, 1990.

17) 김승희, 『이상시 연구 : 말하는 주체와 記號性의 의미작용을 중심으로』, 서강대 박

프로이트 이론으로 이상 문학에 나타난 작가의 정신세계를 살펴보았던 전기적 접근방법을 이어 90년대 국내에서 활발하게 논의된 라깡과 크리스테바의 이론의 영향 아래에 있음을 반증하는 현상이다. 반면에 라깡과 크리스테바의 이론을 이상 문학 텍스트의 생산과 결합시키는 연구경향에 대해 비판적 시각도 제기된다.[18] 이상 문학 텍스트의 생산과정에 대한 연구도 90년대 이후 연구의 한 축을 이룬다.[19] 그밖에 그동안의 연구가 지나치게 의미부여를 하여 오히려 이상 작품을 불투명하게 만들었다는 황현산의 반성적 시각[20]과 이상 문학의 상호텍스트성을 살핀 김주현과 박현수의 일련의 논문들[21], 김종훈의 이상 시에 나타나는 '나'의 고유한 유형에 대한 내밀한 탐구[22]와 수사학적 관점에서 이상 시를 분석한 박현수의 논문이 있다.[23]

조영복은 1930년대 모더니즘 문학을 30년대 경성의 일상성과 결합시

사학위 논문, 1991.
우정권, 「이상의 글쓰기 양상」, 서울대 석사학위 논문, 1996.
이강수, 「이상 텍스트 생산과정 연구」, 서울대 석사학위 논문, 1996.
문홍술, 「1930년대 한국 모더니즘 소설에 나타난 언술 주체의 분열 양태 연구」, 서울대 박사학위논문, 1998.

18) 김주현, 「이상문학 연구의 방향」, 《동서문학》, 겨울, 1997, 406면.
조영복, 「방법으로서의 '이상'과 <날개>의 연구방법」, 《동서문학》, 겨울, 1997, 444면.
김윤식, 『이상 문학 텍스트연구』, 서울대학교출판부, 1998.

19) 임명섭, 「이상의 문자 경험 연구」, 고려대 박사학위 논문, 1997면.
김주현, 「이상 소설의 글쓰기 양상 연구」, 서울대 박사학위 논문, 1998.

20) 황현산, 「오감도 평범하게 읽기」, 《창작과비평》, 1998, 가을호.

21) 김주현, 「이상 문학의 텍스트 확정을 위한 고찰」, 『안동어문학』 제4집, 1999. 191-222면.
김주현, 「이상 시의 창작방법 연구」, 『어문학』 제69집, 2000.2, 177-204면.
박현수, 「토포스(topos)의 힘과 창조성 고찰」, 『한국학보』 제914집, 1999, 봄호, 20-45면.
박현수, 「이상 시학과 '전원수첩'의 수사학」, 『한국학보』 제103집, 2001, 여름호, 77-106면.

22) 김종훈, 「이상 시에 나타난 '나'의 유형 연구」, 고려대 석사학위 논문, 2001.

23) 박현수, 「이상 시의 수사학적 연구」, 서울대 박사학위 논문, 2002.
1990년대 이후에 나온 이상 문학 학위 논문 목록은 김주현의 「1990년대 이상 연구의 현황 및 전망」(《이상리뷰》, 역락출판사, 2001, 185-203면)에 자세히 정리되어 있다.

켜서 논의한 바 있다.[24] 모더니즘 문학을 30년대의 구체적인 시대상-도
시의 일상성으로 표현되는-과 관련지어 살펴보는 태도에는 서준섭의 연
구[25]가 기여한 바 크다. 김성수도 30년대 경성의 물신적인 일상을 표현
한 것으로 이상소설을 분석한다.[26] 그밖에 이상 문학에 나타난 공간의
식과[27], 시간의식에 대한 연구가 있다.[28] 이상의 시간·공간의식을 바탕
으로 육체의식과의 연관성을 살핀 연구가 있다.[29]

2. 이상 문학 텍스트의 문제

김주현은 이상 시 텍스트 선정의 문제점을 제시한다.[30] 그가 지적한

---

24) 조영복, 「1930년대 문학에 나타난 근대성의 담론 연구 : 김기림과 이상을 중심으로」,
    서울대 박사학위 논문, 1995.
25) 서준섭, 『한국 모더니즘문학 연구』, 일지사, 1988.
26) 김성수, 『이상소설의 해석』, 태학사, 1999.
27) 황도경, 「이상의 소설 공간연구」, 이화여대 박사학위논문, 1993.
    김중하, 「이상의 소설과 공간성」, 『한국현대소설사 연구』, 전광용 외, 민음사, 1984.
    김은자, 「한국 현대시의 공간의식에 관한 연구」, 서울대 박사학위논문, 1986.
28) 김준오, 「자아와 시간의식에 관한 試稿 : 김소월과 이상의 대비」, 『어문학』 33집,
    한국어문학회, 1975.10, 107-123면.
    이재선, 「이상 문학의 시간의식」, 『한국현대소설사』, 홍성사, 1979, 401-427면.
    이승훈, 「소설에 있어서의 시간 : '날개'의 시간구조」, ≪현대문학≫, 1980.10,
    257-269면.
    신규호, 「자아탐색의 諸樣相 : 이상시의 시간구조를 중심으로」, ≪심상≫, 1982.8,
    97-111면.
    정덕준, 「한국 근대소설의 시간구조에 관한 연구」, 고려대 박사학위 논문, 1984.
    염 철, 「이상 시에 나타난 시간의식 연구」, 중앙대 석사학위 논문, 1995.
    노지승, 「이상 소설의 시간성 연구」, 서울대 석사학위 논문, 1997.
    김종욱, 「규율화된 주체, 자율적인 주체 : 모더니즘과 시간성」, ≪문학사상≫, 1998.3,
    54-63면.
    김종욱, 「1930년대 장편소설의 시간· 공간 구조 연구」, 서울대 박사학위 논문, 1998.
29) 조해옥, 「이상 시의 근대성 연구」, 고려대 박사학위 논문, 2000.
30) 김주현, 「텍스트부터 잘못되어 있다 : 이상 문학 연구의 문제점」, ≪문학사상≫,

이상 시 텍스트 상의 문제점은 원전의 오류에 대한 것이다. 이상 시 텍스트의 오류에 대한 지적은 지금까지의 이상 시 연구가 텍스트의 원전 확인조차 검증하지 않은 상태에서 이루어져 왔음을 보여준다. 권영민도 이상 시 텍스트 원전의 불확정성에 대해 언급한 바 있다.[31]

　이상 시에 관한 연구에서 가장 긴요한 문제는 텍스트의 확정에 관한 것이다. 본격적으로 이상 문학에 대한 연구가 전개되기 시작한 시기는 50년대에 임종국에 의해서 이상 전집이 간행된 이후이다.[32] 40여년에 걸친 이상 연구에서 이상 시의 원전에 관하여 발생한 오류는 90년대 후반에서야 지적되었다.[33] 그동안의 연구가 활발하게 전개되어 왔을지라도, 기존에 출판된 이상전집들[34]을 무비판적으로 수용한 결과로 불명확한 텍스트를 연구 대상으로 삼고 있는 한 그 노력의 가치는 감해질 수밖에 없다. 최초에 간행된 이상전집에서 발생한 오류를 바로잡는 일은 후대의 연구자들에 의해서 이루어졌어야 하는데, 원전 확인 없이 이상 시 전집의 발간과 연구가 행해졌으므로, 오히려 이상 시의 원전을 혼란스럽게 만들었다.[35] 이러한 혼란을 피하기 위해서 이상 시의 의미 해석

1996.11, 60-80면.

31) 권영민, 「이상문학, 근대적인 것으로부터의 탈출」, 《문학사상》, 1997.12, 261-272면.

32) 임종국 편, 『이상 전집』 1·2·3권, 태성사, 1956.
　　　임종국 편, 『이상 전집』, 개정판, 문성사, 1966.

33) 김주현, 앞의 글.
　　　권영민, 앞의 글.

34) 문학사상연구자료실 편·이어령 校註, 『이상詩全作集』, 갑인출판사, 1978.
　　　이승훈 편, 『이상문학전집 1권』, 문학사상사, 1989.
　　　김승희, 개정판, 『이상』, 문학세계사, 1996.

35) 　시 텍스트의 오류를 보여주는 한 가지 예를 들면, 「詩第十三號」에서 시 원전에 "燭臺세음"이 나오는데, "燭臺세음"의 '세음'(細音)은 '셈'의 取音으로 '~하는 셈이다(형편, 셈판)'의 의미이다. 임종국 전집에도 "세음"으로 표기하였는데, 이어령 전집(문학사상연구자료실 편·이어령 校註, 『이상시全作集』, 갑인출판사, 1978, 29면)과 이승훈 전집(이승훈 엮음, 『이상문학전집 1권(시)』, 문학사상사, 1989, 46면)에서는

에 들어가기 전에 원전 비평이 이루어져야 한다.

3. 연구시각의 다양화

1990년 후반기부터 2001년도에 걸친 이상 연구의 특징을 살펴보면, 첫째, 이상 문학 연구의 결과물인 단행본들이 쏟아져 나왔다는 점이다. 이전에 나왔던 박사학위 논문을 수정하고 보완한 저서들[36], 김윤식의 저서들[37]과 이상의 전기적 사실과 작품을 연관지은 이보영과 이경훈의 저서[38]가 발간되었다.

둘째, 연구자의 폭이 확대되었다는 것이다. 국문학자 외에 타학문 전공자의 참여가 이루어졌다. 그것은 이상 문학이 가지는 특수함이 반영된 현상으로, 이상 문학과 수학, 건축, 미술, 영화 등과의 밀접한 연계가 두드러지게 나타난다. 타학문과 연계된 연구로 김민수와 안상수의 글이 있다.[39] 디자인을 연구하는 김민수는 이 책에서 시각 예술의 관점에서 이상 시를 살피고 있고, 안상수 역시 이상의 시각적 텍스트를 분석하였다.

　　“燭臺세움”으로 바꾸어 표기하였다. 이 같은 오류가 수정되지 않은 채, 의미 해석이 이루어지고 있다. 시 원전의 오기(誤記)에 대한 지적은 졸저(조해옥, 『이상 시의 근대성 연구』, 소명출판, 2001)를 참고.

36) 김승희, 『이상 시 연구』, 보고사, 1998.
　　김성수, 『이상 소설의 해석』, 태학사, 1999.
　　김주현, 『이상 소설 연구』, 소명출판, 1999.
　　조해옥, 『이상 시의 근대성 연구』, 소명출판, 2001.
37) 김윤식, 『이상 문학 텍스트 연구』, 서울대출판부, 1998.
　　김윤식 편, 『이상전집 5』, 문학사상사, 2001.
38) 이보영, 『이상의 세계』, 금문서적, 1998.
　　이경훈, 『이상, 철천의 수사학』, 소명출판, 2000.
39) 김민수, 『멀티미디어 인간 이상은 이렇게 말했다』, 생각의 나무, 1999.
　　안상수, 「타이포그라피적 관점에서 본 이상 시에 대한 연구」, 한양대 박사학위 논문, 1996.

수학자인 김태화는 「2분법 사고에서 3분법으로」에서 이상의 시를 대상으로 수학의 논리과정인 2분법에서 3분법으로 바뀌어 가는 과정을 분석하였다. 건축가인 김용섭은 「이상 시의 건축공간화」에서 이상의 시를 건축공간(평면, 입면, 단면)으로 재구성하였다.[40]

셋째, 외국인 연구자들의 참여가 활발해졌다는 점이다. 이상 문학의 독특함-외국문학에 대한 관심의 표출과 현대인의 심리를 묘파해 낸 그의 작품들-은 끊임없이 외국인들에게 호기심을 불러일으킨다. 그들의 연구는 대체로 외국문학과의 영향 관계와 비교 연구, 여러 문화 현상들과의 상호텍스트성 연구 등으로 요약해 볼 수 있다. 사노 마사토(佐野正人)는 「날개를 잃은 이상」에서 이상 문학에 나타나는 '비행(飛行) 이미지'를 이상의 실제 공간(경성에서 동경으로 건너가고 그곳에서 생을 마친 사실)과 결부시켜 의미를 해석하였다.

월터 K. 류(Walter K. Lew)는 「JEAN CCTEAU IN THE LOOKING GLASS: A Homotetual Reading of Yi Sang's Mirror Poems」에서 이상의 「날개」에 나타난 '인공 날개'의 의미를 그의 시 「오감도 제11호」를 비교하면서 '복제' 의미를 밝히고 있다. 또 이상의 거울 계열의 시를 대상으로 프랑스의 장 콕도의 작품에 나타나는 동성애적 변형과 거울 상징을 비교 연구하였다. 월터 K. 류는 그의 「이상의 "山村旅情, 成川紀行 중의 몇절"에 나타나는 활동사진과 공동체적 동일시」에서 이상의 수필 「山村旅情」에 나오는 영화와 책과의 상호 텍스트적 연구를 시도하고 있다. 사에구사 도시카스(三枝壽勝)는 「이상의 모더니즘- 그 성립과 한계」에서 이상의 처녀작 「12월 12일」부터 시 「오감도」까지를 대상으로 하여 시와 소설을 통일적인 관점으로 고찰하였다.[41]

---

40) 김태화, 「2분법 사고에서 3분법으로」, ≪이상리뷰≫, 역락출판사, 2001, 315-332면.
　　김용섭, 「이상 시의 건축공간화」, 위의 책. 333-357면.

　한 가지 특기할 만한 일로 2001년도에 이상 문학 전문지인 ≪이상리뷰≫[42] 창간을 들 수 있다. ≪이상리뷰≫는 이상 문학에 관한 논문으로만 이루어져 있다. 부정기 간행물로 분류될 수 있는 이 잡지는 다양하고도 새로운 각도로 이상 문학을 조명한다. 그 내용을 보면 '이상 작품 및 자료 발굴'을 특집으로 하고 있고, 이상에 관한 일반 논문들과 소설가, 수학자, 건축학자가 다양하게 이상을 조명한 글들이 포함되어 있다.

　앞에서도 이야기했지만, 이상 문학 연구의 방향은 기간된 이상 전집류에 대한 비판적 자세에서 출발하여야 한다는 것이다. 정밀한 텍스트[43]를 바탕으로 연구가 이루어질 때, 더 이상 해석상의 오류를 범하지 않을 것이다. 이와 더불어 기존의 이상 연구에서 밝혀진 바 있는 이상의 '근대적 자의식', 혹은 '불안과 절망감'에 대한 해명이 추상적이고 근거가

---

41) 사노 마사토(佐野正人), 「韓國モダニストの小說的實衛」, 『山形女子短期大學紀要』 第二十七集, 平成七年三月. pp.87-125.
　　사노 마사토(佐野正人), 「날개를 잃은 이상」(「翼を失つた李箱」, 『山形女子短期大學紀要』 第二十八集, 平成八年三月, 135-157면. 재수록, ≪이상리뷰≫, 역락출판사, 2001, 205-223면.
　　월터 K. 류(Walter K. Lew), 「JEAN CCTEAU IN THE LOOKING GLASS: A Homotetual Reading of Yi Sang′s Mirror Poems」, ≪Muae≫1(NY:Kaya Production, 1995) pp.118-149. 재수록, ≪이상리뷰≫, 역락출판사, 2001, 225-281면.
　　월터 K. 류, 조은정 역, 「이상의 "山村旅情, 成川紀行 중의 몇절"에 나타나는 활동사진과 공동체적 동일시」(≪Trans≫1집, 1999. 재수록, 김윤식 편, 『이상전집 5』, 문학사상사, 2001, 189-228면.
　　사에구사 도시카스(三枝壽勝), 심원섭 역, 「이상의 모더니즘- 그 성립과 한계」, ≪조선학보≫ 141집, 1991, 10. 재수록, 김윤식 편, 『이상전집 5』, 문학사상사, 2001, 257-328면.
　　그밖의 외국인 학자들의 이상 연구 목록은 김주현의 「1990년대 이상 연구의 현황 및 전망」, 이상문학회 편, ≪이상리뷰≫, 역락출판사, 2001, 193면을 참조하기 바람.
42) 이상문학회 편, ≪이상리뷰≫, 역락출판사, 2001.
43) 정밀한 이상 문학 텍스트를 위한 작업으로는 이상의 일문시에 대한 정확한 번역이 필수적이다. 지금까지 연구 텍스트가 된 것은 임종국 전집에 실린 번역본인데, 오역되거나 부정확한 부분이 한 번도 수정되지 않은 실정이다.

빈약하다는 문제의식을 가져야 한다. 이상의 문학의 정점인 근대적 자의식의 해명에 구체성을 부여할 수 있는 방법으로, 자의식 형성의 배경에 대한 실증적 접근이 이루어져야 한다. 이상 문학의 배경인 근대성을 충분히 논의하기 위해서는 그것을 입증할 수 있는 인접 학문과의 소통이 필요하다. 근대성에 대한 실증적인 연구가 전제되어야 근대성의 자생적 발전론이 설명 가능하며 외래적 발전론도 아울러 고찰할 수 있을 것이다.

조연현의 비평논리에 대한 일고찰

1. 서론

조연현 비평에 대한 기존 연구를 살펴보면, 그의 문학에 대한 긍정적 평가와 부정적 평가로 뚜렷하게 나뉘어진다. 전자는 대체로 조연현의 사후(1981년)에 발표된 추모특집들[1]에 실려 있는 논문들이다. 후자에 해당하는 글들로는 김명인, 신형기, 김철[2]의 논문을 들 수 있다. 이들 논문들에는 연구자의 시각이 확고하게 제시되어 있지만, 그런 만큼 연구자가 연구 텍스트에 대해서 유지해야 하는 객관적인 거리의 문제가 발생하기도 한다. 이들 논문에 비해 대체로 학위논문들은 조연현 문학이 지니는 의의를 인정하면서도 문제점들에 대해서는 비판적인 입장을 견지하고 있다.[3] 그밖에 김윤식의 조연현에 대한 일련의 글들[4]이 있다.

---

1) 현대문학사 편, 「石齋의 인간과 문학」, ≪현대문학≫, 1982.1.
   문학사상사 편, 「조연현의 인간과 문학」, ≪문학사상≫, 1986.9.
   현대문학사 편, 「조연현 선생 5주기 추도 특집」, ≪현대문학≫, 1986.11.
   현대문학사 편, 「조연현 선생의 삶과 문학세계」, ≪현대문학≫, 1991.11.
   동국대 한국문학연구소 편, 「석재 조연현의 문학과 문학연구」, 『한국문학연구』 제15집, 동국대 한국문학연구소, 1992.
2) 김명인, 「조연현 연구」, 인하대 박사학위 논문, 1989.
   신형기, 『해방직후의 문학운동론』, 제3문학사, 1989.
   김 철, 「한국 보수우익 문예조직의 형성과 전개」, ≪실천문학≫, 1990, 여름호.
3) 곽영희, 「조연현 문학론 연구」, 동국대 석사학위 논문, 2002.

박철희는 「논리와 생리의 시학」5)에서 조연현 문학이 거둔 성과로 계급주의문학 비판과 민족주의문학론의 수립, 문학의 예술성과 자율성의 강조, 비평의 문학화, 고전과 현대문학의 문장과 수사적 검토, 한국 현대문학의 역사적 체계화 등을 들고 있다. 또한 조연현의 비평의 의의로 논리에 맞서는 생리를 내세우고, 비평 주체의 중요성을 강조한 점을 드는데, 이러한 박철희의 평가는 근거가 불충분하고 다만 조연현이 그의 글들에서 주장하고 있는 논리를 그대로 수용한 것이다.

천이두는 " '예술성을 지닌 비평'을 남긴 1930년대의 김환태나 김문집 등에서 그 선구적인 자취를 볼 수 있지만, 의식적·적극적으로 지향한 전문적 평론가는 石齋에서 비롯되는 것이다. 이 점에서 그는 한국 비평문학사상의 소중한 위치를 차지하는 것이다. ……한국의 순수주의는 석재의 대에 이르러 한결 근원적인 문제 위에 이론적 정착을 보일 수 있게 되었다는 사실이다."6) 라고 조연현 문학의 문학사적 의의를 말한다. 그러나 이러한 평가는 위에서 언급한 박철희와 마찬가지로 조연현의 논리에 대한 객관적인 비판에서 도출된 것이라기보다는 조연현의 주장을 자신의 글 속에서 다시 한번 재확인한 것에 불과하다.

전용호와 곽영희는 조연현에 대한 평가가 극단적인 양상을 보이는 것은 해방 이후 임화를 중심으로 한 좌파진영과 조연현을 중심으로 한 우파진영이 극적으로 대립하고 있던 정세를 전제로 한 결과라고 분석한다.

이지훈, 「조연현 문학비평 연구」, 서울대 석사학위 논문, 1999.
전용호, 「조연현 문학비평 연구」, 고려대 석사학위 논문, 1996.
4) 김윤식, 「근대성 또는 주인과 노예의 변증법」, 《현대문학》, 1991.11.
김윤식, 「근대와 반근대-조연현론」, 『한국근대문학사상사연구 2』, 아세아문화사, 1994.
5) 박철희, 「논리와 생리의 시학」, 《문학사상》, 1986.9, 332-341면.
6) 천이두, 「조연현의 문학비평」, 『한국문학연구』 제15집, 동국대 한국문학연구소, 1992, 18-20면.

전용호는 "해방기 문학을 연구할 때에 개별 문학자에 대한 연구보다 문학운동 단체 혹은 집단화된 문학론 그리고 그것을 둘러싼 논쟁 중심으로 연구가 진행됨으로써 일정한 편향성을 노출하였고 따라서 논쟁의 선명한 대립적 양상의 부각을 위한 논리의 단순화를 피할 수 없었던 한계를 보여왔다고 판단된다"고 말하면서 문학론 혹은 비평론의 연구도 시인, 소설가 연구와 마찬가지로 개별 비평가에 대한 연구가 필요하다고 본다.[7] 곽영희는 해방 이후 우파진영에 서 있었던 조연현의 전기적 사실에 근거하여 평가를 내리는 것은 타당하지 않다고 본다. 그는 조연현에 대한 평가가 좀 더 올바르게 진행되기 위해 필요한 자세는 정치적인 윤리의식에 기초한 비판이 아니라 순수문학론이 발생하게 된 계기와 조건들을 탐색함으로써 그 실체를 성실하게 재구성해야 한다고 본다.[8]

필자도 전용호와 곽영희의 시각에 동의하는 바이다. 조연현 문학에 대해서 기존에 이루어진 대부분의 논문들을 보면 조연현 문학에 대한 세밀한 분석이 생략된 채 그의 문단 활동 이력이 그의 문학 자체에 대한 평가에 앞서 결정적인 영향력을 미치고 있음은 부인할 수 없는 사실이다. 그런 점에서 충분치는 않지만, 조연현의 '창조적' 비평의 문제점에 대한 세밀한 분석을 시도한 이지훈의 논문[9]은 의미가 깊다.

조연현은 그의 비평문 「비평의 논리와 생리」와 「삶의 몸부림으로서의 비평」 등에서 비평은 논리에 맞서는 생리라고 주장한다. 또한 그는 비평이란 비평하는 주체의 생명 표현이라고 말한다. 비평도 시와 소설과 마찬가지의 가치창조의 작업이라고 보는 그는 문학에서의 정치와 이념과 도식을 반대하고 인간성을 긍정하고 자유를 옹호한다. 조연현은 정

---

7) 전용호, 앞의 글, 2면.
8) 곽영희, 앞의 글, 3면.
9) 이지훈, 앞의 글.

치와 문학의 분리를 염두에 두고 순수문학론을 주장했지만, 여러 연구자들이 지적한 대로 그 역시 정치의 영향력으로부터 자유롭지는 않았다. 그의 순수문학론은 일면 타당성을 가지고 있다고 말할 수 있다. 또한 예술성과 현실은 일치되어야 한다고 보는 견해도 설득력을 갖는다. 그러나 그의 이러한 진술들이 조연현 당대의 대세에 부합하는 것이었다는 점과 그의 주장에는 충분한 근거와 객관적인 논거 대신에 논리의 상당 부분을 비평가 자신의 주관에 의지하고 있다는 점이 조연현의 비평 논리를 특이하게 만들고 있다.

조연현은 그의 비평을 통해 비평가 자신의 상황에 따라서 비평 대상에 대한 해석이 늘 달라질 수 있다거나 비평 주체의 자율성과 독창성을 내세우고 있지만, 이 같은 진술은 비평가 자신의 자의적·주관적 해석의 영역을 최대한 확대시키는 것을 스스로에게 허용하는 것이다. 그의 논리의 자의성은 「문학과 전통」, 「현실성과 예술성」, 「비평의 논리와 생리」, 「김동리」, 「서정주」[10] 등의 비평문들과 『한국현대문학사』[11]에서 잘 드러나 있다.

조연현의 비평문들과 그의 『한국현대문학사』를 살펴보면 그의 논리에는 체계가 없다. 그가 어떠한 주장을 내세울 때, 그것을 뒷받침할 수 있는 근거들이 갖추어야 하는 객관성과 타당성 대신에 평자의 주관적 인상들만이 나열되어 있다. 근거가 불충분하거나 모호한 채로 전개되는 그의 주장들이 평자 자신에 의해 반복해서 강조될 뿐이다. 조연현의 『한국현대문학사』는 시간의 얼개만 존재할 뿐 문학사가로서 지녀야 할 설득력 있는 역사관은 없다. 그 대신 조연현 자신의 문학사료에 대한 개인적인 호오(好惡)가 사료 정리와 기술의 원리가 되고 있다.

---

10) 조연현, 『문예비평』 조연현문학전집 제 4권, 어문각, 1977.
11) 조연현, 『한국현대문학사』, 인간사, 1961.

조연현의 전기와 그의 비평문을 같이 놓고 볼 때, 자칫 그의 이력이 그의 글들을 정확하고 세밀하게 이해하는 것을 방해할 수도 있다. 그렇기 때문에 해방 이후에 좌파와 우파가 극단적으로 대립하고 있던 환경 속에서 조연현은 우파의 입장을 대표하였으며, 그의 비평문들이 그러한 주장을 대변하고 있다고 평가를 내리기 전에 그의 비평문들과 『한국현대문학사』를 세밀하게 분석하는 작업이 우선적으로 필요할 것이다. 기존의 연구에서 연구자들이 조연현의 비평문과 문학사 서술 시각이 드러낸 주관주의에 대해 비판을 하고 있지만, 그러한 비판이 조연현의 실제 비평과 문학사의 세부적인 진술들에 대한 분석을 통해 이끌어낸 구체적인 근거는 충분하지 않다. 본고에서는 조연현의 비평문들과 그의 『한국현대문학사』를 텍스트로 하여 조연현의 비평논리의 특징에 대해 고찰해 보고자 한다.

2. 비평 논리의 모호성과 극단적 비약

조연현은 그의 비평문인 「삶의 몸부림으로서의 비평」에서 비평은 비평하는 사람의 삶의 표현이라고 말한다.

> 문제에 부딪칠 때마다 방법(비평 텍스트에 접근하는 방법을 의미한다- 필자 주)은 항상 달라질 수밖에는 없을 것이다. 이것은 비평의 방법이란 자기 뜻대로 선택한 편리한 수단이 아니라 그때그때의 자신의 최상의, 또는 최선의, 또는 어쩔 수 없는 삶의 몸부림이기 때문이다. 자신의 삶의 몸부림이 아닌 어떤 비평도 그것은 단순한 지식의 표현이거나 편의적 분석이거나 형식적인 가치의 식별이거나 편의적은 분류이거나 한 것이지 문학적 표현으로서의 비평이라고 볼 수 없다. 비평도 그것이 문학적 표현이라면, 그런 의미에 있어서의 비평이란 무엇보다도 먼저 그것은 그 사람의 삶의 표현이어야 할 것이 아닌가.[12]

조연현은 시와 소설에 삶이 반영되는 것과 마찬가지로 비평도 삶의 실상을 시와 소설과는 다른 양식으로 반영하는 것이라고 본다. 그는 비평이 위험이나 위기를 극복하는 데에서 발생된 것이며, 살기 위한 탈출구를 찾는 몸부림이라고 주장한다. 그러나 위의 글에서도 볼 수 있지만, '삶의 몸부림'으로서의 비평이 구체적으로 무엇을 뜻하는지는 글에 나타나 있지 않다. 다만 비평은 비평의 주체가 경험하는 삶에서의 절실한 체험의 소산이라는 점만 재차 확인할 수 있을 뿐이다. '삶의 표현으로서의 비평' 뿐만 아니라, 그의 '문학생리론', '순수문학론' 등의 개념 역시 추상적인 영역에 머무르고 있다. 그러나 그것들에 대한 구체적인 개념 설명이 없이는 그것이 성립 가능한 개념인지 입증하기는 어려울 것이다. 「삶의 몸부림으로서의 비평」에서 주체에 따라 대상 파악은 사람마다 다 다른 것은 당연하다는 조연현의 주장이 타당성을 얻기 위해서는 그 자신 역시 다른 성향의 작품창작과 비평의 입지를 인정해야 할 것이다. 그러나 비평 주체의 독창성과 개성을 피력하는 그의 주장이 실제비평과는 모순적이었음이 드러난다.

조연현의 대표적인 비평문인 「문학과 전통」에서 그는 현대는 전통이 동요하고 위기에 처해 있으므로 더욱 더 전통이 필요한 시대라고 판단한다. 그는 전통은 "옛날 것이 현재에도 작용되고 있는 어떤 힘"으로 해석하고, 민족적인 특성인 전통과 인류적 보편성은 어떤 관련 속에 있는가라고 문제를 제기한다. 민족적 특성과 인류적 보편성은 동일한 하나의 세계이다. 조연현은 이 같은 주장의 구체적인 예로 서정주와 김동리를 '설정'한다.

조연현은 그들 문학의 초기에 해당하는 시기에 서정주는 반전통적인

---

12) 조연현, 앞의 책, 15-17면.

입장에 서 있었고, 김동리는 전통적인 입장에 서 있었다고 본다. 서정주의 「화사집」은 정관적이기보다는 행동적이요, 정신적이기보다는 육감적이요, 윤리적 도덕적이기보다는 반윤리적·반도덕적이었다고 평가한다. 반면에 김동리의 「황토기」, 「무녀도」 등의 인물들은 한국 사람의 전형적인 타이프들인데, 민속성과 전설성, 인물의 한국적 전형, 현실의 한국적 양상들은 김동리의 문학이 전통적이라는 것을 잘 보여준다고 분석한다. 그는 김동리와 서정주의 창작 경향이 8·15 이후에 변하였다고 본다. 서정주는 초기에 가졌던 행동적 요소가 정관적 요소로, 육감적 요소가 정신적 요소로 변모한 반면 김동리는 「혈거부족」, 「흥남철수」, 「귀환장정」 등에서 보듯 전형적 한국적 현실이 아니고 공산주의 민주주의 양대 세력이 빚어내는 21세기의의 공통적인 현실의 단면을 보여준다고 그는 평가한다.

먼저 객관적인 입장에서 볼 때 전통적 세계를 벗어나려고 했던 서정주가 전통적 세계로 돌아왔다는 것은 좋은 일이다. 그것은 그가 전통의 가치를 긍정한 것이기 때문이다. 전통의 가치가 긍정되었다는 것은 전통이 재인식된 것으로서 이것은 환영할 일이다. 이와는 다른 의미에 있어 전통적인 세계에서 인류적인 보편성을 지향하고 나선 김동리의 변모도 환영해야 할 일이다. 그것은 전통의 가치가 재인식되는 것도 좋지만 인류적인 보편성을 획득한다는 것은 특히 현대와 같은 시대에 있어서는 한층 더 요구되는 일이기 때문이다. (중략) 그러면 이 두 사람의 이러한 문학적 출발과 현재의 지향은 서로 상반된 것이 된다. 그러나 나는 위에서 이것은 그 개념적 차이에도 불구하고 서로 별개의 세계가 아니라 동일한 세계라고 말했다. 이 말은 그 문학적 출발과 현재의 지향이 상반되어 보이는 서정주나 김동리의 경우에서 명백히 될 수 있다. (중략) 서구가 현대에 있어서는 세계를 대표해 있다고 볼 때 그의 전통으로부터의 탈출은 바로 세계적인 것에의 갈망이었던 것이다. 즉 서정주의 문학적 출발은 그 형식에 있어서는 반전통적이었지만 실질적으로는 인류적인 보편성을 지향한 것이 된다. 더욱 분명히 말하면 그의 반전통적인 출발은 그것이 그대로 그의 세계성에의 출발이었던 것이다. 이러한 세계적인 보편성에의 출발이 어찌하여 한국적 동양적인 전통으로 구체화되었는가, 문제는 여기에 있다. 여기에 대답하기 전에 김동리의 경우를 생각해 보는 것이 좋다. 그것은 김동리의 문학적 출발은 서정주와는 반대로 민족적 특성 위에 있었는데 이것은 어찌하여 인류적 보편성으로 지양(止揚)되었는가 하는 문제이다. 여기에 대한 대답은 위의 세계적인 것을 지향한 서정주의 방향이 어찌하여 한국적 동양적인 것으로 결실되었는가 하는 것과 같은 대답이 된다. 이 대답은 지극히 간단히 설명될 수 있다. 그것은 "가장 세계적인 것은 가장 민족적인 것이며, 가장 민족적인 것은 가장 세계적인 것"이라는 괴에테의 말이다. 세계적인 것을 지향했던 서정주가 필연적으로 한국적 동양적인 세계로 결실되고, 가장 한국적이었던 김동리가 필연적으로 세계적인 것을 지향하게 된 것은 괴에테의 말처럼 민족적인 것만이 세계적인 것이 될 수 있고, 세계적인 것은 언제나 민족적인 것이었던 필연의 과정을 벗어날 수 없었던 까닭에서이다. 이렇게 볼 때 서정주와 김동리는 그 문학적 출발에 있어서나 현재의 지향에 있어서나 서로 상반된 것이 아니라 동일한 노선 위에 있었던 것임을 알 수 있게 된다. 이것은 곧 민족적인 특성은 그대로 인류적인 보편성에 통하는 것이며, 인류적인 보편성의 구체적인 내용이 민족적인 특성임을 증명하는 것이 된다.[13)]

조연현 비평의 특징이라고 볼 수 있는 논리인 자의성은 위의 진술에서 잘 드러난다. 그가 「현실성과 예술성」에서 '가장 예술적인 작품이 가장 현실적인 작품이다. 따라서 예술지상주의는 현실지상주의다.' 라고 논리의 극단적인 비약을 통해 자신의 주장을 합리화시키는 것처럼, 「문학과 전통」에서는 '가장 민족적인 것이 세계적인 것이다' 라고 언급한다. 「현실성과 예술성」에서 그가 의도한 내용이 예술적으로 형상화시킬

---

13) 조연현, 『문예비평』 조연현문학전집 제 4권, 어문각, 1977, 88-90면.

때라야 현실이 잘 드러날 수 있다는 것임을 충분히 감안하고 이해한다고 해도, 이러한 명제가 설득력을 얻기 위해서는 유사성을 갖는 대상들을 결합시키는 경우보다 더욱 명징하고 타당한 근거들이 필요하다.

조연현은 괴테의 말에 전적으로 의지한 채, 별다른 해명 없이 '가장 세계적인 것'과 '가장 민족적인 것'을 같은 의미를 갖는 것으로 본다. 또 그가 '서정주는 초기에는 전통을 벗어나고자 하다가 해방 후에는 전통적 세계로 돌아와서 좋고', '전통적인 모습을 지니던 김동리는 해방 후에 보편적인 것으로 의식이 확대되어서 좋다'라고 김동리와 서정주의 해방 이후의 문학적 의의에 대해 평가한다. 이 같은 그의 평가에 전통과 보편에 대한 개념 규정과 기준이 없다. 「문학과 전통」에서 조연현이 내세우는 전통의 개념에 속하는 것은 정관적·정신적·윤리적·도덕적인 것이며, 민속적이고 전설적인 것이다. 조연현이 『화사집』[14] 시기의 서정주가 해방 후 전통적 세계로 돌아왔다는 근거로 들고 있는 작품은 「上理果園」(『서정주 詩選』, 1955)이다. 자연찬미가 전통을 뜻하는 것이 아니라면, 자연 생활의 아름다움과 그를 만끽하는 「上理果園」과 서정주가 역동적인 시의식을 보여주는 『화사집』을 비교해 볼 때, 오히려 전자에서 전통적 가치가 감소되고 있다는 점을 부인할 수 없다. 조연현의 논리가 가지는 이 같은 맹점은 한 편의 글 속에서 관념의 반복과 강조를 통해 자신의 논리를 주장하고 있지만, 극대점에 있는 두 지점이 궁극적으로는 일치하고 일맥상통한다는 조연현 자신의 막연한 기대감이 지배적이다.

---

14) 『화사집』(1941년)에 실린 「자화상」, 「花蛇」, 「문둥이」, 「대낮」, 「바다」 등은 조연현이 비전통적인 특징으로 지적한 행동적·육감적·반윤리적·반도덕적 특성에 부합한다고 할지라도 「瓦家의 傳說」(뱀에 관련된 전설), 「서름의 강물」(자연에 이입된 설움의 감정), 「正午의 언덕에서」와 「高乙那의 딸」('神人高乙那' 신화와 일상의 결합) 등은 조연현이 전통적 요소로 규정한 전설적 소재로 하여 쓰여진 작품들이다.

여기에서 중요한 것은 김동리가 지닌 허무에의 의지는 그것이 포기의 정신에서 유래된 것이 아니라 오히려 강렬한 추구의 정신에서 유래되었다는 점이다. 이것은 씨가 가진 허무에의 의지가 우리가 상식적으로 사용하고 있는 속칭의 니힐니즘과는 근본적으로 다르다는 데 있다. 우리가 관념하고 있는 속칭의 니힐니즘이란 절대적인 가치와 진리의 부정이 그 특징이 되어 있다. 객관적인 궁극적인 가치와 진리는 존재하지 않는다는 것, 만일 존재한다고 해도 그것은 인간이 인식할 수 있는 능력밖에 있다는 것이다. 다시 말하면 궁극적인 가치와 진리의 존재에 대한 부정과 만일 그것이 존재한다고 해도 그것을 인식하는 능력에 대한 불신이 그 특징이 되어 있다. 그러므로 이러한 니힐니즘이 가져지는 정신은 언제나 가치와 진리에 대한 포기의 형식과 태도로서 표현된다. 이러한 니힐니스트에게 절망이 없는 것은 그가 이미 추구하는 것을 버린 때문이다. 가치와 진리가 없을 때 추구할 필요와 대상이 있을 수 없기 때문이다. 추구하지 않는 곳에 절망은 오지 않는다. 그러나 씨의 허무의 의지 속엔 그림자처럼 절망이 따라다닌다. 그의 모든 작품에서 절망은 가장 쉽게 발견될 것이다. 절망적이 아닌 여하한 인물도 씨의 작품 속엔 나타나 있지 않으며 절망한 정신이 표현되어 있지 않은 여하한 작품도 없다. 이것은 씨가 포기하지 않고 추구해 가고 있는 때문이며 씨의 허무에의 의지가 속칭의 니힐니즘이 아니기 때문이다.[15]

조연현은 「김동리」[16]에서 「황토기」의 억쇠와 득보가 벌이는 싸움에 대해 "힘이 가장 무의미한 결과를 위해서 소모된다는 것은 그의 생! 그 자체가 완전히 무의미하다는, 산다는 그 자체가 그대로 허무라는 이외의 아무것도 아닌 것이다."[17]라고 분석한다. 「역마」에 대해서도 그는 "계연이가 떠난 곳과는 정반대의 방향으로 떠나는 성기의 행위가 새로운 출발이 되지 못하고 역마살이란 운명적인 관념으로만 취급된 것도, 성기가 계연이를 잃은 허무에 몸을 그대로 던져 버리는 작자의 허무에

---

15) 조연현, 『한국현대작가론』, 어문각, 1977, 18-20면.
16) 조연현, 위의 책, 16-24면.
17) 조연현, 위의 책, 17면.

의 투신이 아닐 수 없는 것이다."[18] 라고 진술하고 있다. 그러나 「김동리」의 후반부에 이르러 그는 「황토기」의 "힘의 무의미한 소모"와 「역마」의 "역마살이란 운명에 순응하는" 인물을 통해 김동리가 보여주려고 했던 것은 포기'의 니힐니즘과는 구분되는 '허무에의 강렬한 의지'였다고 진술한다. 그가 니힐니즘과 김동리의 허무 '추구'와 차이를 두는 근거는 니힐니즘에는 '절망'조차 없는 반면 김동리의 소설들의 허무한 결말은 인물들이 이루지 못한 것에 대한 절망이 있기 때문이라는 것이다. 그러나 니힐니즘과 김동리의 소설을 비교 대상으로 삼는 것 자체가 부적절한 접근방법이다. 기성의 질서와 삶의 의지를 부정하는 니힐니즘에 대해 삶의 '포기'로 단순하게 규정지을 수는 없으며, 김동리 소설의 인물들의 행동에서 '포기'가 아닌 '허무에의 강렬한 의지'를 도출해 낼 수도 없기 때문이다. 조연현의 이러한 논리 전개 과정은 비평가의 관념 속에서 이루어지는 극단적인 비약이며, 그 자신에 의해 미리 선언된 명제에 불과하다.[19] 위에서 살펴본 조연현의 '비약과 생략의 논리'는 그의 비평문들뿐만 아니라 그의 『한국현대문학사』에서도 지속적으로 작동하고 있다.

---

18) 조연현, 위의 책, 18면.

19) 김명인은 조연현의 실제비평의 성과들을 보면 그가 가장 열렬하게 창조적 비평의 대상으로 삼고자 했던 김동리와 서정주의 작품들에 대한 실제비평이 사실은 가장 나쁜 자의적 인상비평의 예가 되고 있다고 평가한다.(김명인, 「조연현 연구」, 인하대 박사학위 논문, 1998, 157면) 이지훈 역시 조연현의 김동리 문학에 대한 평가를 두고 "여기에서 사용한 '허무'에는 '허무'라는 개념만 있지 그 용어를 설명할 어떠한 설명도 없다. 따라서 조연현의 창조적 비평은 주관적인 인상주의 비평에 머물었다고 할 수 있다."고 진술하고 있다.(이지훈, 「조연현 문학비평 연구」, 서울대 석사학위 논문, 1999, 48-49면)

3. 『한국현대문학사』- 이분법과 평면적 사유

조연현의 『한국현대문학사』가 지니는 문학사적 의의는 『한국현대문학사』의 1957년 판 자서(自序)에서 밝힌 바 있듯이 조연현은 일제의 암흑기와 전란을 겪으면서 소실된 자료의 빈곤 속에서 현존한 史料를 모집하여 엮었다는 점에서, 그리고 문학사의 본격적인 체계를 갖추고 있다는 점에서 의의가 있을 것이다.[20]

그러나 한국현대문학사가 지니는 문학사적 의의를 인정한다 하더라도 조연현의 문학사에 대한 인식의 편협함을 지적하지 않을 수 없다. 그는 한국현대문학사의 서론에서 문학사는 단순한 사실의 집적이 아니라 '가치의 체계화'라고 진술하고 있다. 그러나 '가치의 체계화'가 『한국현대문학사』에서 실제로 어떻게 드러나고 있는지를 살펴볼 때, 그 가치라는 것이 조연현 자신의 주관적인 가치라는 사실을 확인할 수 있다.

조연현의 비평문들과 『한국현대문학사』를 기술하는 그의 자세는 '생략의 비평'이라고 부를 수 있을 정도로 자신의 주장을 관철시켜 나가는

---

20) 조연현의 『한국현대문학사』가 지니는 문학사적 의의와 문제점에 대해 전용호는 분단과 전쟁을 겪은 후 이루어진 문단의 세대교체와 문학사적 단절 양상을 극복하고자 하는 의도에서 쓰여진 것이며, 순수문학론에 대한 문학사적 정통성을 부여하려는 의도가 강하게 개입된 것으로, 분단 체제의 논리를 내면화한 분단 문학사로서의 성격을 지닌다고 파악한다.(전용호, 「조연현 문학비평 연구」, 고려대 석사학위 논문, 1996, 70면)

이지훈은 『한국현대문학사』는 '문협정통파'의 순수문학에 대한 문학적 정당성 혹은 정통성을 획득하기 위해 자신들의 문학적 입증을 기준으로 다른 문학적 성과들을 재단하고 평가한 분단문학사의 대표적 사례로 평가한다.(이지훈, 앞의 글, 59면)

김명인은 『한국현대문학사』는 근대기점 설정에서의 형식성, 타율적 근대화론과 이식론의 무비판적 수용, 현대와 근대개념의 근본적 혼란, 철저한 외재적 문학사 인식, 문학사 단계구분의 작위성 등 방법적 성찰이 없는 방법론은 한국문학사를 하나의 평면적인 잡지사·문단사로 전락시키고 조연현 등 문협정통파의 문학과 순수주의 이데올로기에 문학사적 정통성을 부여하려는 자의적 노력만을 드러내게 되었다고 비판하고 있다.(김명인, 앞의 글, 158-159면)

과정은 주장의 타당성을 입증해 가는 과정을 보여주는 대신 근거들은
생략하고 오로지 그의 주장만이 반복되고 있을 뿐이다. 그는 자신이 정
해 놓은 목적지에 길을 걸어가는 도정 없이 자신의 주관적인 관념을 통
해 그곳에 이르고자 한다.

조연현은 『한국현대문학사』의 서론에서 문학사를 서술하는데 발생하
는 문제들로 '시간적 後進性', '시대적 未熟性', '근대와 현대의 混雜性'
등을 들었다. 시간적 후진성에 대해 그는 다음과 같이 해명한다. 그는
"정상적인 역사적 과정을 밟은 서구"의 근대는 12·3세기부터 시작되어
18세기에 걸쳐서 성숙되었지만, 한국의 근대는 1894년 갑오개혁부터 시
작되었으므로 서구에 비해 길게는 5, 6세기, 짧게는 2, 3 세기가 늦었다
고 진술한다. 이러한 시간적 후진성이 필연적으로 우리의 신문학을 서
구모방문학으로 만들게 한 요인이 되었다고 그는 분석하고 있다. 조연
현은 "시대적 미숙성"으로 한국문학사의 특징을 규정짓는 이유를 다음
과 같이 서술한다. "서구에 있어서의 근대는 중세에 대한 충분한 비판과
근대적 자각으로써 자율적으로 이루어진 것이었다. 그러나 한국의 갑오
개혁은 우리의 근대적 각성에서보다는 청일전쟁 이후의 일본의 내정간
섭과 함께 타율적으로 이루어진 요소가 더 많았다. 비록 그것이 우리의
자율적인 자각에서 이루어졌다고 하더라도 서구와 같은 근대의 준비기
간도 그 성장기간도 없이 李朝 오백년의 긴 봉건사회에서 별안간 근대
로 전환한 우리의 사회적 풍토는 서구의 근대를 그대로 받아들일 수 있
을 만한 어떠한 근대적 기초도 마련되어 있지 못했다."

조연현이 진술하고 있는 "근대와 현대의 혼잡성"이란 1920년대 이전
을 중시하면 근대적 개념에 가깝고 1920년 이후를 중시하면 현대적 개
념에 가깝다. 그렇다고 해도 갑오개혁부터 1920년까지를 "한국의 근대적

기간"이라고 말할 수 없다. 1920년대 이후는 시간적으로 현대에 속하지만 시대의 특성은 오히려 근대적인 것이었다.

위에서 살펴본 조연현의 한국문학사의 특징에 대한 해명은 서구의 근대와 현대에 대한 개념들을 그대로 적용시킬 때 성립이 가능한 관념이라는 사실이 드러난다. 이는 "필연적으로 우리의 신문학을 서구모방문학으로 만들게 한 요인이 되었다."고 본 그의 비판과는 상호 모순되는 주장이다.

조연현은 『한국현대문학사』에서 「해방문단 20년 개관」을 서술할 때도 해방 이후 20년의 문학의 문학사적 의의를 드러내기 위해 도식적이고 평면적인 비교와 대조의 서술방식을 취하고 있다. 해방 전의 문학과 해방 이후 20년 동안의 문학의 '차이'를 서술하는 기준은 다음과 같다.

이 20년의 문학은 8·15 이전의 우리의 문학에 비해서 비약적으로 향상 발전되어져 있다는 점이다. 다음과 같은 사항들이 그것을 설명해주고 있다.

①은 문장력의 우수성이다. 몇몇 작가를 제외하고는 8·15 이전의 우리나라 문단인들에게는 아직도 문장의 수준이 서 있지 않았다. 1920년대의 문장을 보면 지금의 고교학생 정도의 것에 지나지 않는다. 1930년대에 들어서면서부터 문장이 처음으로 궤도에 오른 감이 없지 않으나, 1950년대의 젊은 작가들의 문장이 그보다 훨씬 우수한 것은 이 20년의 세월이 우리의 문장을 어떻게 변천 발전시켰는가 하는 것을 단적으로 보여주는 것이 된다.

②는 이 20년의 문장은 8·15 이전에 비하여 훨씬 본격적인 것이 되었다는 점이다. 우리 나라의 소설이 주로 단편을 중심으로 하고 지속되어 온 데 비해서 장편소설로 그 방향이 옮겨 가고 있다는 것이라든지, 문장평론이라고 하면 주로 월평과 같은 시사적인 것이 중심이었던 것이 문학사나 작가론과 같은 좀더 체계적 연구적인 방향으로 옮겨 가고 있다든지 하는 것 등이 그러한 일례로 볼 수 있다.

③은 8·15 이전의 우리의 문학은 특정된 몇 사람을 제외하면 그 문학적 가치가 거의 보잘 것 없는 것이 많았다. 이에 비해서 이 20년 동안에 나타난 작가나 시인들 중에는 제각기 그 존재이유를 독자적으로 지니고 있는, 많은 작가나 시인이 나타나 있다는 점이다. 이것은 이 20년의 문학이 8·15 이전에 비해서 훨씬 다양한 성격으로 확대되어져 있음을 의미한다.[21]

위의 글에서 해방 이전까지의 문학사적 시간과 해방 이후 20년의 시간을 비교 대상으로 선택하기에는 부적합하다. 또 그가 ①항에서 해방 후의 문장력은 우수한 반면에 해방 전 문학의 문장은 "고등학교 학생 수준"이었고, ②항에서 해방 후의 문장은 이전에 비해 본격화되었으며, ③항에서 해방 후의 작가와 시인들은 독자적 가치를 지닌 반면에 이전에는 소수를 제외하면 보잘 것 없었다고 평가를 내리는 것은 문제가 있다. 그의 논지는 해방 이후 2년의 문학이 이전보다 뛰어난 문학적 가치를 확보하였다는 것인데, 이러한 주장의 근거는 위의 글에 나타나 있지 않기 때문이다. 다만 그의 평가만이 제시되어 있을 뿐이므로 주장의 타당성이라는 점에서 조연현의 주장은 의문이 들 수밖에 없다.

작가들과 그들의 작품들을 다루는 조연현의 서술태도는 작가와 작품에 대한 간략한 소개, 기존 평가의 요약 외에 문학사가의 의미 해석은 거의 없다. 이는 그가 문학사의 서론에서 밝히고 있는 문학사료의 접근태도를 충족시키기에는 미흡한 결과물이라고 볼 수 있다. 그러나 조연현의 시각이 뚜렷하게 드러나 있는 부분은 경향문학과 카프문학을 다룰 때이다. 조연현 자신의 개인적인 주장이 사료에 개입될 때, 특히 이분법이 적용되는 대상들인 경우-순수문학과 경향문학-그의 논리는 역설의 빛

---

21) 조연현, 『한국현대문학사』, 현대문학사, 1956; 증보판, 『한국현대문학사』, 성문각, 1980, 616-617면.

을 발하면서 그의 주장을 특이하게 만든다.

조연현은 『한국현대문학사』의 서론에서 文學史家는 "역사를 과거에 대한 설명이나 기록으로서가 아니라, 과거의 정신적 立像으로서 만들어야 하는 것이 문학사가의 정신이어야 한다. 역사는 결코 기록이 아니라, 표현이라는 것을 잊어서는 안 되는 것이 문학사가의 정신이어야 할 것이다." 라고 진술하고 있다. 이러한 文學史家에 대한 그의 생각은 비평의 태도로서 '창작론'을 내세웠던 것과 같은 맥락 속에 있다고 볼 수 있다. "역사는 결코 기록이 아니라, 표현이라는 것"에서 '표현'은 역사적 자료에 대해 文學史家가 가하는 가치판단과 개성을 일컫는 말이다. 이 같은 文學史家로서의 표현은 그가 20년대의 프로문학과 민족주의 문학, 30년대의 카프문학과 순수문학, 해방 후의 좌익과 우익의 문학을 구별하고 각각의 문학사적 의의를 의미화 시키는 과정에서 두드러지게 나타나고 있다.

조연현은 20년대 문학을 다루는 데 김동인에 대한 지면 할애는 41쪽에 달하고, 염상섭은 17쪽, 박종화는 16쪽에 달한다. 반면에 카프 계열의 작가들인 최학송, 이익상, 조포석 등은 1-2쪽 분량에 약전만 게재되어 있다.

조연현은 20년대 문학을 개관하면서 ≪조선문단≫은 "언제나 이데올로기보다도 기술면에 치중됨으로써 그 순문학적인 입장을 과시했으며, 과격한 프로문인의 작품을 반영시키지 않음으로써 민족주의적인 입장을 견지했다. 『개벽』지의 계급주의적 경향이 투쟁적이요 도전적이었다면 ≪조선문단≫지의 민족주의적인 경향은 소극적이요 방위적인 것이었다."[22] 여기에서 순문학적 태도를 반영하던 ≪조선문단≫의 절대적 우

---

22) 조연현, 앞의 책, 218-219면.

위와 계급주의적 입장을 표방한 『개벽』의 열세가 제시되고, ≪개벽≫이 ≪조선문단≫을 부르주아 문학이라고 비판하고 공격하자 이에 대한 거부 및 비판의식이 점차 ≪조선문단≫으로 하여금 민족주의적인 입장에 서게 하였다는 조연현의 분석에 주목해야 한다.

기성문학을 비판하고 타도하는 것을 과업으로 삼은 프로문학에 대해 기성문단은 지극히 초월적인 냉담함을 유지했으며, 문단의 대표적인 작가들이 프로문학에 대한 냉담과 경멸은 프로문학인들이 문단의 주류가 될 수 없었음을 반증해주는 것이라는[23] 조연현의 프로문학에 대한 편협한 시각은 그의 문학사에서 시종일관 지속된다. "1925년 이후부터 1930년을 전후한 시기에 있어서 문단적인 현상은 프로문학이 압도적인 우세를 보여주고 있었으나, 그것은 프로작가의 수가 많았다든지 프로문학적인 경향이 광범하게 파급되었다든지 하는 수량적인 현상을 말하는 것이지 그것이 그 당시의 문학적인 질적 대표는 아니었기 때문이다. 여기에 그 현상적인 우세에도 불구하고 어디까지나 이단적인 일경향의 문학으로서의 문단적인 위치를 벗어난 것은 아니었다"[24]

위에서 알 수 있는 것처럼 20년대의 문학현상들은 조연현에 의해 문단의 주류이면서 정통성을 지키고 있던 민족문학과 '이단적인 일경향'에 불과한 프로문학으로 도식화된다. 이 같은 그의 이분법적 시각은 30년대의 문학과 해방 후의 문학을 다룰 때도 극명하게 드러난다. 1930년대의 중요성은 그 전반기에 순수문학이 태동되어 이것이 1930년대뿐만이 아니라 그후의 한국현대문학의 가장 중축적인 주류로서 발전되어져 갔는데, 『시인부락』은 해방 후 문단의 정통성을 이어갔다고 본다.

---

23) 조연현, 앞의 책, 310 -314면.
24) 조연현, 앞의 책, 314면.

　　『시문학』파를 계승한 『시인부락』지의 정신은 그러한 『시문학』파의
강렬한 생명적 인생적인 의의를 그 기조에 가짐으로써 8·15 이후에 '순
수문학이란 한마디로 말하면, 문학정신의 本領正系의 문학이다. 문학정
신의 본령이란 인간성의 옹호다'(김동리, 「문학과 인간」) 라는 정의를
내릴 수 있게 하는 정신적 포석을 이미 가졌었기 때문이다. 그러므로
1930년대를 전후해서 문단의 주류로서 그 면모를 드러내기 시작한 순
수문학이란 단순한 기교주의나 예술지상주의적인 요소만을 의미하는
것이 아니라, 인간의 탐구와 옹호에 그 문학적 본령을 두는 일종의 본
격문학의 개념으로서 이해되어져야 할 성질의 것이다."[25]

　　조연현은 『한국현대문학사』의 「문학논쟁」에서 1920년대는 민족문학과
프로문학의 형식과 내용 논란과 평가는 '지금'(1950년대 후반-필자 주)도
기초적으로 남아 있다고 말한다. 그것은 해방 후의 좌우문학논쟁을 가
리키는데, 김동석과 김동리와 김병달의 논쟁이 진행될 때, 조연현 자신
도 김동리의 「순수문학의 진의」에 대한 김동석의 견해를 반박하면서 김
동리의 주장에 동의하는 글을 쓴다. 그것이 「순수의 본질-김동석의 '순
수의 정체'를 駁함」[26]이다. 그러나 김동리의 순수문학론은 대립하고 있
던 좌우 양측 중 우익에 속해 있던 문인인 김동리의 주장이었고, 그를
옹호하고 반대 견해를 반박했던 조연현 또한 그가 속해 있던 우익의 문
학에 대한 견해에 대한 동의의 표현이었을 뿐이다. 따라서 그가 20년대,
30년대, 해방 후의 논쟁에서 한 쪽의 입장에 서 있던 문인들의 주장이
라는 사실을 그 스스로 인정하고 있는 것이다. 따라서 순수문학은 절대
적 우위를 가진 '本領正系의 문학'은 아닌 것이다. 위에서 살펴본 것처
럼 문학사료를 다루는 조연현의 입장은 확고하나 그런 만큼 그는 자신
이 속해 있는 입장에만 서 있었다고 말할 수 있다. 그의 비평문들에서

---

25) 조연현, 앞의 책, 488-489면.
26) 조연현, 『문예비평』, 어문각, 1977, 292-297면.

드러나 있는 문학에 대한 조연현 자신의 태도와 관념을 그의 『한국현대문학사』에서 재확인하게 만든다.

4. 결론

지금까지의 조연현 문학에 대한 연구는 그의 실제 비평과 문학사의 세부적인 진술들에 대한 분석을 통해 이끌어낸 구체적인 근거는 충분하지 않았다. 이 같은 문제의식에서 출발하여 본고에서는 조연현의 비평에 나타나는 그의 논리와 문학사 서술의 문제점에 대해 고찰해 보았다. 그 결과는 다음과 같다.

조연현의 비평 개념은 그것들에 대한 구체적인 설명이 없이 추상적인 영역에 머무르고 있다. 예를 들어 조연현의 비평문인 「문학과 전통」에서 전통의 개념에 대한 명확한 설명 없이 김동리와 서정주의 문학이 갖는 의의를 논리의 극단적인 비약을 통해 합리화시키고 있다는 것이다.

조연현의 '비약과 생략의 논리'는 그의 비평문들뿐만 아니라 그의 『한국현대문학사』에서도 문학사를 서술하는 원리로 드러나고 있다. 『한국현대문학사』가 지니는 문학사적 의의를 인정하면서도 그의 문학사 기술 방법과 태도는 문학사료를 대하는 그의 시각의 편협함이 내재되어 있다. 조연현은 그의 비평문들과 『한국현대문학사』에서 주장의 타당성을 입증해 가는 과정을 보여주는 대신 근거들은 생략하고 주관적인 관념으로 자신의 주장을 합리화시킨다. 이 같은 그의 문학적 자세는 자신의 비평문과 문학사를 해방 후의 대립하던 문단 상황에서 한 쪽의 입장에 서 있던 문인의 편협한 인식의 결과물이라는 점을 부인할 수 없게 만드는 것이다.

도시공간과 빈민의 시

- 김기림의 시

1. 서론

김기림 시에 대한 기존의 연구는 대체로 김기림의 시집 『기상도』와 『태양의 풍속』을 텍스트 삼아서 외래문학과의 영향관계를 살피거나 김기림 시작품을 전체적으로 고찰하여 왔다. 그러나 그동안 김기림의 도시빈민의 생활을 반영하는 시작품들에 대한 연구는 없었다. 이들 작품에 대한 세밀한 고찰 없이 근대성에 대한 김기림의 단편적이고 혼란스러운 인식을 드러내는 것으로 그의 문학을 평가하는 연구 경향은 수정이 필요하다고 본다. 이 같은 연구 경향은 김기림 시 전체에 대한 적절한 평가를 가로막는 결과를 가져올 수 있기 때문이다. 김기림의 도시문명에 대한 비판적 시각을 다루고 있는 조영복도 김기림과 동시대의 작가인 이상을 비교하면서 그들 사이에는 근대에 대한 사유의 본질적 차이가 있다고 평가하였다.[1] 김기림의 근대적 시각이 철저한 비판에서 출발하고 있지 못하다고 보는 평가는 30년대 경성의 구체적인 풍경을 배경으로 도시의 불연속적 특성을 간파하고 있는 김기림의 시작품들에 대한 상세한 고찰로써 재고되어야 한다.

---

1) 조영복, 「1930년대 문학에 나타난 근대성의 담론 연구」, 서울대 박사학위논문, 1996.

도시는 구획된 지역과 그로부터 배제되어 밀려난 무질서한 공간들을 동시에 갖고 있다. 무질서한 공간은 구획된 공간들과 명확하게 대조된다. 밝음과 화려함으로 상징되는 도시 공간은 그 이면에 어두운 공간들을 내포한다. 근대 도시는 밝음과 어둠이라는 이중적인 외양을 가지고 있다. 밝음과 어둠의 이미지를 동시적으로 내포한다는 점에서 도시는 양면성을 갖는다는 점에서 도시는 불연속성과 부조화의 극점이다.

도시공간의 불연속성은 발전하는 대도시로서의 면모와 더러운 뒷골목을 함께 지닌 1930년대 경성의 이중적인 외양에서 잘 나타난다. 도심과 외곽지역 간의 불연속이 있으며, 또한 동일한 공간 안에서도 이 같은 단절이 발생한다. 이질적인 공간들의 부조화와 그를 구성하는 인간들의 심리적인 불일치는 경성이라는 도시 공간에서 불연속성을 체험하도록 만든다. 김기림의 시는 30년대 경성의 어두운 이면을 구체적으로 형상화시키고 있다. 그의 작품들은 거리를 배경으로 하여 도시빈민의 모습과 도시의 후미진 골목과 화려함을 보여준다. 또한 상징적인 근대건축물인 백화점에 대한 비판적인 시각과 아울러 도시에서 잃어버린 자연과 그에 대한 시적 자아의 동경의 무위함을 드러내고 있다.

2. 도시빈민의 시

1930년대 경성은 도시의 이중적 구조를 전형적으로 보여주는 근대도시로 형성되어 갔다. 유광열의 「대경성의 점경」이라는 글에 명암이 공존하며 혼란스럽게 펼쳐지는 대도시 경성의 면모가 잘 나타나 있다.

……서울의 거리에는 날마다 건축하는 빛이요, 아스팔트 깐 길이 나

날이 늘어가고, 이 길 위에는 자동차, 자전차, 오토바이 등이 현대 도
시의 소음을 지르며 지나간다. 이 반면에 자본주의 그것이 낳아 놓은
대량의 빈민도 늘어간다. 이 빈민들은 경성의 한복판에서는 생존경쟁
에 밀리어 문밖이나 현저동 돌사닥다리 산 언덕에 3, 4간의 구식집을
수천 호씩이나 짓고 모여 산다. 기왕에 주택지로는 거의 돌아보지도
않던 산언덕이 어디든지 수천 호의 집이 새로 생긴다. 예를 들면 현저
동이나 모화관 일대는 옛날에는 외국 사신이나 영송하였고 시골서 올
라오는 나무바리나 쌀바리의 소를 끄는 향촌인이 지나갈 뿐인 황막한
초가집이 지금은 현저동 산 일대에 수천 호의 빈민가옥이 생기는 동시
에 모화관 일대는 새로운 길이 단장을 하고 고루거각이 즐비하게 서게
되었다. (중략)
　　경성은 집집의 쓰레기나 변소에서 매월 수천 차의 똥오줌과 쓰레기
를 산출한다. 그러나 이 똥오줌이나 쓰레기에 못지 않게 더러운 화류
병자, 고히중독자, 타락자, 정신병자도 산출하고 남이 보면 얼굴을 찡
그리는 걸인도 산출한다. 청계천변, 광희문 밖, 애오개 산지 일대, 남대
문 밖, 노동자 거리, 지하실에는 수천의 걸인이 있다. 이 걸인은 모든
것을 조소하며 모든 것을 저주한다. 화려한 도시의 부스럼腫物이요 사
회진보의 찌꺼기이다.
　　룸펜! 이것이 그들의 대명사이다.
　　부호와 걸인, 환락과 비참, 구와 신. 이 모든 불균형을 4십만 시민
위에 '씩씩'하게 배열하며 경성은 자라간다.[2]

　　도시 공간의 단절과 불연속에 대하여 이진경은 다음과 같이 진술한
다. "이 세련된 공간과 광산이나 공장의 참혹한 공간 사이에는 얼마나
큰 불연속과 단절이 있는 것인지 알 수 있다. 이제 이처럼 한 나라, 한
도시의 공간들은 그토록 이질적이고 불연속적인 공간들로 분할되고 나
누어진다. '구획화'를 통해 작용하는 공간적 분절기계는 바로 이런 불연
속과 단절, 이질성을 공간 사이마다 만들어 놓는다."[3] 마샬 버먼은 파리

---

2) 유광열, 「대경성의 점경」, ≪사해공론≫, 1935.10. 재게재, 김진송, 『서울에딴스홀을許
　하라』, 현실문화연구, 1999, 284-287면.

가 대도시로 새롭게 건축되면서 불빛이 휘황한 화려함을 소유하게 되었
지만, 동시에 그 화려한 재건축에 의해 파괴되고 밀려나서 비참한 뒷골
목이 형성되었다고 말한다. 도시공간은 화려함과 비참함이라는 극심한
단절 양상을 보인다. 이는 인간의 실존 공간이 자연스러움과 조화가 깨
진 상태에 놓여져 있음을 의미한다.[4)]

> 어머니인 大地여
> 당신의 피쭐을 흘으는
> 十二月의 피는 어러서 참니다
> 당신은 언제붙어 우리들의 이붓어머님이니까
> 여름에
> 당신은 별로 수놓은 찬란한 이불을 가지고
> 우리 몸을 가리든 것을 기억하오
> 가벼운 바람의 부드러운 손짓이
> 우리들의 벌거버슨 가슴을 쓰다듬어 주엇지요
> 그때에(어머니인 大地여)
> 당신의 사랑은 우리들의 잠의 忠實한 派守兵인 것을 우리는 기뻐햇소
> 지금(「크리스마쓰」날 밤이라오)
> 벽돌 담장 넘어서는
> 끌튼 기름이 빗는 훌륭한 音樂이 달큼하오
> 때때로 높은 부억문이 비스듬이 입을 열고 닥고기의 냄새를 비위
> 사납게 자랑하오
> 그런데 검은 담장 밑에는
> 우리들의 찌그러진 여섯 얼골이 피엇소 서리마즌 해바라기라고 詩
> 人은 노래하겟지요
> (죄없는 창자여 나는 참말이지 너를 이다지도 虐待할 意思는 없엇다)
> 「크리스마쓰 츄리」에 힌 솜의 배꽃이 피엇다고 애들이 손벽을 따리오
> 그러고 애기 앞에써 그것을 눈이라고 부르는 어른의 소리가 들리오

---

3) 이진경, 『근대적 시·공간의 탄생』, 도서출판 푸른숲, 1997, 127면.
4) Marshall Berman, *All That is Solid Melts into Air*, Penguin Group, 1982, pp.152-153.

아가 참말이지 너는 다스한 눈을 믿지 마러라
우리들의 「싼타 크로쓰」 늙은이는 심술구저서
그가 펴주고 간 힌눈은 어름보다도 차단다
教會堂에서는
붉게 다른 난로에 녹은 讚美歌가 흘러오오
市長의 집에는 연회가 잇다나
그러나 우리는 어둠의 벗
우리들의 이마를 할코잇는 추추근한 感觸은 밤의 검은 혀빠닥이라오
우리를 親하려는 바람아
네가 뼈를 찌르는 찬입김만 가지고 잇지 않다면
우리는 무슨 일에 이 쓰레기통 구석으로 너를 避하엿겟니
개나리 웃고 춤추던 때
五月의 잔디밭 웅에서
너는 우리의 친한 벗이 아니엿니
三月이 오면
大地인 어머니인 大地의 怒한 마음도 풀리라고 하더구나
그러면 그 가슴을 흘으는 地溫에 내 몸을 던지리
오늘밤 우리들 여섯 얼골을 밝히는 것은 조려워하는 街路燈뿐이다
그러나 怒할 줄을 몰으는 한심한 街路燈아 溫氣를 감추는 吝嗇한
街路燈아
> ―「거지들의 <크리스마쓰>頌」 전문, ≪형상≫ 1권 1호,
> 1934. 2. 6.

    위의 시는 거지 가족이 가지는 빈한함과 부유 계층에 대한 그들의 상대적인 열패감이 잘 드러나 있는 작품이다. 도시의 화려함과 걸인 가족의 빈궁함은 크리스마스라서 그 격차가 더욱 선명하게 드러난다. 풍요로움이 넘치는 크리스마스에 여섯 명의 걸인 가족이 담장 밑에 웅크리고 있다. 담장 너머에서 넘어오는 음식 냄새와 아이들의 환호소리, 교회의 따뜻한 난로와 찬송가는 크리스마스의 사랑과 풍족함을 보여주지만 그것들은 걸인 가족과는 전혀 무관한 것들이다. 담장을 경계로 하여 걸

인들 옆에는 어둠과 밤의 검은 혓바닥과 쓰레기통 구석이 있을 뿐이다. 쓰레기통 구석을 안식처 삼아서 겨울의 찬바람을 피하는 거지들, 도시의 밝음보다는 어둠에 친숙한 도시의 빈민들의 모습은 도시가 가지는 불연속성과 단절을 극명하게 보여주고 있다.

「거지들의 <크리스마쓰>頌」은 보들레르의 1988-1989년 사이에 지어진 산문시집 『파리의 우울』에 실린 「가난뱅이들의 눈」을 연상케 하는 작품이다.5) 19세기 말의 파리를 배경으로 하고 있는 「가난뱅이들의 눈」은 빈민과 부유한 자들의 단절이 대도시에서 얼마나 선명하게 드러날

---

5) 보들레르, 「가난뱅이들의 눈」, 『파리의 우울』, 윤영애 역, 민음사, 1979, 136-138면.
　　그런데 우리들 바로 앞 차도에 한 사십대 가량의 피곤한 얼굴에 회색빛 수염을 한 선량한 남자가 한 손에는 작은 남자아이를 데리고 다른 한 팔에는 아직 걷지도 못할 정도로 약한 어린 것을 안은 채 못 박은 듯 서 있었다. 그는 어린 것들에게 유모 구실을 하느라, 저녁 바람을 쐬게 해주고 있는 중이었다. 그들은 모두 누더기를 걸치고 있었다. 이 세 명의 얼굴은 놀랍게도 심각해 보였다. 이 여섯 눈들은 똑같은 감탄을 보이며―그러나 그들의 나이에 따라 다른 뉘앙스를 보이는 감탄으로―새 까페를 뚫어지게 관찰하고 있는 것이었다.
　　아버지의 눈은 이렇게 말하고 있었다 : "어쩌면 저렇게 아름다울까! 어쩌면 저토록 아름다울까! 모든 가난한 자들의 황금이 이 벽들에 과시되기 위해 소집된 듯하군." 어린 소년의 눈은 이렇게 말하고 있는 듯하다 : "어쩌면 저렇게 아름답지! 어쩌면, 아름답기도! 그렇지만 이 집에는 우리들과는 다른 사람들만 들어갈 수 있는 거다." 그리고 더 어린 꼬마의 눈은 너무나 매혹당한 나머지 어리둥절하고 깊은 즐거움밖에 아무것도 나타낼 수가 없었다.
　　샹송가수들은 노래하기를, 즐거움은 영혼을 선량하게 하고 가슴을 부드럽게 한다고 한다. 오늘 저녁만은 샹송이 나에 관한 한 옳은 것 같다. 나는 이 눈들 앞에 연민을 느낄 뿐 아니라 우리들의 목마름을 채우고도 남을 너무 큰 잔들과 술병에 부끄러움을 느꼈다. 나는, 사랑하는 연인이여, 나의 시선을 당신 쪽으로 돌렸소. 당신의 시선에서 역시 <나의>생각을 읽기 위해서였소. 내가 당신의 그토록 아름답고 이상하게 부드러운, 달의 여신이 창조하고 변덕의 여신이 살고 있는 듯한 눈 속에 잠겼을 때, 당신은 나에게 이렇게 말하는 것이었소 : "마치 마차문처럼 눈을 벌리고 있는 이 인간들이 내게는 견딜 수 없군요. 까페의 주인에게 부탁하여 그들을 이곳에서 멀리 쫓아낼 수 없을까요?"
　　나의 사랑하는 천사여, 이처럼 서로 마음이 맞는다는 것은 어려운 일이요. 그처럼 생각이란 비록 서로 사랑하는 사람들 사이에서도 통할 수 없는 거라오.
―「가난뱅이들의 눈」 부분

수 있는지 잘 보여준다. 카페 안에는 시의 화자와 그의 연인이 앉아 있고 창문 밖에는 카페 안에 들어올 수 없는 가난뱅이 가족이 부러움에 가득 찬 눈으로 들여다보고 있다. 화자는 창 밖의 가난뱅이들을 동정하는 자신의 따뜻한 마음에 스스로 만족감을 느끼면서 자신의 연인도 같은 마음이기를 기대한다. 그러나 연인은 가난뱅이들을 쫓아달라고 말한다. 이에 대해 화자는 "나의 사랑하는 천사여, 이처럼 서로 마음이 맞는다는 것은 어려운 일이요. 그처럼 생각이란 비록 서로 사랑하는 사람들 사이에서도 통할 수 없는 거라오."라고 노래한다. 마샬 버먼은 「가난뱅이들의 눈」을 근대도시와 연관지어 해석하는데, 그는 가난한 사람의 출현은 도시의 광채 위에 불멸의 그림자를 드리운 것으로 본다. "우리들은, 보들레르가 때때로 기대했던 것처럼, 모두가 도시 불빛을 향유하듯이 기쁨과 아름다움을 향유할 수 있는 미래를 기대할 수 있다. 그러나 보들레르의 도시분위기를 침투하는 자기모순적인 슬픔은 우리들의 그러한 기대를 제압한다."[6] 불빛은 도시의 화려함을 돋보이게 하지만, 동시에 어두운 도시의 이면, 너절한 것들, 빈민들의 비참한 모습을 적나라하게 드러낸다.

> 大學病院의 뾰죽집의 時計가
> 아츰 아홉시-ㄴ데
>
> 망할 자식—
> 太陽은 街路의 上空에 잡바저 빨가케 성이 낫다
>
> 最近의 그 자식도 성만 나면 地球를 성가시게 구는 病이 잇서서
> 아주 엇질 줄 모를 막난이야

---

6) Marshall Berman, op. cit., pp.154-155.

오늘도 府의 烙印을 걸머진 散水車는 주착업시 오좀을 싸고 간다
　이 큰길을 午前아홉時부터 午後 다섯시까지 「바네」온가티 散水車夫
의 궁뎅이로 쪼츠며 쉴새업시 往復한다

　鐵路를 노앗스면 하도록
그것은 끗이 업는 길이다 그의 人生도 每日의 일도

　散水車夫의 몸동아리는 깨여진 「라듸에타」다
冷靜을 일허버린 그의 皮膚의 分泌物은 도라오는 길에는 떡 팔러가는
안해에게 고무신을 빌려준 벌거버슨 그의 발바닥에 鄕愁와 가티 달
러붓는다

　언제든지 「라무네」와 가티 써늘한 그 길을
番號를 단 검은 꼬리를 내저으며 가는 「씨보레-」는 전혀 賣淫婦다

　그 內部의 包藏物을 列擧하면
爲先 眼鏡이 잇다 그리고 若干의 原書와 구두와 蛋白質과 石灰와
水分等으로 構成된 蠢動物이 잇다

　놀라운 일은 이것들의 合成物인 博士라는 存在는 어대서 배홧는지
時計를 처다보고는 放送時間의 切迫을 늣겻다

　畢竟 그 物質의 內部에는 눈물이 업스리라는데
우리들 觀衆의 意見은 一致되엿다

　오늘도 散水車夫는
이 거리 우헤 땀과 물의 液體의 씨를 뿌리며 간다 말업시 大地 우헤
코를 박고
언제 거들지도 모르는 農事를—

　하지만 害鳥인 太陽의 타는 주둥아리는
떠러도지기전에 그것을 다 집어먹는다

六月을 잡아서는
망할 자식 太陽의 두 뺨은 뽈록하기만 하다
어느 때가 되면 그 자식의 病은 달너날가?
　　　　　　―「散水車」전문, 《三千里》 3권 7호, 1931. 7.

산수차부와 시보레를 타고 가는 시보레의 내부의 포장물 같은 박사는 극히 대조적으로 묘사된다. 더운 도로 한복판에서 아침 9시부터 오후 5시까지 도로를 끝없이 왕복하면서 도로를 적셔야 하는 차부가 있다. 그는 떡을 팔러가는 아내에게 고무신을 빌려주었기 때문에 맨발로 일을 해야만 한다. 맨발로 하루 종일 메마르고 더운 도로를 오간 차부의 몸은 마치 깨진 라디에이터 같다. 똑같은 도로 위에 있지만, 김이 솟아나는 난방기 같은 차부의 몸은 시보레를 타고 가는 박사의 몸과는 전혀 다르다. 자동차를 타고 산수차부가 적셔놓은 길을 편안히 가는 박사의 몸은 쾌적하다.

그러나 위 시의 화자는 무더위와 고된 노동으로 지친 산수차부에게 연민의 시선을 보내는 것과는 반대로 자동차를 타고 가는 박사는 안경과 원서와 구두와 단백질(蛋白質)과 석회와 수분 등으로 구성된 꿈틀거리는 물건으로 보고 있다. 화자는 시선에 의해 박사의 육체는 그가 착용한 안경과 구두처럼 해체된다. 그의 피부는 단백질로, 뼈는 석회로 '구성'되어 있다. 화자가 보기에 박사는 방송 시간의 절박을 느끼는 것조차 신기하게 보일 정도로 인격을 지닌 대상이 아니다. 도시의 부유계층에 속하는 박사는 눈물도 없는 냉혹한 물질로 합성된 인조인간 같은 존재이다.

이윽고 府의 掃除夫가 간밤의 遺失物들을 실으러.
수레를 끌고 公園으로 갈테지.

怯쟁이 아가씨의 「핸드빽」. 휴지쪼각.
(거지들은 잠을 깻슬가? 오늘은 제발 行旅病 屍體를 보지 말엇스면-)

活潑하게 한울을 물드리는 「호텔」의 굴둑이 뿜는 검은 비누방울.
洋人들은 퍽으나 작난군인가봐.
建築場의 起重機 꼭댁이에 걸려 한울은 해여진 손수건.
아마도 구름 속에서 비가 알라보다.

나는 松橋다리의 欄干에 기대서
世界의 橫死를 볼번한 실업쟁인가.
　　　　　　—「光化門通」 6연-끝, ≪中央≫ 2권 9호, 1934. 9.

光化門 네거리에 눈이 오신다.
꾸겨진 中折帽가 山高帽가 「베레」가 조바위가 四角帽가 「샷포」가
帽子 帽子 帽子가 중대가리 고치머리가 흘러간다.

거지아히들이 感氣의 危險을 列擧한
노랑빛 毒한 廣告紙를
軍縮號外와 함께 뿌리고 갔다.

電車들이 주린 鰺魚처럼
殺氣 띤 눈을 부르뜨고
사람을 찾어 안개의 海底로 모여든다.
軍縮이 될 리 있나? 그런건
牧師님조차도 믿지 않는다드라.

「마스크」를 걸고도 國民들은 感氣가 무서워서
酸素吸入器를 携帶하고 댕긴다.
언제부터 이 平穩에 우리는 이다지 特待生처럼 익숙해 버렸을까?

榮華의 歷史가 이야기처럼 먼 어느 種族의 한쪼각 부스러기는
조고만한 醜聞에조차도 쥐처럼 卑怯하다.
나의 外套는 어느새 껍질처럼 낸몸에 피어났구나.

크지도 적지도 않고 신기하게두 꼭맞는다.

市民들은 家族을 위하야
바삐바삐 「데파-트」로 달린다.
                (그 榮光스러운 遺傳을 지키기 위하야……)
愛情의 牢獄 속에서 나는 언제까지도 얌전한 捕虜냐?
안해들아 이 달지도 못한 愛情의 찌꺽지를
누가 목숨을 내놓고 아끼라고 배워주드냐?
우리는 早晚間 이 기름진 補藥을 嘔吐해버리자.

(중략)

光化門 네거리에 눈이 오신다. 별이 어둡다.
몬셀卿의 演說을 짓밟고 눈을 차고
罪깊은 복수구두 키드구두
강가루 고도반 구두 구두 구두들이 흘러간다.
나는 어지러운 安全地帶에서
나를 삼켜갈 鰐魚를 초조히 기다린다.
            ―「除夜」부분, ≪詩와 小說≫, 1936. 3

警察醫가 「오-토바이」에서 나렸다.
거리의 거지가 鐘閣에 기댄채 꿋꿋해버렸다.
敎堂에서는 牧師님이
最後의 祈禱끝에 「아멘」을 불렀다.
다음날 아침 朝刊에는 그 전날밤의 추위는 十六年來의 일이라고 거
짓 말했다.
來日은 紳士와 淑女들은
安心하고 네거리로 나올게다.

劇場에서는
學生과 會社員들이 사이좋게
같은 盞에서 炭酸「가쓰」를 비았었다 드리켠다……
芝罘種의 무우와 같은 「스크린」의 「아메리카」女子의 다리에 食慾을

삼킨다.

> 어둠의 洪水
> 거리에 구비치는 어둠의 흘음
> 太陽이 어대 갔느냐?
> 어대 갔느냐?
> 내 가슴은 太陽이 안고싶다.
> ―「어둠 속의 노래」 전문,『태양의 풍속』, 학예사, 1939.

호텔과 전차와 디파트먼트가 광화문의 한 면이라면, 그것들 사이로 누추함을 드러내는 거지와 행려병자의 시체와 실업자는 광화문의 또 다른 면이다. 이 같은 불연속성을 지니는 도시공간에서 사람들은 마치 모자와 구두처럼 비인격화 된 채, 거리를 돌아다닌다. 모자와 구두 같은 사물들이 사람을 대신한다. 도시의 도로에는 사물들이 사람들 대신 넘쳐흐른다. 사람들이 「散水車」의 박사처럼 시적 자아의 눈에 사물화 되어 나타나는 이유는 비틀린 현상이 평범한 일상으로 받아들여지는 도시공간 속에 있기 때문이다. "거리의 거지가 鐘閣에 기댄채 꿋꿋해버"린 것과는 무관하게 교회에서 목사는 기도를 하고, 신사와 숙녀들은 거지가 얼어죽은 것을 피해서 거리에 나올 것이며, 학생과 회사원들은 극장에서 음료를 마시며 여배우의 육체에 탐욕의 눈길을 던진다. 이처럼 파편화 되고 단절된 공간은 인간관계의 심리적 단절과 소외를 파생시킨다. 이질적인 공간들의 부조화와, 그곳을 실존의 토대로 삼는 인간들의 심리적인 불일치가 구성하는 도시에 인간적인 의미가 깃들어 있는 곳은 없다.

3. 백화점과 인공자연

조영복은 김기림의 백화점에 대한 인식을 그의 수필 「그 봄의 전리품」
을 텍스트로 하여 "김기림의 '백화점' 인식은 그래서 비판적인 듯이 보
인다. 그러나 더 자세히 들여다보면 그의 비판은 채울 길 없는 상품에
의 거짓 욕망에 붙들린 여성에게 정향되어 있다. ……김기림은 '백화점'
으로 대표되는 자본주의적 상품, 일상용품, 광고, 선전, 오락산업 등의
상품미학 그 자체의 성격뿐 아니라 그것의 기능성에 대해 고찰을 하지
못한다. 상품미학의 가상적 영역 속에서 드러나는 자본주의 상품의 물
신적 성격을 파악하는 데 그의 인식은 이르지 못하는 것이다."[7] 라고
하면서 김기림과 동시대의 시인인 이상이 '재난적' 의미로 받아들인 백
화점에 대한 인식과 다르다고 본다. 그러나 백화점을 배경으로 하고 있
는 김기림의 시 「屋上庭園」은 이상의 '백화점'에 대한 의식과 다르지 않
음을 잘 보여준다. 「屋上庭園」의 시적 자아는 근대건축물에 의해 폐쇄
되어 버린 자연물과 자연을 상실한 채 인조 자연을 만드는 인간을 동일
시하여 근대 도시공간의 부정적인 측면을 파헤치고 있다.

하쓰다 토오루는 일본의 백화점이 추구한 완벽함을 설명하는 한 예로
옥상정원을 들고 있다. "가족끼리 찾기 쉽게끔 하기 위해, 일본의 백화
점은 서구의 디파트먼트와는 달리 건물 안에 미술관과 극장을 만들고,
그리고 충실한 식당, 유원지와 같은 옥상정원까지 설치한다. (중략) 일본
의 백화점은 근대화가 진행되는 과정에서 새로운 시대의 구체적인 가정
생활상을 사람들에게 제시함으로써 그때까지의 봉건적 생활과는 다른
근대적·문화적 생활을 연출해 갔다."[8]

---

7) 조영복, 「1930년대 문학에 나타난 근대성의 담론 연구」, 서울대 박사학위 논문, 1996,
56면.
8) 하쓰다 토오루, 『백화점』, 이태문 역, 논형, 2003, 9-10면.

옥상정원은 도심 속의 휴식처로 유원지를 백화점에 그대로 옮겨다 놓은 것이다. 하쓰다 토오루는 그의 글 「유원지와 같은 옥상정원」에서 일본의 정원과 같은 분위기를 즐길 수 있는 시설이 일본의 미쓰코시의 옥상정원, 즉 공중정원이었다고 말하고 있다. "연못을 두었고, 자연 식물을 심었으며, 차실 신사 등을 배치해 일본 정원과 같은 분위기를 느끼며 둘러볼 수 있도록 하였다. 일본의 백화점이 옥상을 중요한 요소로 받아들여, 즐길 수 있는 공간으로 발전시키려고 했다. 백화점 옥상정원을 도심 속의 공원으로 인식하는 사람도 있었다. 백화점의 옥상정원은 백화점 오락시설을 넘어 도심 속의 공원으로도 이용되었던 것이다. 다시 말해 백화점은 단순한 상업건축을 넘어 도시생활에 윤택함을 가져다 주는 시설이었다."9)

경성의 백화점을 실제 생활 속에서 경험하는 한 기자의 르뽀는 백화점 공간이 상류층에게만 쾌적한 공간이었으며, 빈민에게는 오히려 위화감과 소외가 발생하는 공간이었음을 잘 보여준다.10)

---

9) 위의 책, 163-170면.
10) 다음의 글은 1930년대 상류층 도시인의 삶의 단면을 백화점을 통해 본 르뽀이다. 백화점을 드나들 수 있는 계층은 주로 상류층들로 그들은 도시빈민이 가득했던 식민지 서울에서 새로운 도시문명의 혜택을 받았던 사람들이다. 부르주아들의 풍요로운 일상생활양식과 여기에 스며있는 서구적 취향의 의식구조들이 적나라하게 묘사되어 있다.

  이곳은 W백화점 입구이다. 유선형 '시브레' 차 한 대가 동대문 방면에서 쏜살같이 달려와 스르르 스톱을 한다. 곧 문을 열고 나오는 주인공은 '샤리 템플'같이 귀여운 소녀 두명과 젊은 부부 두 사람이다. 그들은 모두 가슴에 진달래를 꽂았다. 아마 정릉이나 성북동에서 꽃 구경을 하고 오는 모양이다. 젊은 부부는 각각 어린애를 하나씩 손에 잡고 백화점으로 들어간다. 기자는 이 아름다운 풍경에 흥미를 느끼며 그들의 뒤를 따라섰다.
  (중략)
  네 사람은 일제히 히히 하고 극히 만족한 웃음을 웃으며 엘리베이터를 타고 위층으로 올라간다. 기자도 그 중에 한 사람이 되어 그들의 뒤를 따랐다. 5층 식당에 올

百貨店의 屋上庭園의 우리 속의 날개를 드리운 「카나리아」는 「니히리스트」처럼 눈을 감는다. 그는 사람들의 부르짖음과 그러고 그들의 日氣에 대한 株式에 대한 西班牙의 革命에 대한 온갖 지꺼림에서 귀를 틀어막고 잠속으로 피난하는 것이 좋다고 생각한다. 그렇지만 그의 꿈이 대체 어데가 彷徨하고 있는가에 대하야는 아무도 생각해보려고 한 일이 없다.

기둥시계의 時針은 바로 12를 출발했는데 籠안의 胡닭은 突然森林의 慣習을 생각해내고 홰를 치면서 울어보았다. 노-랗고 가-는 울음이 햇볕이 풀어저 빽빽한 空氣의 周圍에 길게 그어졌다. 어둠의 밑층에서 바다의 저편에서 땅의 한끝에서 새벽의 날개의 떨림을 누구보다도 먼저 느끼던 힌털에 감기 붉은 心臟은 인제는 「때의 傳令」의 名譽를 잊어버렸다. 사람들은 「무슈·루쏘-」의 遺言은 설합 속에 꾸겨서 넣어두고 屋上의 噴水에 메말러버린 心臟을 축이려온다.

建物會社는 병아리와 같이 敏捷하고 「튜-립」과 같이 新鮮한 공기를 방어하기 위하야 大都市의 골목골목에 75센티의 벽돌을 쌓는다. 놀라운 戰爭의 때다. 사람의 先祖는 맨첨에 별들과 구름을 거절하였고 다음에 大地를 그러고 최후로 그 자손들은 공기에 향하야 宣戰한다.

거리에서는 띠끌이 소리친다. 『都市計劃局長閣下 무슨 까닭에 당신은 우리들을 「콩크리-트」와 舖石의 네모진 獄舍속에서 질식시키고 푸른 「네온싸인」으로 漂泊하려함니까? 이렇게 好奇的인 洗濯의 實驗에는 아주 진저리가 났습니다. 당신은 무슨 까닭에 우리들의 飛躍과 成長과 戀愛를 질투하십니까?』 그러나 府의 散水車는 때없이 太陽에게 선동되어 「아스팔트」 우에서 叛亂하는 띠끌의 밑물을 잠재우기 위하야 오늘도 쉬일새없이 네거리를 기여댕긴다. 사람들은 이윽고 溺死한 그들의 魂을 噴水池 속에서 건저가지고 분주히 분주히 昇降機를 타고 제비와 같이 떨어질게다. 女案內人은 그의 팡을 낳은 詩를 암닭처럼 수없이 낳겠지.

『여기는 地下室이올시다』

라가니 입구에는 진달래와 사쿠라가 어겨맺겨 홍여를 틀고 저쪽에서는 재즈가 요란한 음조를 날리고 있다. 그리고 돈 있는 사람은 누구나 먹으라는 듯이 잠깐 보아도 비위가 동하는 온갖 산해진찬이 보기좋게 벌려 있다. 양식, 중국식, 조선식 그리고 한번 마시면 가슴이 시원할 듯한 온갖 음료수… 기자는 겨우 비빔밥 한그릇을 시켜가지고 식당으로 들어갔다.(「백화점풍경」, ≪조광≫, 1937.4, 재인용, 김진송, 『서울에 딴스홀을 許하라』, 현실문화연구, 1999, 287-289면)

『여기는 地下室이올시다』
　　　　　　 ―「屋上庭園」 전문,『태양의 풍속』, 학예사, 1939.

　사람들은 별들과 구름, 대지를 거절하고, 공기를 향하여 전쟁을 선언하고 포석을 깔고 백화점 건물에 옥상정원을 만든다. 백화점의 옥상정원에 자연을 가두고 땅에 포석을 깔아서 풀들을 어둠 속에 가두어 버린다. 포석에 깔린 티끌-작은 풀들-이 질식하면서 비명을 지른다. 포석 밑에서 질식하는 자연은 자연을 옥상정원에 가둔 인간 그 자신이다. 사람들은 근대건축물 옥상에 꾸며놓은 인조자연에서 위안을 얻는다. 그들은 도시 공간에서는 잃어버린 자연을 공중정원에서 꿈꾸게 된 것이다. 인공자연 속에서 그들은 마치 자연 속에 있는 것 같은 착각에 빠지는 것이다.

4. 맺음말

　1930년대 경성을 배경으로 하고 있는 김기림의 일련의 시작품들은 그의 근대적 시각이 근대 문명에 대한 철저한 비판에서 출발하고 있지 못하다고 보는 평가에 대해 재고하게 한다. 김기림의 작품들은 근대도시의 파편성과 불연속적 특성을 간파하고 있었음을 잘 보여주기 때문이다.
　김기림의 「거지들의 <크리스마쓰>頌」과 「散水車」는 도시빈민의 모습을 생생하게 드러내고 있으며, 「光化門通」과 「除夜」, 「어둠 속의 노래」는 도시의 후미진 골목과 화려함을 동시에 보여준다. 「거지들의 <크리스마쓰>頌」에서 나타나 있듯이 도시의 가난한 사람들은 부유한 사람들의 담장 밑에서 추위에 떨고, 「散水車」에서는 부처(夫妻)가 하나의 신발을 번갈아 신어야 한다. 이 작품에서 김기림은 도시의 빈민계층에 속하는 가난한 인부와 자동차를 타고 지나가는 박사의 모습이 대조시킴으로써 도시의 양면성을 드러낸다. 대도시의 또 하나의 상징적인 공간인 백화점에 대한 김기림의 비판적인 시각이 나타나는 작품이 「屋上庭園」이다. 그는 인간이 폐쇄시켜 버린 자연물과 옥상정원이라는 인조의 자연을 만드는 인간을 동일시함으로써 근대 도시공간의 부정적인 측면과 거기에 갇혀버린 인간의 비주체적인 삶을 파헤치고 있다.

따라서 김기림의 근대성 인식에 대해 근대에 대한 찬미와 비판의 이중성으로 평가하는 것과 낙관론적 특성을 드러낸다고 보는 관점으로 그의 시 전체를 아우르는 평가는 유보되어야 할 것이다.

1. 곤궁한 세계와 민중의식

4·19혁명은 신동엽으로 하여금 민족정신의 역사적 흐름을 새롭게 깨 닫게 하는 계기로 작용했고, 그러한 인식은 4·19 이후에 창작된 작품에 두드러지게 반영되어 나타난다. 그렇기 때문에 대부분의 평자들이 4·19 이전의 작품과 4·19 이후 작품의 성격을 구분 짓고 역사적인 시각의 성 숙을 근거로 전자보다 후자에 문학적인 가치를 부여하여 왔던 것은 일 면 타당한 듯이 보인다. 그러나 그들은 4·19 이후의 작품들에서 신동엽 의 역사인식이 어떠한 양상으로 구체화 되는가에 대한 문제는 다루지 않고 있다. 또한 4·19 이전의 신동엽의 시정신이 이후보다 어떻게 추상 적인가 하는 것에 대해서도 세밀하게 분석하지 않는다. 그것은 그동안 신동엽의 등단 전의 작품들이 발표되지 않았기 때문에 등단 이후의 작 품만을 연구대상으로 삼은 결과일 것이다. 그렇기 때문에 反文明性을 지향하는 신동엽의 시정신을 마치 현실인식의 추상성에서 비롯된 것으 로[1] 보았으며 전기 시편들이 戰後 현실인식을 바탕으로 하는 인간성 회

---

1) 조남익은 신동엽 시인은 등단 초기에 아세아적 기질과 에스프리를 보여주나 시 속 에 대결의식의 긴장이 없는데, 4·19 후에야 현실 정시의 자세를 갖추었다고 말한다. (조남익, 「신동엽론」, 『시의 오솔길』, 세운문화사, 1973. 재게재, 구중서편, 『신동엽』,

복을 위한 그의 시적 실천이었다는 사실을 발견할 수 없었다. 그러한 시편들이 그가 살았던 시대적 체험을 철저하게 인식한 데에서 산출되었는데도 그의 현실인식은 추상적이라는 평가를 내릴 수밖에 없었던 것이다.[2]

이와 같은 기존평가의 오류를 바로잡기 위해서는 우선적으로 작자의 현실인식의 정도에 대한 도식적인 연구 방법은 지양되어야 할 것이다. 신동엽은 이미 4·19를 경험하기 이전에 戰後 현실에 대한 철저한 인식으로부터 모순된 현실을 극복하기 위한 시적 실천과 의지를 갖고 있었다. 신동엽의 시의식이 4·19를 계기로 확대되고 구체화되어 가는 과정을, 연속적인 의미 속에서 살펴보아야 한다. 그래야만 일관성 있게 그의 시 전편을 꿰뚫고 흐르는 현실 극복의지에 대한 올바른 규명과 함께 전·후기 각각의 문학적인 가치를 정확하게 밝혀 낼 수 있을 것이다.

전쟁을 문명의 폐해가 정점에 놓여 있을 때 발생하는 것으로 인식하기 때문에 전기시에서 드러나는 작자의 극복의지는 문명 이전의 세계를 지향하는 것으로 나타난다. 反文明性 세계로의 지향은 전쟁으로 인한 최대의 정신사적인 문제가 비인간화 현상이라고 볼 때, 인간성 회복의 시적 표출이다. 신동엽의 시 「별로 나가자」, 「좁아」에서 의미하는 인간성 회복은 「이야기하는 쟁기꾼의 大地」 제4장 부분에서 무정부주의적

온누리, 1983, 95면)
2) 　신동엽의 등단 초기에 보이는 그의 현실인식의 추상성에 대해서 그것을 단순한 과거지향이나 복고주의가 아닌 민족적 순수성의 회복이나 미래를 위한 발판 등으로 풀이한 긍정적인 평가(조태일, 「신동엽론」, 《창작과비평》 영인본, 1973, 가을호, 755 -775면; 신경림, 「역사의식과 순수언어」, 《한신대학보》, 1981. 재게재, 구중서 편, 『신동엽』, 온누리, 1983, 104-109면; 김영무, 「신동엽의 시세계」, 《문화비평》, 1970, 봄호, 153-175면)나 대결의식의 긴장이 보이지 않으며 추상성·관념성을 띤다는 부정적인 평가(조남익, 「신동엽론」, 『시의 오솔길』, 세운문화사, 1973. 재게재, 구중서 편, 『신동엽』, 온누리, 1983, 89-103면; 성민엽, 『신동엽평전 껍데기는 가라』, 문학세계사, 1984)를 막론하고 등단 초기에 나타나는 원초적 생활의 갈망에 대한 구체적인 원인 규명은 없었다.

사고를 통하여 드러나며, 그의 산문 「시인정신론」에서는 전경인적 삶을 지향하는 것으로 표출되기도 한다. 전기의 이러한 시정신적 지향이 후기시에서 어떻게 변모되어 나타나는지 살펴보자.

4·19 혁명 직후, 이를 기념한 시집인『학생혁명시집』[3]에 실린 「阿斯女」는 4·19혁명에 대한 팽배한 열정을 과도하게 드러낸다. "죽지 않고 살아 있었구나/ 우리들의 피는 大地와 함께 숨쉬고/ 우리들의 눈동자는 江물과 함께 빛나 있었구나" 라고 역사의 흐름에 대한 새로운 인식의 계기로서 4·19를 수용하고 있지만, 그러한 감정이 세련되지 못한 상태의 생경한 어조로 표현된다. 4·19 혁명은 모순된 사회의 변혁에 대한 희망과 그 변혁의 힘을 우리들에게서 볼 수 있게 만든 역사적인 사건이었다. 신동엽은 「이야기하는 쟁기꾼의 大地」의 後話에서 "흐물어지게 쏟아져 썩는 자리에서/ 무삼 꽃이 내일 날엔 피어날 것인가……太陽빛 거느리는 맑은 敍事의 江은/ 宇宙밖 窓을 열고 춤 춰 흘러갈 것인가?" 라고 한반도의 미래에 대해 의문을 던진 바 있다. 「아사녀」는 시인이 가졌던 의문에 대해 4·19를 경험하면서 얻어낸 해답이라고 볼 수 있다. 「아사녀」는 우리 민족의 한반도 이동으로부터 3·1운동, 4·19에 이르기까지 현실의 억압과 부조리에 저항하는 민중의 민족정신의 계승을 이야기한다. 그 정신의 존재를 4·19라는 역사적 사실을 계기로 확인하게 된 감격을 직설적으로 드러낸다. 그러나 부단한 저항 정신의 발견에 대한 신동엽의 확신은 인식의 측면에서 추상성을 노출시킨다. 「별밭

---

3) 교육평론사 편,『학생혁명시집』, 을서문화사, 1967.
　　이상노 편, 4·19민주혁명문학선,『피어린 四月의 證言』, 연학사, 1960.
　　김용호 편, 4월혁명기념시집,『抗爭의 廣場』, 신흥출판사, 1960.
　　4·19혁명 직후에 출간된 4·19를 기념하는 이들 시집의 문학적 수준은 혁명에 대해 열정을 토로한 현장시로 이들 작품에서 객관적인 역사적 인식과 문학적 형상화는 기대하기 어렵다.

에」, 「힘이 있거든 그리로 가세요」, 「빛나는 눈동자」 등의 시편들에서도
혁명 직후의 열정이 시적 형상화를 거치지 않은 채 토로된다. 이들 작
품에서는 모순에 찬 현실을 타개할 새로운 신화에 대한 과도한 확신만
이 존재할 뿐, 정신적인 갈등 양상은 보이지 않는다. 어떠한 확고한 신
념을 유지하기 위해서는 실제의 현실 속에서 부딪치게 마련인 갈등 과
정이 없을 수 없다. 그러한 과정을 거치지 않은 신념의 확보는 구체적
근거를 가지지 못하는 추상적 낙관론에 머무른다.[4]

객관적인 거리를 가지고 현실을 바라보는 「山에 언덕에」는 위와 같은
4·19 직후에 발표된 몇 편에서 드러나는 추상적인 신념과 미흡한 형상
화를 벗어난다.

> 그리운 그의 얼굴 다시 찾을 수 없어도
> 화사한 그의 꽃
> 山에 언덕에 피어날지어이.
>
> 그리운 그의 노래 다시 들을 수 없어도
> 맑은 그 숨결
> 들에 숲 속에 살아갈지어이.
>
> 쓸쓸한 마음으로 들길 더듬는 行人아.
> 눈길 비었거든 바람 담을지네
> 바람 비었거든 人情 담을지네.
> ― 「山에 언덕에」 부분

4·19 혁명의 실패는 표면적인 결과일 뿐, 부단히 전승되는 저항정신

---

4) 홍정선도 역시 신동엽 시의 부정적인 요소로 그의 시에 갈등이 없다는 것을 들었
   다. 신동엽의 시에는 선과 악 선인과 악인이 너무도 선명하게 구분되어 있어 결과적
   으로 문학의 개인적인 즐거움을 주지 못하고 있다고 평가한다.(홍정선, 「신동엽의 "껍
   데기는 가라"」, 정한모·김재홍 편, 『한국 대표시 평설』, 문학세계사, 1983, 512면)

은 외적 압박으로 결코 끊어지지 않고 살아 있다는 사실을 잘 드러내 주고 있다. 「아사녀」에서 보여준, 동학혁명과 3·1운동, 4·19 혁명을 잇는 민족정신은 "울고 간" 영혼으로 압축되어 표현되며 한반도 어느 곳이고 피어나는 꽃으로 상징된다. 그것은 단순히 도처에 살아 있을 것이라는, 저항정신에 대한 막연한 깨달음에 머무르지 않는다. 3연에서 그 정신의 현현을 고통스런 현실 속에서 발견할 수 없어 "쓸쓸한 마음으로 들길 더듬는" 義人에게 비어 있는 것들을 완성시켜주길 기대하는 작자의 실현 의지를 보여준다.

전쟁 후, 인간성 상실과 현실에 대한 비판 의식과 함께 그것의 극복을 생명성과 인간성 회복에서 찾는 전기시의 시적 지향은 60년대에 전개되는 또 다른 현실의 모습을 자각하면서 변모를 겪게 된다. 60년대에는 분단이 고착화 되어가던 과정에서 신식민지화와 도시 산업화가 활발히 진행되던 시기였다. 도시의 성장과 더불어 그 기반으로 삼아진 농촌의 피폐화와 분열된 계층 간의 갈등이 뚜렷하게 자리잡아 가는 노정에 놓여 있었던 것이다.

4·19 직후에 발표된 신동엽의 시작품들이 추상적 신념으로 사고의 경직성을 드러냈다면, 4·19와 시간적 거리를 갖고 발표되는 작품들은 4·19 혁명으로 인하여 더욱 선명하게 노출되었던 사회적 정황에 대한 비판의식을 보여준다. 1960년대의 모순에 찬 현실은 신동엽의 시에서 60년대를 살아가는 민중들의 곤궁한 모습으로 형상화 되어 나타난다.

> 내 고향은 바닷가에 있었다.
> 人跡 없는 廢家 열 구비 돌아들면
> 배추꽃 핀 돌담, 쥐 쑤신 母女
> 내 고향은 언덕 아래 있었다.

봄이 가고 여름이 오면 부황 든 보리죽
툇마루 아래 빈 토끼집엔, 어린 동생
머리 쥐어 뜯으며
쓰러져 있었다.

善民들은 밀밭가에 쫓겨있는 土墳
祖國위를 쉬임없이 궂은비는 나리고.

自轉車 탄 紳士 날씨좋은 八月
이 마을 黃土길을 넘어오면
싸릿문 앞엔 無表情한 納稅告知書.

新式의 북새는 해마다 新綠아래 있었고
붓깍지로 빼앗긴 四千萬의 가슴
幸福은 멀리 몇 뿌리의 都市塔위
곪아 있었다.

오늘도 光化門 앞 마당
高等食을 배 불린 海外族의
마이크 演說.

蒙古에의 女貢도, 淸朝에의 大拜도
空港으로 集結된
새 時代의 封建領主.
　　　　　ー「주린 땅의 指導原理」 부분

　이 작품에서 시적 화자의 고향은 '없음'이 난만한 곳으로 묘사된다. 1
연의 "인적 없는 폐가", 2연의 "빈 토끼집", 11연의 "고기도 없는 바다",
12연의 "노루 없는 산"으로 묘사된 고향은 풍요로운 이미지 대신에 '없
음'이 지배하는 주린 땅이다. 쥐쑤신 모녀, 배고픔으로 머리 쥐어뜯으며
쓰러져 있는 어린 동생의 처참한 모습은 "자전차 탄 신사"나 "도시탑"

위에만 존재하는 행복, 고등식으로 배불린 '해외족'의 모습과 대조를 이룬다.

고향의 부모형제들을 극도의 곤궁한 현실 속으로 몰아가는 원인을 화자는 도시산업화에 따른 농촌의 황폐라고 이야기한다. 5연의 '몇뿌리'는 도시에 편중된 행복이 당시 8할이 농촌 인구였던 다수의 민중을 소외시키고 존립하는 행복임을 가리킨다. 화자는 소수 지배층의 "붓깍지"에 의한 분단과 경제의 도시 편중화가 7연에서 보이듯 새시대의 봉건영주로 상징되는 미국의 신식민지 정책 아래 그 비극성이 가중되었음을 인식한다. 신동엽은 농촌 민중들의 비참한 생활을 세밀하게 묘사하여 농촌의 현실을 보여준다. 여기에서 농촌의 궁핍은 다수 민중들의 곤궁함과 이어지고 계층 간의 괴리를 더욱 심화시키는 원인이라는 것에 초점이 맞춰진다.

나만이 아닌데
쭉지 잽히고
餓死의 깊은 大使館 앞
걸어가는 行列은
나만이 아닌데.
　　　　—「三月」 부분

「三月」은 물질적 빈곤과 함께 민족적 열패감에 젖어 있는 민중들에 대한 묘파이다. 시적 화자의 배고픔이 개인적인 것에 한정된 문제가 아니라는 점은 "쭉지 잽히고" 걸어가는 사람들의 모습에서 드러나는데, '나만이' 아닌 사람들의 경제적인 무력감에 빠져 있는 상태와 심리적인 위축을 함축하는 표현이다. 경제적으로뿐만 아니라 정신적인 무력에 빠지도록 그들을 위협하는 것은 위 시에서 한반도를 "양주 쓰레기통"으로 묘사했듯이, 미국의 오만 때문이라고 작자는 인식한다.

> 쓰레기 통을 뒤져
> 깡통 꿀꿀이 죽을 찾아 먹는 일
> 나도 이따금은 해봤다.
> 눈 사태속서 총겨냥한
> 낯선 兵丁의 호령을 듣고
> 그 퍽퍽한 눈속을
> 깊이깊이 빠지면서 무릎이겨 기던
> 그 少年의 마음을 나는 안다
>
> 꿰진 뒤꿈치로
> 사지 늘어트려
> 국수가닥 깡통을
> 눈 속에 놓치던
> 그 마음을 나는 안다.
> ―「왜쏘아」 부분

미군부대에서 꿀꿀이죽을 찾아 먹으려다 미군의 총을 맞고 죽어가는 소년에 관한 묘사는 사실적인 만큼 충격을 준다. 우리의 땅에서 배고픔에 대한 저항 외에 아무런 힘도 갖지 못한 어린 소년에게 가한 미군의 총격은 궁핍한 60년대를 살아야 했던 이 땅의 민중들이 겪은 민족의 비극적인 처지를 반영한다. 이 시에서는 소년에 대해 가지는 시적 화자의 연민이 강하게 노출되고 있는데, 그것은 소년과 자신의 모습이 다르지 않다는 인식에서 오는 것이다.

> 이슬 비 오는 날.
> 종로 5가 서시오판 옆에서
> 낯선 少年이 나를 붙들고 東大門을 물었다.

밤 열한시 반,
통금에 쫓기는 群像 속에서 죄 없이
크고 맑기만 한 그 소년의 눈동자와
내 도시락 보자기가 비에 젖고 있었다.

국민학교를 갓 나왔을까.
새로 사 신은 운동환 벗어 품고
그 소년의 등허리선 먼 길 떠나 온 고구마가
흙묻은 얼굴들을 맞부비며 저희끼리 비에 젖고 있었다.

충청북도 보은 俗離山, 아니면
전라남도 해남땅 漁村 말씨였을까.
나는 가로수 하나를 걷다 되돌아섰다.
그러나 노동자의 홍수 속에 묻혀 그 소년은 보이지 않았다.

(중략)

그리고 언젠가 보았어
세종로 고층건물 공사장,
자갈지게 등짐하던 勞動者 하나이
허리를 다쳐 쓰러져 있었지.
그 소년의 아버지였을까.
半島의 하늘 높이서 太陽이 쏟아지고,
싸늘한 땀방울 뿜어 낸 이마엔 세 줄기 강물.
대륙의 섬나라의
그리고 또 오늘 저 새로운 銀行國의
물결이 뒹굴고 있었다.
　　　　　　　　　—「鐘路五街」 부분[5]

---

5) 「종로5가」는 장시인 「금강 後話·1」의 부분과 거의 유사한 작품인데, 후자에서 작자
    가 보여주는 역사적 인식은 노동자인 화자와 이향하여 길을 묻는 소년의 동질성만을
    드러내면서 「주린 땅의 지도원리」처럼 도시집중화와 농촌의 황폐를 이야기한다. 그러
    나 「종로5가」에서는 노동자, 창녀, 소년을 등장시켜 좀 더 확장되고 구체적인 시의식
    을 표출하고 있다. 발표 시기는 「종로5가」(≪동서춘추≫, 1967.6)가 「금강」(『한국현대

이 작품은 도시산업화로 고향을 박탈당하고 도시로 이향한 농민들이 최하층을 형성할 수밖에 없었던 상황을 그리고 있다. 시적 화자 역시 서울로 올라온 노동자로서 '소년의 눈동자'와 시적화자의 '도시락 보자기'가 함께 비에 젖고 있음을 바라보면서 자신과 소년과의 동질성을 예감한다. 그들의 동질성은 3연의 '흙묻은 얼굴들을 맞부비며 저희끼리 비에 젖고' 있는 고구마로 잘 형상화되는데, 고구마로 상징된 화자나 소년은 모두 이향민이었음을 드러낸다. 4연에서 화자는 '노동자의 홍수 속에 묻혀' 보이지 않는 소년이 도시 노동자 무리의 한 개체를 이룰 것임을 예시한다. 그것은 당시의 이향이 곧 도시 노동자로의 전락을 의미했음을 가리킨다. 국민학교를 갓 나왔을 정도의 어린 소년이 60년대 도시산업화에 따른 극심한 노동력 착취의 현장이었던 청계천 부근의 동대문을 찾는 이유는 당시의 경제정책과 밀접한 관련이 있다고 볼 수 있다.

> 일부 저개발국은 60년대에 급속한 자본주의적 발전을 이룩하였다. 그러한 나라들은 아이보리코스트, 한국, 대만, 브라질, 포르투갈 등이다. 이들의 '성공담'에 공통된 것은 외국자본 및 외국시장에의 종속이었다
>
> (중략)
>
> 이 모든 '기적'들은 공업 선진국에 비해 상대적으로 극히 저렴한 그들의 노동력에 기초하여 이룩되었던 것이다. 파시스트 정권이 안정된 노동시장과 외국인 투자의 안정성을 보장하였기 때문에 이들나라(도상국들)는 풍부한 미숙련 및 반숙련 노동력을 필요로 하는 경공업과 일부 기계조립 공업을 유치하였다.[6]

신작전집5권』, 을유문화사, 1967. 12월)보다 앞섰지만, 표현이나 인식의 측면에서 볼 때, 「금강 後話·1」보다 「종로5가」가 세련된 작품이다.

6) 얀오토 앤더슨, 「위기에 선 신식민주의」, 콜린 레이스 외, 『신식민주의론』, 편집부 편역, 한겨레, 1986. 236-237면.

떠나온 이들을 기다리고 있는 것은 노동자의 생활만이 아니다. 종로의 창녀가 되기도 하고 6연에서와 같이 몸까지 다치게 된다. 창녀와 허리 다친 노동자가 소년의 가족일지 모른다는 시적 화자의 진술은 그 자신을 비롯한 도시의 최하층을 형성하는 이농민의 비극적인 연계성을 드러낸다. 6연의 허리 다친 노동자는 한반도의 비극이 총체적으로 집약된 인물로 볼 수 있다. 노동자의 식은 땀 흘리는 이마 위를 흐르는 세 줄기 강물로 표현된 미국과 일본의 신식민지 전략과 "새로운 銀行國의 물결"이 의미하는 달러화 지배체제로 편입되어 가는 한국의 종속경제화와 분단 문제 등이 쓰러진 한 노동자의 모습을 통하여 반영되어 있는 것이다. 이 시에서는 분단, 외세의 신식민지화, 이농 현상 등 60년대의 온갖 부정적인 사회 정황들이 각각의 민중들의 모습으로 詩化되어 나타난다.

민중들의 생활상에 대한 묘사를 통하여 당대 현실에 대한 정확한 비판을 이루어내는 신동엽은 현실 모순을 극복할 힘 또한 민중의 모습 속에서 발견한다. 60년대는 戰後의 피폐한 경제를 물려받아 그 난제를 풀어야만 하는 장벽에 처한 시기였으며, 미국의 신식민지화가 활발하게 진행되던 때였다. 1950년 이후 깊어진 분단의 질곡 상태는 그러한 어려운 사회적 여건을 더욱 복잡하게 만들었다. 그와 함께 4·19혁명의 시도는 사회의 제도적 모순들을 적나라하게 노출시켰고 문화의 제 분야에서 역사적인 각성이 부각되는 상황이 전개되었던 것이다. 이 같은 사회적 상황 속에서 戰後에 가졌던 신동엽의 현실인식의 폭은 확대하였으며, 전기시에서 보여주었던 그의 현실 극복의지 역시 확장되고 구체화되는 양상으로 나타난다. 우선 60년대의 가난한 현실 속에서도 생명력 있게 살아 있는 민중의 모습이 그의 시에서 어떻게 그려지고 있는지 살펴보자.

「시인정신론」의 準全耕人으로 나타나는 戰後 현실을 극복할 힘은 「풍경」에서는 '여성'과 '아이'로 상징되었다. 그들은 전쟁과는 상관없이 옛날이나 지금이나 자연스러운 삶을 영위하는 본능적으로 평화로운 존재들이다. 신동엽이 여성과 아이를 현실 극복 주체로 인식하였던 사실은 그의 후기 작품들에서도 지속적으로 나타난다.

> 서울아, 너는 祖國이 아니었다.
> 五百年前 부터도,
> 떼내버리고 싶었던 盲腸
>
> 그러나 나는 서울을 사랑한다
> 지금쯤 어디에선가, 고향을 잃은
> 누군가의 누나가, 19세기적인 사랑을 생각하면서
>
> 그 포도송이같은 눈동자로, 고무신 공장에
> 다니고 있을 것이기 때문에.
>
> 그리고 관수동 뒷거리
> 휴지 줍는 똘만이들의 부은 눈길이
> 빛나오면, 서울을 사랑하고 싶어진다.
> ―「서울」 부분

위 시의 화자에게 서울은 조국의 일부로 인정하고 싶지 않을 정도로 현실의 부조리한 요소들이 집약되어 있는 곳으로 인식된다. 그래도 그는 서울을 사랑한다고 말하는데, 그것은 고향을 떠나와 공장에 다니고 있을 누군가의 '누나'가 있기 때문이며, 역시 서울의 하층 민중을 구성하는 휴지 줍는 똘만이의 눈빛이 빛나기 때문이라는 것이다. 고향을 떠나 도시 노동자가 되었으면서도 순수한 사랑만은 잃지 않고 살아가는 소녀와 열악한 생활 속에서도 희망을 가지고 살아가는 양아치들에게서 참된 인간의 모습을 발견한다. 그것은 「조국」의 "역사의 그늘/ 소리없이 뜨게질하며" 전쟁과 분단, 불평등의 모순된 질서의 소멸을 고대하는 보이지 않는 역사적 주체로서의 민중과 「여자의 삶」의 강한 생명력을 지닌 여성의 모습으로 이어진다.

「여자의 삶」에서 보이는 "고개마다/ 옥바라지 봇짐"이 암시하고 있는 바대로 남자의 수형 생활과 여인의 옥바라지가 만연된 정황 속의 삶이지만, "못쓰게 된 옷조각으로 기운/ 다스운 속내의"를 만드는 여인의 손길은 어려움에 빠져 있는 시대를 변화시킬 수 있는 힘을 드러낸다. 적극적이고 물리적인 변혁의 힘은 가지지 않지만, 고난의 시대를 인내로서 꾸려가는 여성은 "한 권의 文化史 개론 책"을 지어 낼 만한 역사의 주체이다. 경제력의 부재 상태에 놓인 절망적인 상황 속에서도 땔감을 이고 "맨발 길 삼십리/ 울렁이며 뛰던/ 아낙네의 종아리"의 강한 생활력은 작자가 여성으로 상징한 민중에게서 무력하게 누워 있는 한반도를 일으킬 수 있는 저력을 발견하는 부분이다.

2. 평등의식의 확대와 민족합일

신동엽의 長詩 「錦江」은 19세기 후반의 퇴락한 사회의 모습과 그것의 필연적인 소멸을 동학혁명의 전개과정을 통하여 이야기한다. 그러한 부정한 현실에 대한 소멸의지는 60년대의 비극적 상황들과 대응하면서 표출된다.[7] 19세기 후반 질곡에 빠진 봉건제도와 피지배층의 극도의 억압

---

[7] 김우창도 신동엽이 동학의 이야기에서 오늘날 상황에 대응하는 과거를 발견하고 동학혁명이라는 불가피한 연쇄를 오늘의 경험에 비추어 상상적으로 재구성한 것이라 파악하여 「금강」의 역사적 재구성을 지적하였다.(김우창, 「신동엽의 '금강'에 대하여」, 『창작과 비평』, 1968, 봄호, 105-116면)

상태, 청·일로 대표되는 외세의 간섭 등은 "물리치자 학정/ 구제하자 백성/ 몰아내자 왜놈/ 몰아내자 뙤놈/ 몰아내자 모든 外勢/ 백성은 한울님이니라"(「금강」, 17장)를 교리로 내세우는 동학혁명 발생의 역사적 배경이 된다. 마찬가지로 미국이 주도하는 신식민주의적 외세의 침탈과 집권계층의 부패에 따르는 일반 대중들의 경제적 궁핍 등은 60년대 혁명 발생의 전제 조건으로 작용한다. 신동엽은 갑오농민 혁명과 4·19혁명을 병치시켜 나가면서 외세가 물러가고 완전한 평등사회가 이루어진 새시대에 대한 전망을 유보한 채 「금강」을 종결짓는다. 「금강」은 신동엽의 평등사회에 대한 지향과 그것을 실현시킬 수 있는 민중의 자생적인 힘을 주된 내용으로 하고 있어 그의 후기 시의식의 총체적인 면을 파악할 수 있는 작품이다.

> 半島는
> 평화한 두레와 평등한 分配의
> 無政府 마을
> 능력에 따라 일하고
> 필요에 따라 분배,
> 그 위에 青春들의
> 祝祭가 자라났다.
> 우리들에게도 생활의 시대는 있었다.
> ─ 「錦江」 6장 부분

　戰後의 만연된 이기적 개인주의와 계층적 소외는 60년대 들어와 도시와 농촌의 심화된 괴리와 빈·부, 지배·피지배층 사이의 격차가 첨예화되는 현상으로 확산된다. 그것은 도시에 편중한 경제정책과 신식민지화라는 역사적 배경을 가진다. 신동엽은 계층 간의 불평등과 분배의 불평등이 완전히 사라진 공간으로 '생활의 시대'를 상정한다. 이 '생활의 시대'와 유사한 의미를 갖는 「이야기하는 쟁기꾼의 大地」 제4화를 보면 신동엽의 의식이 아나키즘적 사고에 머물러 있음을 알 수 있다. 「이야기하는 쟁기꾼의 大地」 제4화에서 이상적인 곳은 타인을 지배하지도 않고 지배받지도 않는, 공평하게 삶을 영위하는 공동체적인 곳, 각 개인마다의 인간적인 존엄이 빛나는 곳으로 묘사된다. 이러한 인간성 회복의 차원에서 전개시켰던 전기시의 현실 극복의지는 위의 작품에서는 뚜렷한 무정부주의의 표출로 나타난다.

위 시에서 보이는 아나키즘에 대한 신동엽의 시각은 4·19 이후에 쓴 산문을 통하여 좀 더 분명하게 드러난다.

> 反戰, 반폭력, 反政 데모들이 세계 여러나라에서 잇다라 터지고 있다. 데모하는 사람들의 성분, 그들의 구호야 어떻든 간에 그 데모를 충격주고 있는 핵심적인 힘은, 인간 속에 잠재하고 있는 무정부에의 의지이다. 인간의 순수성은, 인간의 머리위에 어떠한 형태의 지배자를 허용할 것을 원하지 않는다.
>
> (중략)
>
> 민주주의의 본뜻은 무정부주의다. 인민에 의한, 인민을 위한, 인민의 정부, 이것은 사실상 정부가 따로 존재하지 않는다는 것을 뜻한다. 인민만이 있는 것이다. 인민만이 세계의 주인인 것이다.[8]

윗글에서 신동엽이 의미하는 무정부주의란 무정부주의에 대한 깊은 인식이었다기보다는 일반적으로 아나키즘을 규정하는 근거인 '지배받지

---

8) 송기원은 이 글을 1957년에 쓰여진 것으로 분류해 놓고 있는데(송기원 편, 『젊은 시인의 사랑』, 실천문학사, 1988, 165면), 이 글의 마지막 문장에서 신동엽은 "……그리고 한국에서는 1960년 4월 그 높고 높은 탑을 제지하는 데 성공했다."라고 진술하고 있어 4·19 이후에 지어진 것이 확실하다.

않고 내면적 자유의사에 따르는 삶'을 의미하는 無支配 정신을 그의 작품에 구현한 듯 보인다. 신동엽은 민주주의의 궁극적인 본질과 무정부주의를 같은 의미로 해석했기 때문이다.[9]

신동엽은 작품의 곳곳에서 권력과 경제력에서 소외되고 사회의 부조리한 힘에 억눌린 사람들, 특히 여자와 어린아이로 상징된 피지배 민중에 대한 관심을 보여주었다. 그러한 의식은 평등사회를 지향하는 것으로 좀 더 확고하게 드러난다.

> 사람은 한울님이니라
> 노비도 농삿군도 천민도
> 사람은 한울님이니라
>
> 우리는 마음 속에 한울님을 모시고 사니라
> 우리의 내부에 한울님이 살아 계시니라
> 우리의 밖에 있을 때 한울님은 바람,
> 우리는 각자 스스로 한울님을 깨달을 뿐,
> 아무에게도 옮기지 못하니라.
> 모든 중생이여, 한울님 섬기듯 이웃사람을 섬길지니라.
> ㅡ 「錦江」 제4장 부분

위 시의 화자는 수운 최제우의 "내 안에 한울님을 모신 사람은 어느 특정한 사람이 아닌 빈부나 귀천의 구분 없이 세상 사람이면 누구나 모시고 있다는" 제14연 1-2행의 侍天主사상[10]을 그대로 14연 3-4행, 각자

---

9) 조지 우드코크는 아나키즘과 민주주의와 혼동하기 쉬운 개념들을 들면서 그 둘 사이의 뚜렷한 거리를 강조한다. "아나키즘이 개인적인 선택에 지고성을 두기 때문에 독재제도와 마찬가지로 민주주의도 거부한다. 아나키즘을 민주주의의 극단의 형태로 보는 것만큼 아나키즘의 개념상의 진실과도 거리가 먼 것은 없다. 개인의 주권을 옹호하는 아나키즘으로서는 개인의 주권을 대표자에게 넘겨주는 의회제도는 주권을 버리는 것을 뜻하기 때문에 거부하며, 민주주의의 개인과는 별개의 실재인 '인민'을 거부한다."(조지 우드코크, 『아나키즘-사상편』, 형설출판사, 1972, 38면)

의 이기심-各自爲心-을 벗어나 모든 사람들이 한마음으로 돌아간다는 의
미를 지닌 동학의 '同歸一體' 사상을 시로 표현해 놓았다[11]. '同歸一體'
는 하느님의 뜻 안에서 모든 사람들이 한 마음으로 돌아가는 것을 의미
하는데, 그것은 완전한 평등사회에 대한 희원을 나타내는, 동학이 궁극
적으로 지향하는 낙원을 가리킨다. 개인 자신뿐만 아니라, 사람들 모두
내부에 하느님을 모시는 귀중한 존재들이므로 동귀일체의 상태 속에서
는 빈·부의 귀천이나 피지배와 지배의 관계는 소멸되고 평등한 질서를
갖는 완전한 공동체가 이루어진다.

「금강」 12장에서도 역시 해월의 평등사상을 잘 드러내는 일화를 원용
하여 詩化하였다. 해월이 어느 동학교도의 집에서 저녁상을 받았다. 해
월 최시형은 그 집의 며느리를 그녀의 시아버지와 자신이 앉아 있던 자
리로 불러 같이 저녁을 먹자고 한다. 해월은 봉건적 신분질서가 그대로
적용되는 가정에서 가장 낮은 위치에 있는 며느리를 시아버지와 자신의
밥상에 함께 앉도록 하면서 며느리가 바로 하느님이라고 말한다. 해월
의 이 같은 말과 행동은 봉건적 신분 질서에 대한 강력한 대응이라는
점에서 상징적이다. 長幼有序의 엄격한 질서 속에서 어린이도 부녀자와
마찬가지로 봉건적 신분 질서의 희생자이다. 해월은 자신을 배웅하려고
뒤따라 나오는 손자를 윽박질러 쫓는 서 노인을 제지하며 손자도 하느
님으로 받들라고 말하는데 그의 이러한 행동에서도 그의 '事人如天' 사

---

10)　수운의 시천주사상에 대해 윤석산은 "인간은 누구나 본질적으로 평등하다는 인간
    평등주의를 그의 중요한 사상으로 삼게 된다. 이와 같은 『용담유사』에 나타나는 인
    간관은 신분과 제도로 班常의 구분을 짓고, 존천의 차별이 분명했던 봉건사회를 뛰
    어 넘는, 근대적 이념에 입각한 인간관이라고 하겠다"라고 풀이하고 있다.(윤석산, 『
    용담유사 연구』, 민족문화사, 1987, 114-117면)
11) 김영작, 「동학사상과 농민봉기」, 『동학혁명의 연구』, 백산서당, 1981, 75-81면.
    강인수, 『한국문학과 동학사상』, 도서출판 지평, 1989, 27-28면.

상이 드러난다.

　이러한 동학의 평등사상은 수운이 부녀자와 아이들에게 각별한 관심을 가지고 지은, 『용담유사』의 「안심가」와 「교훈가」 등에서 그 정신을 구체적으로 살펴볼 수 있다. "현숙ᄒ ᄂ집 부녀/ 이글 보고 안심ᄒ쇼"라고 시작되는 「안심가」와 "왈 이ᄌ딜(필자주; 日爾子姪-너희들, 즉 아들들과 조카들) 아희들아/ 경슈ᄎ셔(필자주; 敬受此書-이 글을 공경스레 받으라는 뜻) ᄒ여스라"라고 시작되는 「교훈가」는 봉건적 질서 아래에서 양반과 하층민의 신분 차별 외에도 남존여비와 노·소의 차별로 인하여 이중으로 억압받는 부녀자와 아이들에게 용기를 북돋우며, 용기와 존엄성을 심어주는 글들이다.

　신동엽은 1960년대 당시의 깊어지던 계층 간의 격차와 불평등을 날카롭게 인지하고 있었다. 그는 이러한 불평등이 반드시 극복되어야 할 사회문제임을 평등사상을 표방하는 동학의 교리와 일화를 수용한 작품들을 통하여 표출하고 있다.

> 水雲이 말하기를
> 하눌님은 콩밭과 가난
> 땀흘리는 사색 속에 자라리라.
> 바다에서 조개 따는 소녀
> 비 개인 오후 미도파 앞 지나는
> 쓰레기 줍는 소년
> 아프리카 매 맞으며
> 노동하는 검둥이 아이,
> 오늘의 논밭 속에 심궈진
> 그대들의 눈동자여, 높고 높은
> 하눌님이어라.
> 　　　　― 「水雲이 말하기를」 부분

위 시는 현실 극복의 주체로서 인식되는 민중의 모습이 시적 화자의 실천적 의지와 결합되어 있는 작품이다. 「산에 언덕에」에 나타났던, 부단히 전승되는 현실 저항 정신을 위의 작품은 과연 '누구'의 '어떠한' 모습으로 구현되는지를 분명히 보여주고 있다. 작자의 평등의식을 노래하고 있는 이 작품을 살펴보면, 1연의 '맨발', '맨주먹'을 가진 사람은 신동엽이 그동안 일관성 있게 보여 왔던 문명화에 물들지 않은 '全耕人', '여성과 아해'의 모습과 일치되는, 모순된 현실을 뚫고 나가는 인물이다. 조선 말기의 극도로 부패한 현실을 깨치고 나온 동학혁명의 주체 역시, 피지배층에 속하는 농민이었다는 사실에 닿아 있는 신동엽의 시적 상상력은 2연에서 보이는 바와 같이 "조개따는 소녀", "쓰레기 줍는 소년" 등 민중의 일하는 모습에서 모순된 질서를 소멸시킬 잠재된 힘을 발견한다. 그는 최하층민이 하느님으로 인정되는 사회, 인간의 존엄성이 빛나는 평등 사회의 도래는 타인의 노동력에 기생하는 유한 계층과는 대조되는, "콩밭"의 노동과 "땀흘리는 사색"을 실천하는 사람들로부터 가능하다고 말한다.

생명성의 회복과 문명 이전의 세계로 돌아가자는 것으로 나타났던 전기시의 현실 극복의지는 4·19를 겪은 후기시에 와서 50년대와는 또 다른 역사적인 상황- 분단의 고착화, 신식민지화, 심화된 계층의식-을 역사적 배경으로 하여 아나키즘의 원리와 동학의 평등사상을 수용하면서 좀 더 구체화되고 확대되었다고 볼 수 있겠다.

신동엽 후기시의 현실 극복의지는 민족합일에 수렴되어 표출되기도 한다. 60년대에 들어와 더욱 고질화된 분단의 질곡이 부정적인 사회현상들의 원천으로 파악하는 신동엽은 분단 극복 없이 현실문제는 결코 해결될 수 없다는 것을 인식한다. 그에게 모순된 현실의 극복이란 궁극적으로 분단의 극복을 통해서만 가능한 상태인 것이다. 후기시에서 두드러지게 나타나는 특징의 하나인 민족합일 의식은 이러한 사고에 근거하여 표출된다. 「주린 땅의 지도원리」의 아사녀와 아사달, 「금강」의 신하늬와 인진아의 사랑의 장면, 詩劇인 「그 입술에 파인 그늘」의 남과 여, 「껍데기는 가라」의 아사달과 아사녀의 사랑은 민족합일을 꿈꾸는 신동엽의 갈망 표출의 한 방식이다. 이들 작품에서 남자와 여자는 구체적으로 한반도의 분단된 민중을 가리킨 것으로 그들의 사랑과 결합은 분단 극복의 지향으로 환치된다.

신동엽은 분단 극복의 방법으로 지배층의 정치적 제도에 의한 것이 아닌, 남과 북의 민중들에 의한 민족합일을 제시한다. 그것은 제도적인 방법에 의해서가 아니라, 민중들의 정신적인 결속에 의해서만 이루어질 수 있는 것이라고 말한다. 「껍데기는 가라」의 본능에 가까운 원초적인 사랑의 결합을 드러내 보이고자하는 아사달과 아사녀의 모습은 '껍데기'들의 논리와 지배 아래 놓인 현재 상황에 대한 작자의 철저한 저항의지의 표명인 것은 이미 평자들에 의해 지적되었다.

> 그리하여, 다시
> 껍데기는 가라.
> 이곳에선, 두 가슴과 그곳까지 내논
> 아사달 아사녀가
> 中立의 초례청 앞에서서
> 부끄럼 빛내며
> 맞절할지니
>   — 「껍데기는 가라」 부분

아사달과 아사녀는 동학혁명과 4·19혁명을 이끌었던 역사적 주체로서의 민중을 가리킨다. 분단 상태가 소멸된 곳인 "中立의 초례청"은 그것을 실현시킬 민중의 자생적 힘에 대한 그의 신념의 영역이다. 이러한 사상이 가장 구체적으로 보이는 산문은 「전통정신 속으로 結束하라」이다.

정치적 방법에 의한 민족 합일은 불가능한 것으로 인식하는 신동엽은 '민중적 지성의 힘'으로 분단을 극복하자고 제안하는데, 여기에서 '민중적 지성의 힘'은 동학 농민혁명, 3·1독립운동, 4·19혁명을 통하여 껍질을 깨치고 내일을 주장할 수 있도록 성장한 민중의 자각의 힘이다. 그것은 「금강」 제15장의 "한갓, 노른자와 흰자이던/ 액체가 자기 생명을 의식하고/ 다숩게 조직하며,/ 祈求하며,/ 來日을 주장하기 시작했을 때", "內部의 살의/ 成長에/ 밀려나/ 깨어지는 달걀 껍질"처럼 자기 생명과 존재에 대한 의식의 발견과 동일한 의미이다. 미자각의 상태로부터 벗어나 자각으로 이끌게 되면 부정적인 것들은 자연히 소멸될 수 있다는 것이다. 신동엽은 '남북한의 정치적인 상층부기성세력'에 의한 정치적 방법이 아니라, 민중적 지성의 내부적인 성장이 진정한 한반도의 통일을 가져올

---

12) 신동엽, 「전통정신 속으로 結束하라」, 『신동엽전집』, 창작과비평사, 1980, 401면.

수 있다는 신념을 보여준다.

이러한 합일방법의 제시는 현실을 배제한 관념적이고 추상적인 구호로서의 느낌을 준다. 4·19 직후에 창작된 시들에서 두드러지는, 작품 속에 갈등과정을 거치지 않은 추상적 신념이 지배하는 의식적 측면은 그의 민족합일 의식을 드러내는 「주린땅의 지도원리」, 「껍데기는 가라」, 산문, 「전통정신 속으로 결속하라」 등에서도 엿보인다. 「주린 땅의 지도원리」에서 분단된 남과 북으로 비유된 아사달과 아사녀의 사랑은 지배계층 또는 외세를 나타내는 '흡반족'들이 형성해 놓은 왜곡된 역사의 극복을 의미한다. 이 작품은 신동엽의 시정신이 보여주는 한 측면인 뚜렷한 가치의 이분법을 노출하고 있다.[13] 부정적인 요소들을 묘사하는 '두드러기', '낙지발' 등의 시어는 아사달, 아사녀의 '흰 알살', '백성의 웃음', '아름다운 피꽃' 등으로 묘사되는 긍정적인 의미를 갖는 시어와 단순하게 대립된다. 신동엽 시의 한 특성을 형성하는 시정신의 경직성은 전기의 시정신과 비교된다. 습작기에 창작된 전기시는 문학적 형상화의 미숙에도 불구하고 자유로운 시정신적 공간을 가지며 표출 양상의 다양성을 보여주었다. 그에 비하여 후기시에서는 세계의 존재 양상을 긍정적인 것과 부정적인 것으로 확연하게 양분시켜 시적 지향을 추구한다. 이러한 성향은 현실 참여시에만 가치를 두고 철저한 反모더니즘적 태도를 견지하는 그의 문학관과 일치한다.

후기시에서 현실극복의 실현을 위한 우선적이고 중요한 해결 과제로서 민족합일을 강조하는 신동엽은 '중립'이라는 시어에 그가 전기시에서부터 지속적으로 보여주었던 극복의지를 집약시켜 표현한다. 「껍데기는

---

13) 신동엽의 이러한 특색을 김준오는 신동엽의 시 「껍데기는 가라」에 대해 "2분법적 사고의 경직성"을 나타낸다고 보았다.(김준오, 「순수·참여와 다극화 시대」, 28인 공동 집필, 『한국현대문학사』, 현대문학사, 1989, 315면)

가라」, 「술을 많이 마시고 잔 어제밤은」, 「산문시 1」 등의 시에서 작품 이해의 중요한 고리로 등장하는 '중립'의 의미에 대해 평자들의 각별한 관심이 있어 왔다. 조태일은 「껍데기는 가라」의 '中立'은 모든 사물의 본질을 뜻하기도 하고 근원을 뜻하기도 하고 사방으로 펼쳐 나아가려는 긴장된 현장 확보의 응집의 상태를 뜻하기도 한다고 보고 그것은 분단의 극복이라고 했다.[14] 홍정선도 「껍데기는 가라」에서 아사달 아사녀가 中立의 초례청 앞에서 맞절을 한다는 것은 정치적 중립 노선에 의한 분단의 극복을 의미하고 있는 것이며 그 분단의 극복이 외세가 물러간 상태 속에서 순수한 우리 민족의 화합된 힘으로 이루어지기를 바란 것이라고 했다.[15] 이들 모두 中立의 의미를 분단 극복이라는 데 일치시키고 있다. 그러나 위에서 살펴본 바와 같이 신동엽이 비정치적인 측면에 선 민중들의 지성적 힘의 성장에 의한 분단의 극복을 강조했었던 점을 고려해 볼 때, 중립이 정치적 노선이라고 본 홍정선의 해석은 신동엽이 의도한 中立의 본래적 의미에서 약간 벗어난다고 볼 수 있다.

그러면 좀 더 구체적으로 신동엽의 '중립'이 내포하는 의미에 대해서 살펴보자. 「껍데기는 가라」에서 아사달 아사녀가 주체적으로 이룩하는 中立의 나라에 대한 작자의 실천의지는 껍데기에 속하는 모든 부정적인 것들의 소멸을 강렬하게 표명하고 있다. 「술을 많이 마시고 잔 어제밤은」에서도 실재하는 십리의 비무장 지대를 통해서 '중립지대'를 꿈꾸는 민족합일 의지의 확장을 보여준다.

---

14) 조태일, 「신동엽론」, ≪창작과비평≫ 영인본, 1973, 가을호, 755-775면.
15) 홍정선, 「신동엽의 '껍데기는 가라'」, 정한모·김재홍 편, 『한국 대표시 평설』, 문학세계사, 1983, 510면.

점점 팽창되는데,
그 평화지대 양쪽에서
총부리 마주 겨누고 있던
탱크들이 일백팔십도 뒤로 돌데.
　　　　　—「술을 많이 마시고 잔 어제밤은」 부분

비무장 지대라는, 남쪽 권력도 북쪽 권력도 미치지 못하며 문명화의
폐해가 세력을 끼치지 못하는 실제적인 공간을 보면서 작자는 이상적인
공간이 한반도 전역으로 펼쳐지는, 전쟁과 분단이 완전히 극복되는 중
립지대를 노래한다. 그러나 위 시의 "술을 많이 마시고 잔/ 어제밤은 자
면서 허망하게 우스운 꿈만 꾸었지."라는 표현은 중립지대를 갈망하는
의지는 술과 꿈에 의한 허구적인 실현에 지나지 않는 것임을 강하게 노
출시킨다. 위 시에서 현 정치 상황 하에 중립지대의 실현이란 단지 희
망에 불과하다는 암울한 시대적 상황에 대한 자각이 시적 화자의 절망
감을 통하여 투영된다.

신동엽이 전기시에서 보여 주었던 시적 지향은 생명성 회복의 차원,
즉 문명화 되기 이전의 삶을 동경하는 것으로 나타난다. 그러한 시의식
은 그가 60년대의 상황 속에서 비참한 민중들의 모습을 통해서 더욱 첨
예하게 드러나는 현실 모순들을 바라보게 되었을 때, 평등의식의 확대
와 민족합일이라는 구체화된 모습으로 변모된다.

이러한 전기시에서 이어지는 그의 현실 극복의지의 시세계가 함축적
으로 드러나는 영역이 바로 '중립' 지역이다. 「산문시 1」에서 신동엽이
이야기하고자 한 '중립'은 실제적인 분단의 극복뿐만이 아니라, 계층 간
의 불평등이 해소된 완전한 평등사회에 대한 것이다.

　　스칸디나비아라든가 뭐라구 하는 고장에서는 아름다운 석양 대통령
이라고 하는 직업을 가진 아저씨가 꽃리본 단 딸아이의 손 이 끌고 백
화점 거리 칫솔 사러 나오신단다. 탄광 퇴근하는 鑛夫들의 작업복 뒷
주머니마다엔 기름묻은 책 하이덱거 럿셀 헤밍웨이 莊子 휴가여행 떠
나는 국무총리 서울역 삼등대합실 매표구 앞을 뙤약볕 흡쓰며 줄지어
서 있을 때 그걸 본 서울역장 기쁘시겠오라는 인사 한마디 남길 뿐 평
화스러이 자기 사무실문 열고 들어 가더란다.
　　(중략)
　　반도의 달밤 무너진 성터가의 입맞춤이며 푸짐한 타작소리 춤 思索
뿐 하늘로 가는 길가엔 황토빛 노을 물든 석양 大統領이라고 하는 직
함을 가진 신사가 자전거 꽁무니에 막걸리 병을 싣고 삼십리 시골길
시인의 집을 놀러 가더란다.
　　　　　　　—「산문시 1」 부분

　위 시에서 시적 화자는 이상적인 사회가 실현된 상태인 '중립국'을
이야기하면서 처음에는 그 장소를 "스칸디나비아라든가 뭐라구 하는 고
장"이라고 했다가 '서울역'이라는, 우리나라를 가리키는 지역을 말하고
있다. 그러나 그 중립국이 우리나라라고 분명히 밝히지 않고 다시 또
한번 "이름은 잊었지만 뭐라군가 불리우는 그 중립국"으로 둘러댔다가
이 시의 후반부에 오면 "반도의 달밤"이라는 확실히 우리나라를 암시하
는 시어를 사용한다. 그것은 현실 속에서 이상의 실현에 대한 어려움을
노출하면서 작자의 실현의지의 강렬성을 드러낸 것이라고 볼 수 있다.
　「산문시 1」에서 신동엽은 분단극복과 계층 간의 차별이 존재하지 않
는 평등사회에 대한 갈망을 노래한다. "대통령이라고 하는 직업", 혹은
"대통령이라고 하는 직함"에서 대통령이라는 존재는 광부, 농민, 서울역
장과 같은 하나의 직업에 지나지 않는다. 사람들에게는 각기 다른 업종
에 종사하는 차이만 있을 뿐 신동엽이 제시하는 중립국에는 사람에 대
한 차별이 없다. 그렇기 때문에 휴가를 가는 국무총리는 일반 민중들과

다르지 않게 삼등대합실 매표구 앞에서 차례를 지키고 서 있으며 그에게 인사하는 서울역장은 국무총리를 보고 심리적으로 위축되지 않는다.

중립지대에서는 지식의 학습 기회와 경제적 분배가 광부나 농민 모두에게 균등하게 이루어진다. 신동엽이 평등사회가 구현된 곳으로 중립지역의 의미를 확장하여 설정한 데에는 그의 다른 시편들에서 자주 드러낸 바 있지만, 60년대의 역사적 배경은 계층 간의 불평등이 심화되던 상황이었기 때문이다.

「산문시 1」의 '중립' 지대는 전쟁이 소멸되고 분단이 극복된 "무너진 성터가의 입맞춤"이 있는 곳이며, "푸짐한 타작소리"와 "춤 사색"이 존재하는, 문명화의 폐해가 미치지 못하는 원초적인 삶과 계층 간의 완전한 평등이 실현된 곳이다. 신동엽의 후기 시정신의 영역은 바로 이 '중립'이 의미하는 바에 놓여진다.

3. 맺음말

신동엽 시에 대한 기존 평가의 양상은 신동엽의 역사인식의 각성 정도를 도식적으로 작품 평가의 근거로 삼은 경우와 지나친 역사적 시각을 분석에 대입시키는 태도를 지양하는 경우로 구분된다. 본고는 기존 평가의 한계로 지적되는 신동엽의 역사적 인식의 각성이 순차적으로 이루어진다는 시각의 편협성과 부분적인 작품에 경도하는 분석 태도를 지양하는 입장을 취했다. 신동엽의 습작기의 시에서부터 그의 전 작품에 이르기까지 엄격한 현실비판적 창작 태도가 발견되기 때문이다.

지금까지 연구되어 온 것은 60년대에 발표되었던 작품들에 한하였으므로 신동엽 시정신의 형성과정에 대한 고찰이 빈약했고, 등단 초기 작품과 4·19 이후의 작품을 해석하는 데 시의식의 연속적인 의미를 정확히 밝혀낼 수 없었다. 그런 측면에서 등단 전에 쓰여진 시들을 연구 대상으로 삼는 것은 신동엽의 전 작품들을 올바로 규명할 수 있는 출발점이 된다.

신동엽의 문학적 자세는 50년대의 역사적 상황과 문단 현실을 직시한 데에서 얻어졌으며 또 그것은 60년대로 이어지는 그의 창작 태도의 토대로 작용했다. 그러나 신동엽의 문학론은 현실 참여시에만 문학적 가치를 두었으며, 새로운 문학 건설을 주장할 경우에도 방법론적인 면에 대한 철저한 인식이 수반되지 않는다. 신동엽의 경직된 문학정신은 이분법적 가치로 양분하여 시적 지향을 추구해 나가는 창작 양상에도 연결된다.

신동엽의 1950년대 전쟁 체험의 수용은 漂泊意識으로 표출되어 나타나며, 극복을 文明性 탈피와 生命性 회복을 꿈꾸는 데 그의 시적 지향점이 있다. 신동엽의 전기시는 전쟁 체험을 바탕으로 산출되었다고 볼 수 있는 만큼, 그의 시는 민족에게 미친 전쟁의 영향력을 작품으로 형상화한다. 反文明性에 머무르는 전기시는 60년대 비극적 현실에 대한 인식을 토대로 평등의식의 확대와 민족합일 정신으로 변모되어 나타난다. 60년대의 모순에 찬 현실은 당대를 살아가는 민중들의 비참한 모습으로 형상화되어 있다. 그와 함께 그러한 상황 속에서도 생명력 있는 민중들의 모습과 그들에게 내재된 현실극복의 힘이 이야기된다.

50년대와는 다르게 전개된 역사적 상황과 현실 속에서 신동엽의 후기 시는 동학의 평등사상을 수용한 평등의식의 확대와 부정적인 요소의 발원으로 인식된 분단의 극복으로 구체화된다. 4·19 직후에 창작된 신동엽의 작품들에 표출된 그의 추상적 신념과 시의식의 경직은 민족합일 의식을 보여주는 작품들에서도 드러난다. 습작기에 창작된 전기시가 자유로운 시정신적 영역을 유지하면서, 다양한 시의식을 보여 주었음에 비해 후기시에서 보이는 특성의 하나인 시적 형상화의 경직은 확연히 양분된 시적 지향을 노출시킨다.

신동엽은 6·25전쟁을 체험하면서 현실에 대한 역사적 자각을 갖게 된다. 그는 고통스런 현실과 이웃의 삶에서 고립된 문학적 자세를 비판하고 현실의 참모습을 작품 속에 반영시키고자 하였다. 60년대의 참여 문학에 대한 새롭고 활발한 관심 이전에 이미 50년대 초반에 출발하는 신동엽의 현실 참여의 시의식은 선구적이라고 볼 수 있다.

50년대 전쟁체험을 수용하는 작품들과 60년대의 현실을 곤궁한 세계로 인식하고 민중의식을 토대로 비극적인 민중들의 형상 속에서 묘파해내는 시들은 부정적 현실에 대한 극복을 모색하는 작품들과 연속적인 의미선상에 놓인다. 전기시에서 후기시에 이르기까지, 현실에 대한 날카로운 통찰과 역사적 시각을 시로 형상화시키면서 모순된 현실의 극복을 끊임없이 모색한 신동엽의 시적 실천은 민족시의 영역에서 중요한 위치를 차지한다.

1960-70년대 북한의 시문학

1. 詩史 접근의 과제

문학사 서술에 있어서 어려운 문제는 문학사는 문학이면서 동시에 역사이어야 한다는 기본 원칙에 최대한 충실해야 한다는 점이다. 지금까지의 문학사 서술 방법론의 고민은 문학과 역사라는 두 축을 어떻게 결합시켜야 하는가와 전통의 계승적 측면, 시기 구분 등에 관한 것이었다. 이러한 기술상의 문제 외에도 우리의 문학사는 분단문학사라는 특수성을 안고 있다. 이 시점에서 분단문학사의 극복이라는 문제가 가로놓이게 된다. 남한의 현대문학사는 해방 이후부터 지금까지 정치적 이데올로기에서 자유롭지 못한 채 기술되어 왔다고 볼 수 있다. 그러나 이러한 분단문학사를 극복하려는 움직임은 북한의 문학을 연구의 범주 안에 끌어들이려는 최근의 바람직한 모색으로 나타나고 있다. 남한의 문학과는 이질적인 성격을 갖고 있으며, 분리된 북쪽의 문학이라는 시각에서 벗어나 북한의 문학을 문학사 연구의 대상에 포함시키고 객관적인 이해의 입장을 견지하려는 자세는 분단 문학사를 극복할 수 있는 첫걸음이 될 것이다.

북한 문학에 대해 높은 관심을 보이는 글 가운데 시문학에 한정하여 살펴볼 때, 50여 년 동안 분리된 채 축적되어온 남과 북의 이질적인 측면들을 극복하려는 입장들을 보인다. 1985년에서 1994년 초반까지에 이루어진 북한 시에 관한 고찰들로 김대행의 『북한의 시가문학』[1]과 김재홍의 「북한 시의 한 고찰」[2]은 본격적이고 전반에 걸친 북한 시 연구이다. 윤재근과 박상천의 『북한의 현대 문학 Ⅱ』[3]은 북한 시사의 부분적인 소개이다. 이상의 글들은 북한 시의 특성을 인정하는 시각에서 접근하고 있고 북한 시문학 전체를 폭넓게 다룬 긍정적인 측면을 갖지만, 구체적인 작품 분석을 통한 심도 있는 이해는 기대하기 어렵다.

북한 시문학사를 기술할 때, 그것을 우리가 얼마나 객관적이고 과학적으로 기술할 수 있느냐가 관건이 될 것이다. 여기에 북한 자료의 폐쇄성과 그것을 다루는 우리의 시각이 이데올로기에서 자유로울 수 없다는 사실은 북한 문학의 본질적인 면들을 파악하려는 시도를 어렵게 만든다. 그러나 그러한 여러 가지 한계성에도 불구하고 우려에 따른 방치보다는 연구의 적극적인 자세가 북한시에 대한 접근을 보다 가치 있게 만들 것이다.

2. 당 문예정책과 시문학의 인접성

북한의 60-70년대 문학은 당의 유일사상 체계가 확립되는 1967년을 기점으로 구분하여 살펴볼 수 있다. 김일성은 1966년 10월 조선노동당 대표자회에서 한 보고인 「현정세와 우리 당의 과업」에서 당의 유일사상 체계를 더욱 튼튼히 세우는 데 대한 혁명적 방침과 그것의 구체적인 실

---

1) 김대행, 『북한의 시가문학』, 문학과비평사, 1990.
2) 김재홍, 「북한 시의 한 고찰」, 『북한의 문학』, 권영민 편, 을유문화사, 1989, 217-266면.
3) 윤재근·박상천, 『북한의 현대 문학 Ⅱ』, 고려원, 1990, 275-284면.

현을 제시한다. 그 이후 김일성은 1967년 5월에 전당과 온 사회에 당의
유일사상 체계를 철저히 확립하려는 방침과 그 성과적 실현을 위한 과
제들을 명시한다. 북한의 문학사들 역시 이 같은 역사적 사실에 근거하
여 1967년을 기점으로 시기를 구분하고 있다. 이 시기에 발표된 창작물
을 살펴보면 북한의 시문학은 김일성의 교시와 당정책에 대응하여 산출
되는 특징이 잘 드러난다. 문학사 기술에 있어서 문학 외적인 변화와
내적 변모를 어떻게 결합시켜야 하는가의 문제가 생긴다. 북한 문학의
경우에는 두 축이 거의 일치하기 때문에 67년을 기점으로 이전과 이후
양 시기의 특성과 변모의 측면을 구분하여 살펴보는 것은 1960-70년대
북한시의 전체적인 모습을 밝혀보는 일과 어긋나지 않을 것이다.

　1960-70년대 북한시는 천리마 대고조 운동의 현실을 반영하는 시기인
1967년 이전과 주체사상의 확립 과정에 해당하는 이후의 시기로 구분된
다. 북한 문학이 해방 후부터 당성, 인민성, 노동계급성의 구현에 초점
을 두어왔다는 점에서 1960-70년대 시 역시 예외는 아니다. 그러나 주체
사상에 이르게 되는 항일혁명 투쟁 전통의 확립과 사회주의의 완전한
건설의 연속선상에서 나타나는 양 시기의 현실 배경적 차이에 따른 상
이점이 드러난다. 1967년 이전의 시에서는 사회주의 건설의 원동력인 인
민의 형상화가 활발하게 이루어졌던 반면에 이후의 시는 김일성 찬양이
라는 한 개인에 대한 송가로 집중된다. 북한 문학사에서는 주체사상의
확립기를 두고 인민 대중 주체의 역사라고 기술하고 있지만, 정작 작품
으로 나타나는 결과는 일개인과 주체사상에 대한 찬양이다. 전 시기보
다 1967년 이후의 시기에 시의 주제 영역이 확대되고 서정성이 강화된
다는 북한문학사들의 서술 시각은 유의해서 살펴야 할 것이다.

3. 인민 형상화의 위축과 김일성 중심의 시

1960년 전반의 북한 문학은 천리마 현실 반영기의 문학으로 일컬어진
다. 이 시기에는 천리마 현실을 작품에 반영하는 것과 천리마 기수들의
전형을 창조하는 과제가 놓이게 된다. 북한은 사회주의 기초 건설 5개
년 계획을 수행한 뒤인 1961년부터 사회주의의 전면적 건설을 위한 투
쟁에 들어선다. 사회주의 건설을 성공적으로 진행하기 위해 인민을 공
산주의적으로 교양시키고 개조하는 것이 요구되었다. 문학 분야는 김일
성의 교시 아래 자본주의의 멸망과 공산주의 승리의 필연성을 확인하며
근로자들을 혁명사상으로 키우고 공산주의적 풍모 확립에 이바지하는
작품을 창작하도록 요구받는다.

> 우리의 문학과 예술은 응당 천리마의 기세로 내달리고 있는 우리
> 인민의 이 위대한 창조적 생활을 힘 있게 형상화하여야 할 것입니다.
> 우리의 문학과 예술은 천리마시대 사람들의 보람찬 생활과 영웅적 투
> 쟁모습을 그려야하며 그들의 희망과 념원을 뚜렷이 나타내야 할 것입
> 니다.[4]

위의 인용문은 김일성의 교시이다. 김일성의 교시에 따라 창작된 문
학 작품들이 천리마 반영기에 산출된다. 북한의 경제·국방의 건설과 미
국의 식민주의와 국제공산주의의 내부적 어려움의 상황에 대한 투쟁을
강화하여야 하는 과제가 절박하다고 본 이 시기에 근로자들을 혁명적으
로 교양하고 그들을 계급적·민족적 적에 대한 투쟁정신으로 무장시키는
데 이바지할 혁명적 작품의 창작을 요구하였다.

1960년대 전반기의 시에서는 천리마 현실과 사회주의 건설을 주제로

---

4) 재인용. 「사회주의예술론」, 『조선문학사』, 과학백과사전출판사, 1977, 112면.

한 작품들이 활발하게 창작된다. 천리마 대고조 운동이 실행되었고 이것은 김일성의 교시를 통해 창작으로의 반영이 문학적 과제로 부여되었다. 『조선문학개관』[5]에서 이 같은 상황을 "천리마의 기상으로 들끓는 장엄한 현실은 이 시기 시문학에 새로운 시대정신의 나래를 달아주었다."[6]라고 기술하고 있을 만큼, 60년대 전반기 시작품의 대부분은 천리마의 시대정신을 반영한 작품들이었다고 볼 수 있다. 천리마 현실을 반영한 작품들의 주제는 천리마 운동 현장에서 노동자들을 정신적으로 영도해주는 김일성 수령을 형상화하거나 천리마 운동을 전진시키려는 인민들의 의지와 그들의 인간적인 미덕을 그리는 데 초점이 맞춰지고 있다. 1967년 이전의 시문학은 천리마 운동이라는 시대적 배경 아래 김일성의 영도성 찬양과 천리마 현실을 반영하고 인민들을 형상화시키는 등 시적 소재의 폭이 다양하게 창작되었다.

천리마 현실을 반영한 시작품들 가운데 천리마 운동이 가장 적절하게 詩化되고 활발하게 창작되어진 주제는 천리마 운동의 현장에 서 있는 노동자들의 모습과 의지를 노래한 작품들이다.

강립석의 서사시 『밭갈이 노래』[7]는 북한 농촌의 현대사가 인민들을 중심으로 한 작품 안에서 다루어지고 있다. 순계벌을 중심으로 밭가는 도구가 소에서 트랙터로 발전하는 과정에 농촌에서의 천리마 운동의 진전과 주민들의 실행의지가 비유되어 있는 작품이다.

아버지 성수 노인의 대에서는 가난을 면치 못 해서 소를 대신하여 삽으로 밭을 갈기도 하고 빌린 소로 남의 삯밭갈이를 하였다. 성수 노인의 아들인 철송은 아버지 세대의 힘들었던 농사일을 기계로 대신한다는

---

5) 박종원·류만, 『조선문학개관』, 사회과학출판사, 1986.
6) 앞의 책. 251면.
7) 강립석, 『밭갈이 노래』, 조선작가동맹출판사, 1961.

희망 속에 고향을 떠나지만 전쟁터에서 전사한다. 형의 뒤를 이어 동생 금송도 고향을 떠나 마침내 트랙터를 장만하여 고향인 순계벌로 돌아온다. 강립석은 밭갈이 도구로써 아버지 세대의 소와 아들 세대의 트랙터를 대비시켜 트랙터에 이르게 되는 농촌의 발전상을 보여주고자 한다. 또 그러한 발전을 가져오는 인물들의 미래지향적인 사고와 실천의지를 표현하고 있다.

> 소 먹이던 목동들의 맨발자국,
> 힘겨운듯 비칠거린 달구지 자국…
> 그 옛날엔 가난이 몸부림쳐 지나간 길 우에
> 바퀴는 커다란 새 자국을 찍는다.
> ―『밭갈이 노래』 제2장 부분

주인공 금송이의 주도 아래 봄을 맞아 순계벌의 모든 주민들이 들에 나와 노동의 기쁨을 만끽한다. 이 작품에서도 김일성에 대한 묘사가 이루어지는데, 그는 탁월한 영도성과 고매한 덕성으로서 순계벌의 천리마 운동을 일으키는 금송을 정신적으로 이끄는 숭고한 존재로 그려진다. 주인공을 둘러싸고 있는 주변 인물들 역시 모두들 인간애로 서로를 대견해 하고 형제들처럼 보살펴주는 극히 자기희생적인 인물들로 묘사되어 있다. 그들 사이에 이견충돌이 발생하기도 하지만 주인공 금송이의 주도로 해결된다.

이 서사시의 구성은 위기와 극복의 구조를 갖고 있다. 제6장을 보면 갑작스런 폭우로 마을사람들의 밭갈이는 고난을 맞는다. 그러나 폭우에 대항하여 그들은 지휘자 금송이가 없어도 회의를 진행하고 결성을 채택하여 신속하게 비에 맞서 싸운다. 시인은 자연재해라는 고난도 협력하여 단결하는 사람들을 막지 못한다는 것을 이야기한다. 또한 시인이 이

작품에서 역점을 두고 있는 부분은 금송이가 밭갈이하는 낙수받이 둔덕
에 대한 비유이다. 그곳을 작자는 누대에 걸쳐 빈·부의 경계선이 있던
곳이고 미제 폭탄이 발견되는 곳으로 설정하여 금송이의 트랙터가 그
둔덕을 밀어버리는 행위를 상징화시킨다. 빈·부 격차의 소멸과 미제국
주의의 소멸의지를 드러내고 있는 것이다.

이 작품은 전후 복구건설부터 농촌의 천리마 운동의 성공과 새로운
역사의 시작을 예기하면서 그러한 역사를 이끄는 주체인 금송, 철송, 남
주, 순이 등의 진취적이고 인간적인 면모를 그리는 데 초점을 맞춘다.
강립석은 특히 주인공 금송이에게 60년대 초 북한의 천리마 현실에서
요구된 농촌 천리마 기수의 모습을 구현시킨다.

> 금송은 생각하지 못했으리라,
> 오늘의 자신이
> 훗날의 이 향토 시인들에게
> 그 어떤 뜨거운 시상으로 떠오를가를!
> 그 어떤 선명한 화폭으로 회상될가를!
>
> 아이들이 신이 나서 차를 따르고
> 금송이 녜사롭게 제 일을 하는 속에
> 순례벌은 걸음걸음 전변돼 간다.
> ─『밭갈이 노래』 제7장 부분

금송이의 모습은 평범한 인물이나 "녜사롭게 제 일을 하는 속에" 순
계벌의 발전에 큰 영향력을 끼치는 숨은 영웅이다. 이러한 평범하지만
천리마 운동에 주도적인 역할을 하는 전형적인 천리마 기수의 시적 형
상화는 근로자들을 사회주의 건설을 위한 투쟁으로 교양시키는 데 적극
적으로 이바지할 문학의 효용성을 강조하고 있는 당의 문예정책에 부합

되는 것이다. 당의 문학으로서의 시의 역할은 당시의 시론을 살펴보면
잘 드러난다. 1960-70년대 북한에서 논의된 시론을 보면 창작에서 사상
예술성을 어떻게 하면 보다 잘 형상화시킬 것인가에 대한 것으로 초점
이 모아진다. 논자들은[8] 시의 사상성과 예술성의 완벽한 결합을 강조하
는데, 이는 사상성과 예술성의 동등한 결합이 아니라 시에서의 전자의
시적 구현을 위한 후자의 보완적 위치를 의미한다. 시인의 창작적 개성
도 역시 사회주의 이념을 충실히 수행하는 내용을 보다 잘 표현해낼 수
있는 독창성이다. 시인의 체험은 순수한 개인적인 것이 아닌 인민의 목
소리를 대변하는 전형적 체험이어야 한다. 시인은 '시대의 목소리'이며,
'인민의 가수'[9]인 것이다. 이러한 특징은 시 창작에서 본질적인 측면으
로 보인다.

천리마 시대의 기수들의 소박한 영웅성에 대한 형상화는 이상적인 사
회주의를 건설하기 위한 자기희생적 면모에 주목한다.

> 해'빛도 바람도 조으는 창문가-
> 그는 꿀 같이 단잠에 들었다,
> 집 짓기에 이골이 난 나 많은 로동자
> 주름 깊은 가무스름한 이마 우에
> 벽돌이랴 블로크랴 하늘'가에 올려쌓던
> 흙살 덮인 커다란 손 올려 놓고,
> ―「쉿-조용하라…」 부분[10]

---

8) 리정구, 「서정시의 특성」, ≪청년문학≫, 1964, 10; 방연승, 「서정시의 민족적 특성」,
    ≪청년문학≫, 1965, 4; 전동우, 「시적 일반화」, ≪청년문학≫, 1965. 11·12 합본호; 백
    하, 「서정시에서의 사상의 심도」, ≪조선문학≫, 1968, 6; 엄호석, 「혁명적 시문학의
    사상 예술적 질을 전진하는 시대의 요구에 맞게 훨씬 높이기 위하여(1)」, ≪조선문학≫,
    1972. 2; 오승련, 「혁명적 시문학의 사상 예술성을 더욱 높이기 위하여」, ≪조선문학≫,
    1978. 1.
9) 리정구, 윗글, 17면.

위의 시에서 최승칠은 교대 전에 오침시간을 갖는 피곤한 노동자의 단잠을 깨우지 말라는 애정 어린 시선을 보여준다. 시인은 열심히 일하다가 잠깐 조는 늙은 노동자의 얼굴에서 사회의 발전을 위해 하나의 벽돌을 쌓는 평범하지만 영웅스런 숭고함을 읽고 있다. 전동우의 「탄부들에게」[11]는 혼신의 힘든 노동을 거쳐 땅 위에 환한 불빛과 눈부신 옷을 입을 수 있도록 만드는 광부들의 희생정신을 예찬한다.

> 크나큰 고간을 다스리는 지기와 같이
> 아침이면 그렇게 그 밑으로 내려가
> 저녁이면 문이 메게 안고 나오는 정신들,
> 해빛과 먼 아득한 땅밑에서
> 온몸이 검도록 얼룩지면서
> 두팔이 모자라게 안고 나오는 것은
> 황황한 빛입니다, 빛발입니다
> 탄먼지 검게 배인 당신들의 손을 걸쳐
> 정녕 땅우에는 얼마나 눈부신
> 무지개와 빛발이 일어서는것입니까!
> 저 처녀들의 부신 옷매무새를 보십시오
> 저 병사들의 번쩍이는 총창을 보십시오
> 이 땅 그 어데나 거울 같은 하늘 아래
> 미처 못다 비치는 저 웃음을 보십시오!
> ―「탄부들에게」 부분

이들 작품은 산업 현장 노동자들의 전후 복구와 사회주의 건설 의지, 또 그들의 '로동에 대한 희열과 낭만'[12]을 시화시키고 있다. 이 시기 북한의 시문학이 내세우는 가장 커다란 창작적 과제는 작품에서 사상성의

---

10) 최승칠, 「쉿-조용하라…」, 박세옥 편, 『천리마 나라』, 조선문학예술총동맹출판사, 1964.
11) 전동우, 「탄부들에게」, 박세옥 편, 『무지개』, 조선문학예술총동맹출판사, 1966.
12) 류만, 『현대조선시문학연구』, 사회과학출판사, 1988, 165면.

예술적 구현이었다. 앞에서 인용한 두 작품은 시작품들 가운데 이러한 창작의 과제를 성공적으로 극복한 예로 보인다. 북한의 논자들이 시의 사상과 예술성의 불가분리성을 인식하고 그 요소들의 완벽한 조화를 이루는 시창작을 주장하면서도 실제의 작품평가에서는 항상 사상성이 예술성보다 우세한 기준이 되었음은 문학사나 발표된 글을 통해 알 수 있다. 그러나 이들 숨은 영웅들에 대한 형상화가 이루어진 작품들은 내용을 중시하는 당의 문학이라는 점을 떠나서 보더라도 비교적 형식과 내용이 긴밀하게 결합된 작품들에 속한다.

이외에도 한진식의 「락포공 처녀에게」[13], 김희종의 「한 간호원에게」[14], 장건식의 「쇠물 내릴 때」[15], 정서촌의 「하늘의 별들이 다 아는 처녀」[16]와 오영재의 「조국이 사랑하는 처녀」[17] 등도 주목할 만한 작품들이다. 『조선문학사』와 『조선문학개관』에서 정서촌과 오영재의 시는 천리마 기수들을 잘 형상화한 대표작으로 평가받고 있다. 『조선문학개관』에서는 「조국이 사랑하는 처녀」의 주인공은 '수수한 보통처녀이면서 동시에 조국을 위해 소문 없이 큰일을 해놓은 충성심에 불타는 인간'[18]의 모습으로 형상화되었다고 보고 농촌천리마의 기수의 이상적인 전형화로 평가한다.

> 바로 여기에 시인의 생활에 대한 독자적인 자세와 미학적 안목, 열정에 불타는 깊은 정서적 체험이 있으며 이것으로하여 시는 천리마 시대 인간의 아름다움과 새로운 시대감정을 감동적으로 일반화할 수 있었다.[19]

---

13) 오영재 편, 『청춘송가』, 조선문학예술총동맹출판사, 1964.
14) 위의 책.
15) 박세옥 편, 『무지개』, 조선문학예술총동맹출판사, 1966.
16) 박세옥 편, 『아름다운 강산』, 조선문학예술총동맹출판사, 1966.
17) 박세옥 편, 『천리마 나라』, 조선문학예술총동맹출판사, 1964.
18) 박종원·류만, 『조선문학개관』, 사회과학출판사, 1986, 253면.
19) 위의 책, 254면.

위의 글에서 '일반화'라는 말은 사상과 주제의 시적 형상화를 일치시켜 보여주었다는 뜻을 갖는다. 또 한편의 의미는 천리마 현실과 김일성 교시에 따르는 천리마 운동의 사상이 일반 인민의 실천적인 모습을 통하여 형상화되었다는 것으로 이해할 수 있다.

이 시기에 당의 문예정책과 함께 시인들이 인민 형상화에 관심을 기울이게 된 것은 김일성이 '천리마 시대 사람들의 생활과 영웅적 투쟁모습을 그려야 하며 그들의 희망과 염원을 뚜렷이 나타내야 할 것'이라고 창작 방침을 내림에 따른 것이다. 천리마 기수들의 전형 창조가 작품들에서 활발하게 이루어지게 된다.

천리마 현실의 반영기를 벗어나 당의 유일사상의 체계가 확립되는 1967년 이후에도 민중을 형상화하는 작품들이 여전히 창작된다. 김영남의 「새날의 일터에서」와 한진식의 「쇠물바다 갈매기」, 김희종의 「수리화의 초병」[20], 조빈의 「강선의 용해공」, 리금녀의 「포구의 아낙네들」, 류종래의 「락동강 할아버지 노를 깎는다」[21] 등도 있다. 그러나 이 시기의 대부분의 창작물은 김일성의 지극히 인간적인 고매함과 그의 지도력에 대한 형상화에 집중되어 있다. 『수령께 드리는 충성의 노래』[22], 『태양은 빛나라』[23], 『60만이 드리는 충성의 노래』[24], 『온세상 인민은 노래드리네』[25] 등의 시집은 김일성이라는 한 인물 앞에 바쳐지는 頌歌的 성격을 갖는다.

1960년대 전반기의 문학이 시대적 필연성을 가진다는 김일성의 교시

---

20) 이상의 작품들은 『당의 부름 받들고』(문예출판사, 1971)에 수록되었다.

21) 이상의 작품들은 『당의 기치따라』(문예출판사, 1970)에 수록되었다.

22) 조선문학예술총동맹출판사 편, 『수령께 드리는 충성의 노래』, 조선문학예술총동맹출판사, 1968.

23) 오영재 외, 『태양은 빛나라』, 문예출판사, 1978.

24) 한덕수, 『60만이 드리는 충성의 노래』, 동경:재일본조선인 총련합회 중앙상임위원회, 1972.

25) 문예출판사 편, 『온세상 인민은 노래드리네』, 문예출판사, 1977.

에 따라 전개되었듯이 1967년 이후의 문학도 이 같은 60년대 후반기의 변화된 현실에 대한 김일성의 통찰이라는 교시에 맞추어 전개된다. 이 시기의 문학은 혁명화하고 노동계급화하는데 적극적으로 이바지하는, 당적이고 혁명적인 문학 작품들의 창작이 요구되었다.

1967년 이후의 시문학은 사회주의의 완전승리와 온 사회의 주체사상화를 앞당기기 위한 투쟁기라는 시대적 배경 아래 당이 시문학의 실태를 구체적으로 분석하여 시대정신의 참된 반영체로서의 사명과 역할을 위한 구체적 방향을 명시하게 된다. 『조선문학개관』은 이 시기에 김일성이 서정이 풍부한 시창작의 뚜렷한 길을 밝혀주었다고 기술하고 있지만, 그것의 시적 실현의 측면에서는 60년대 전반기 시의 다양한 서정이 표출되었던 양상과는 대조적으로 수령의 형상화에 집약되어 있어 보다 목적의식적인 성격이 심각해지는 시기라고 볼 수 있다.

1967년 이후의 시문학 시기에 '頌歌的'인 서정시, '송가적'인 서사시가 많이 나타나는데, 그것은 송가가 '대상에 대한 최대한의 칭송을 목적'[26]으로 하기 때문에 김일성의 형상화가 집중적으로 이루어지던 때를 맞아 이것이 새로운 시적 특성으로 나타나는 것으로 볼 수 있다. 67년 이전에는 천리마운동의 원동력으로 소박한 인민의 힘을 노래한 작품들이 많이 창작되었지만 1967년부터는 김일성 개인에게 바치는 송가라는 획일적인 성격을 띠고 작품들이 창작된다. 『수령께 드리는 충성의 노래』라는 김일성에 대한 송가적 성격의 서정시를 모아 발간하기도 하고 김일성 가계를 시적 대상으로 삼기도 한다. 『우리의 태양 김일성 원수』[27]는 수령 김일성의 반세기에 걸치는 김일성의 혁명의 역사와 업적을 서사시로 형상화시킨 작품이다.

---

26) 박종원·류만, 『조선문학개관』, 사회과학출판사, 1986, 329면.
27) 조선작가동맹 시분과위원회 편, 『우리의 태양 김일성 원수』, 문예출판사, 1969.

『수령께 드리는 충성의 노래』를 살펴보면, 안룡만의 「백두산 장수별」
처럼 김일성이 천명을 받고 태어난 영웅이라는 이야기를 장수별에 비겨
이야기하기도 하고 백인준의 「대동강에 흐르는 이야기」의 대동강에 화
학 공장들을 세우려다가 김일성의 자연을 사랑하는 마음으로 다른 곳으
로 옮겨져 세웠다는 사실을 들어 김일성의 인간적인 덕목에 초점을 맞
추기도 한다. 그러나 이 시집의 대부분의 시에는 김일성이라는 한 개인
의 생애에 북한의 근·현대사의 변천사를 함축시켜 표출하는 데 역점이
놓인다.

이 땅이 일제의 구두발에 짓밟혀
온 삼천리가 어둠에 잠기고
온 강토가 피눈물에 젖던 날
서리찬 놈들의 총칼과 억압의 쇠사슬로
청청 휘감겼던 암흑의 땅-

사람들은 서로 마주 앉아
귀속말로 소곤소곤 주고받았네.
아닌밤, 어두운 이 나라
북쪽 하늘가에 새별이 하나
유난히 밝은 빛을 뿌리며 빛나더니
백두산에 장수별이 났다고,
　　　　　　— 「'백두산 장수별' 이야기」 부분

안룡만의 「'백두산 장수별' 이야기」는 장수설화가 갖는 유의미성에 실
재 인물인 김일성을 대입시켜 그에게서 일제 치하에서 신음하는 한반도
를 구해 낼 천명을 받고 태어난 영웅의 이미지를 보여주고자 한다. 살
아 있는 인물인 김일성의 神話化가 이루어지는 것이다. 유일사상 체계
확립 이후, 김일성의 항일 혁명 투쟁 전통을 형상화시키는 데 주력하였

던 사실을 이 작품은 잘 보여준다.

북한의 시는 이야기를 전달하는 성격을 갖는 시들이 대부분을 차지한다. 화자가 등장하거나 사건이 들어 있는 시라고 볼 수 있는 서사시, 담시, 장시 등 시 형식의 다양한 시도가 있었다. 그러나 이러한 시 형식에 대한 논의나 성과는 큰 의미를 갖지 못한다. 그것은 북한에서의 시 장르에 대한 많은 관심과 창작을 통한 실천은 문학 형식에 대한 깊은 통찰의 소산이라고 볼 수 없기 때문이다. 내용과 목적성을 표출하는 데 이야기 형식 또는 사건이 들어 있는 시 형태가 적합했기 때문에 장시, 서사시, 이야기시라는 형식들이 선택된 것으로 보인다. 진정한 시 양식에 대한 관심과 성찰이 내재하지 않았으므로 그만큼 작품으로서 시 형식을 구체화시킬 때의 시인의 갈등은 없었다고 볼 수 있다.

남한의 60년대시는 순수한 개인 서정의 표출에 기울어졌던 이전의 경향에 대한 반성과 함께 현실 참여적 성격을 보이는 시 분야도 확보해 나가는 확장의 시문학을 보여주게 된다. 이에 비해 북한의 시는 당의 유일사상 체계가 확립되는 1967년 이후는 전시기 시문학이 보여주었던 인민의 형상화를 중심으로 창작되었던 다양한 시정신적 범위가 김일성 개인에게 집중화되는 특성으로 바뀌어 나타난다.

4. 항일혁명전통의 확보와 '주체'로의 귀결

북한의 시문학에서 항일 무장 투쟁을 다루는 것은 1947년에 창작된 조기천의 서사시 『백두산』에서 시작된다. 일제에 무장으로 항거한 보천보 사건을 주도한 유격대장 김장군과 유격대원들의 저항의지를 그린 작품이다. 그 이후로 항일 무장 투쟁의 문학적 수용이 본격적으로 요구된 시기는 1959년 제 2차 항일 혁명 전적지 답사단의 파견이 있고나서이다.
1960년부터 항일 혁명 문학의 시기라 불릴만한 활발한 창작이 이루어진
다. 항일혁명 투쟁을 작품에 반영하는 것은 1960-70년대의 주요한 창작
적 과제가 된다.[28]

김일성이 활약한 37년 함경도의 보천보 전투를 중심으로 한 항일 유
격 투쟁을 북한 혁명 운동의 뿌리로 인정하고 그것을 반영하여야 할 유
일한 문학 전통으로 삼는 것은 당의 유일 체계의 확립 시기와 때를 같
이한다. 항일 혁명 투쟁의 전통성이 확보되면서 김일성 가계의 혁명성
을 주제로 하는 시창작이 이루어지고 그것이 70년대에 들어와 본격적으
로 김일성과 주체사상의 찬양으로 전개되어가는 흐름을 보더라도 항일
혁명 투쟁의 문학적 반영 양상은 중요한 문학사적 지점을 차지하는 부
분이다.

「청봉의 달」[29]에서 시적 화자는 예전의 항일 빨찌산들의 숙영 자리인
청봉을 돌아보면서 김일성 장군의 인간적인 면을 드러내는, 유격대원들
을 돌보는 발자국 소리와 유격대원들의 노래소리를 회상한다. 그 회상
은 빨찌산들이 걸어간 전투의 정신을 따라 미래의 승리를 향해 나가자
는 화자의 의지표출로 이어진다.

　　　　나는 듣노라
　　　　붉은 해'살 바위에 퍼지는 아침에
　　　　마을 아이들 거느리고 전함에 오르신듯
　　　　바위에 높이 서서 장도를 휘두르며

---

28)　1960년을 전후하여 김일성의 항일혁명투쟁시기에 이룩한 혁명전통을 따라 배우며
　　그것을 계승발전시키기 위한 사업이 일층 강화되었다고 기술한 류만의 『현대조선시
　　문학연구』를 비롯해 다른 문학사들도 이 시기부터 항일혁명문학을 중요하게 다루고
　　있다.
29) 리호일, 『수리개 날은다』, 조선문학예술총동맹출판사, 1964.

<왜놈 잡이 떠나가자!> 웨치던 그 이의 목소리

(중략)

간고한 열 다섯 해 설령에 휘몰아치던
밀림의 눈보라도 천리의 얼음'장도
조국 광복의 화'불로 녹이며
가시덤불 오솔'길 넓히고 진격의 길 열며
군함 바위에서 키운 사랑과 증오의 불'길
그 이 심장에 천백 배 높이 타올랐거늘
　　　　　　—「군함바위」 부분

　「군함바위」[30]는 김일성의 항일 혁명 투쟁을 유년기부터 그리고 있다. 시인은 김일성이 어린 시절에 군함놀이를 하면서도 항일 투쟁 의식을 가지고 있었음을 역설하는데, 소년기에도 민족해방을 위해 싸우다가 지금은 아름다운 공산주의로 이끄는 전투함에 그가 서 있다고 말한다. 시인은 김일성의 충직한 전사로서의 맹세를 군함바위에 다지노라는 충성심 표출로 작품의 결구를 맺는다.

　항일 혁명 투사들의 충직한 모습을 형상화한 「그는 영원히 살아있다」[31]는 김일성의 영도 하에 일제와 싸워 온 불굴의 투사 박달 동지의 장례식에 참가하여 그의 정신은 지금의 '우리들'의 마음 속에 영원히 살아 있을 것이라고 노래한다. 이들 작품은 일제 식민지 시기에 있은 김일성의 항일 투쟁의 모습과 "항일혁명투쟁시기 영웅적으로 싸운 항일유격대원들의 숭고한 정신세계를"[32]를 형상화시킨 것으로, 항일혁명 전통이 현재에도 계승되어 사회주의 건설을 견고하게 다지는 정신적인 지주가

---

30) 리호일, 『수리개 날은다』, 조선문학예술총동맹출판사, 1964.
31) 김병두, 『첫걸음』, 조선문학예술총동맹출판사, 1964.
32) 박종원·류만, 앞의 책, 250면.

되고 있음을 드러내고 있다. 이외에도 안룡만의 「첫 유격대가 부른 노래」[33], 홍종린의 「밀영에 새벽닭 우네」[34] 김병두의 「혁명의 대오는 가고 있다」[35] 등이 있다.

60년대 말에 창작된 것[36]으로, 김일성 가정, 특히 그의 부모에 대한 시적 형상화는 작품 수는 적으나 서사시로 창작되기도 하고 하나의 시집으로 발간되기도 하는데 이 시기에 중요한 의미를 갖는다. 김일성 가정의 혁명적인 측면을 드러내는 데 작품들의 초점이 맞춰져 있는 것은 김일성의 항일 혁명 투쟁의 필연성과 정신적 기반을 확고히 하려는 의도를 드러낸다. 김일성의 아버지 김형직의 항일 투쟁을 다룬 서사시 「푸른 소나무 영원히 솟아 있으리」[37]에서 학교 선생인 김형직은 반일 민족 해방의 지도자이며 선구자로 묘사된다. 그의 꿋꿋한 항거의지를 푸른 소나무에 비유하고 있는데, 그의 불굴의 항일 정신이 아들인 김일성을 새 시대의 혁명가로 키우는 밑거름이었다는 것이 이 작품의 요지이다.

> 림종의 그 순간에도
> 아드님께서 드리는 효성보다
> 혁명을 더 귀중히 생각하신 불굴의 혁명투사,
> 강반석어머니께서는
> 우리 인민의 태양이신
> 위대한 김일성 원수님을 낳아키우신 어머니,
> 강반석어머니는
> 수령님께서 안아오신 빛나는 오늘을 위하여

33) 오영재 편, 『청춘송가』, 조선문학예술총동맹출판사, 1964.
34) 박세옥 편, 『무지개』, 조선문학예술총동맹출판사, 1966.
35) 조선문학예술총동맹출판사 편, 『수령께 드리는 충성의 노래』, 조선문학예술총동맹출판사, 1968.
36) 1962년 백하의 「장군님의 어머니」가 있기는 하나 대체로 60년대 말 이후에 창작된다.
37) 조선작가동맹 시문학 분과위원회 집체창작, ≪조선문학≫, 1969.7.

허우연은 「강반석 어머니」[38]에서 김일성의 어머니 강반석이 남편을 일찍 잃고 혁명적인 가정을 꾸려가는 데 겪는 고통과 그것을 희생적으로 감수하는 삶을 아들에게 보여줌으로써 김일성을 훌륭한 혁명투사로 기르는 어머니의 모습을 그리고 있다. 이들 작품은 김일성 가계의 형상화를 통해서 김일성의 항일혁명 투쟁의 유의미성을 극대화시킨다.

항일 혁명 전통은 70년대 주체사상을 확고히 하는 기반으로써 김일성과 주체사상의 찬양으로 진행되는 특징을 보여준다. 항일 혁명 전통을 다룬 시작품들이 1970년대에 이르게 되면 항일 혁명 전통을 기반으로 하여 김일성 주체사상의 자연스러운 부각이 이루어지고 있다. 이 지점에 이르러 그동안의 항일혁명 투쟁에서 문학적 전통을 확보하려한 과정들은 주체사상에서 그 계승이 이루어지고 완결된다고 볼 수 있다.

무엇보다도 전 시기에 비해 가장 뚜렷한 새로움을 보여주는 주제는 김일성과 주체사상의 찬양이다.

> 우리 시대는 영생불멸의 주체사상의 휘황한 빛발아래 지난날 억압받고 천대받던 인민대중이 세계를 지배하는 주인으로 력사무대에 등장하여 자주성을 요구하며 온갖 형태의 예속을 반대하여 투쟁하고 있는 자주성의 시대, 주체시대로 특징지어진다. … 선행한 모든 력사적 시대와 근본적으로 구별되는 력사의 새시대인 주체시대는 문예리론앞에 새로운 시대적 요구에 맞는 문학예술을 건설하고 창조발전시켜나갈 정확한 방향과 방도를 새롭게 밝힐 데 대한 력사적 과제를 제기하였다.[39]

---

38) 허우연, 「강반석 어머니」, ≪조선문학≫, 1969.7.
39) 한중모·정성무, 『주체의 문예리론 연구』, 사회과학출판사, 1983, 2면.

윗글에서 '주체 시대'의 의미는 조선의 인민 대중이 세계의 역사를 자주적으로, 주체적으로 이끌어 나간다는 것으로 이해된다. 그러나 실제 작품들을 통하여 알 수 있듯이, 그것은 인민 대중의 '주체성'이 아니라 김일성의 '주체사상'에 대한 획일적인 예찬이다. 오영재의 「위대한 수령님께 드리는 헌시」[40], 리맥, 박세옥, 장건식의 「인민의 위대한 태양」[41], 정문향의 「이 땅우에 이날이 있어」[42] 등은 이 같은 특성을 드러낸다.

자기 운명의 주인!
나라의 주인
혁명과 건설과 투쟁의 주인!
이 위대한 사상의 절정에
이 세상의 가장 높고높은 자리에 우리는 서있나니

주체의 위대한 사상으로
이 땅을 빛내이신
위대한 수령님을 모시고 사는
한없는 인민의 행복이여!
　　　　─ 「이 땅우에 이날이 있어」 부분

위의 시는 역사의 주체로서 존재하는 인민 대중을 이야기하는 것 같지만, 이는 김일성의 주체사상과 영도력에서 부여받은 것이라는 내용으로 귀결된다. "인민대중이 력사의 주인으로 등장한 주체시대에 자기 운명의 주인으로 세계를 지배하는 주인으로 되게하는 길을 보여주는 문학예술을 요구한다"[43]고 이야기하고 있지만, 창작물들은 그렇지 않다. 작

---

40) 오영재, 「위대한 수령님께 드리는 헌시」, 『태양은 빛나라』, 문예출판사, 1978.
41) 리맥·박세옥·장건식, 『인민의 위대한 태양』, 문예출판사, 1978.
42) 정문향, 『날이 가고 세월이 갈수록』, 문예출판사, 1978.
43) 차균호, 「경애하는 수령님의 주체적 문예사상은 사회주의 문학예술건설의 위대한 강령」, ≪조선문학≫, 1977. 10, 21면.

품에 역사의 주체적 존재로서의 인민대중이 부각되는 대신에 김일성이 주체사상을 창시한 영웅이라는 점과 그러한 김일성에 대한 한없는 고마움을 표현해내려는 데 시인의 의지가 놓인다. "주체사상의 창시자/ 20세기가 낳은 영웅/ 위대한 수령님 몸가까이 뵈옵고저/ 발돋움하는/ 발돋움하는 세계의 마음에 맞추어/ 대지여 지각을 높이라'는 조성관의 「세계에 빛을 뿌리며」[44)는 이 같은 창작의 자세를 분명하게 보여준다. 그리고 이 시기에 발표된 작품들에 지나치게 김일성 개인의 찬양과 주체사상의 위대성을 전달하려는 지나친 표출 욕구로 시의 예술성 문제는 고려되지 않는다. 60년대 시와 비교해볼 때, 이러한 특성은 두드러지게 나타난다. 그밖에도 외국 시인들의 작품들을 통하여 북한은 김일성의 주체사상이 세계적인 입지를 차지하고 있음을 내세우기도 한다. 『온세상 인민들은 노래드리네』[45)에 실린 뽈 바드죠의 「김일성 그이는 세계혁명의 태양」과 무쓰타파 카말파샤의 「김일성동지, 그이는 백전백승하시는 세계혁명의 수령」 등은 김일성의 주체사상이 세계적인 위대성을 갖는 불멸의 사상이라고 주장하고 있다. 그러나 이 시기에는 주체사상이 구체적으로 어떠한 사상적 면모를 갖는 것인지 분명하게 드러나지 않으며, 그것의 문예학적 수용에 대한 진지한 고찰들은 찾아보기 어렵다.

이외에도 1960-70년대 시에서 주목할 만한 내용을 담고 있는 것은 남한에 대한 관심을 보이는 시들과 조국통일을 주제로 삼는 작품들이다. 1960년대 전반기 시에는 미·일제국주의자들의 침략적인 본성을 폭로하는 내용의 시가 있다. 대표적인 작품은 백인준의 『벌거벗은 아메리카』[46)이다. 이 시는 북한에서 대표적인 풍자시로 평가받고 있다.

---

44) 조성관, 『영광의 노래』, 문예출판사, 1977.
45) 문예출판사 편, 『온세상 인민들은 노래드리네』, 문예출판사, 1977.
46) 백인준, 『벌거벗은 아메리카』, 조선작가동맹출판사, 1961.

> 나는 상상하노라 「라체의 왕국을」을,
> 모든 위선과 가면마저 벗어 동댕이친 나라.
> 쭉 벗고 앉은 대통령이여
> 쭉 벗고 일어선 국무장관이여…
> 그들의 밑에서 징그러운지
> 나무로 만든 의자도 마루바닥도 삐걱거린다.
> ─「벌거벗은 아메리카」 부분

백인준은 신사인 체하는 자유를 표방하는 미국의 문화와 도덕의 본래 모습은 연약한 여인으로 상징된 남한을 유린하는 제국주의라는 것을 보여주고자 한다. 그를 위해 풍자시 형식을 선택하고 있다. 그는 이 시집의 후기에서 풍자시의 요체를 '웃음의 불길'로 인식하고 있다. 그 불길이 향하고 있는 것은 미국이다. 북한의 풍자시는 풍자 대상이 북한 내부적 현실에 대한 것은 부재한다. 풍자의 방향은 오직 미·일 제국주의와 남한 정권에 대하여만 열려 있다.

이밖에 남한의 4·19혁명을 소재로 삼은 작품으로 박산운의 「싸우는 남조선 청년학도들에게」(1960), 리찬의 「노도처럼, 격랑처럼」(1960), 백하의 「교실은 비지 않았다」[47], 리호일의 「천백 배 복수의 불'길로」[48] 등을 들 수 있다. 이러한 소재의 시들 역시 4·19혁명을 형상화하라는 김일성의 교시에 따른 것이다. 이 작품들의 내용은 4·19혁명의 영웅들의 모습을 그리고 통일 조국을 이루자는 이야기로 결론을 맺는다.

67년 이후에도 반미 감정을 표출하거나 사회주의 통일조국 등의 주제가 시에서 다루어진다. 대표적인 시집으로 『조선은 하나다』[49]를 들 수 있는데, 여기에 실린 시작품들을 통하여 60년대에 창작되었던 조국통일

---

47) 오영재 편, 『청춘송가』, 조건문학예술총동맹출판사, 1964.
48) 리호일, 앞의 책.
49) 안창만 외, 『조선은 하나다』, 문예출판사, 1976.

을 노래한 시들과 비교해볼 때, 북한의 '남조선 해방'에 대한 신념이 확고하게 피력되어 있는 것을 볼 수 있다. 시인들은 통일을 위한 전제조건으로 미제국주의의 완전한 소멸을 들고 있다. 김시권의 「미제에게 죽음을 주라」와 김조규의 「미제국주의를 단죄한다」 등과 "쏘고 또 쏘라!/ 더욱 세차게/ 더욱 호되게/ 미제의 전쟁소굴을 송두리째 휩쓸어버리며/ 미제의 멸망을 온 세상에 고하며"라고 한 석광희의 「직사포는 노호한다」는 북한의 반미 감정을 극단적인 어조로 표출한 작품들이다. 김윤일의 「남녘땅이 앞에 있다」와 정화수의 「조선은 하나이다」는 사회주의의 천상 같은 복락을 누리는 북한과는 극단적인 대조로 남한의 현실을 설정하고 있다. 남한은 미제국주의에 신음하는 비참한 모습으로 묘사된다. 이들 작품은 남한을 '해방'시켜야 한다는 필연적인 근거를 무리하게 성립시키고 있다. 북한의 완전한 사회주의의 건설이란 바로 남한의 사회주의화에 있는 것이다. 온 사회의 주체사상화를 당 문예정책으로 내세운 시기를 맞아 조국통일에 대한 확신은 이전보다 훨씬 강고한 어조를 띠게 되는 것이다.

5. 1960-70년대 북한시의 특징

북한의 1960-70년대 문학은 당의 유일사상 체계가 확립되는 1967년을 기점으로 구분하여 살펴볼 수 있다. 이 시기에 발표된 창작물을 살펴보면 북한의 시문학은 김일성의 교시와 당의 정책에 대응하여 산출되는 특징이 잘 드러난다. 1960-70년대 시는 천리마 대고조 운동의 현실을 반영하는 시기인 67년 이전과 주체사상의 확립 과정에 해당하는 이후의 시기로 구분된다. 67년 이전의 시에서는 사회주의 건설의 원동력인 인

민들의 형상화가 활발하게 이루어졌던 반면에 이후의 시는 김일성 찬양
이라는 한 개인에 대한 송가로 집중된다.

천리마 대고조 운동의 현실을 맞은 1960년 전반의 문학에서는 천리마
현실을 작품에 반영하는 것과 천리마 기수들의 전형을 창조하는 과제가
놓이게 된다. 시문학은 천리마 운동이라는 시대적 배경 아래 김일성의
영도성 찬양과 천리마 현실의 반영, 인민들의 형상화 등 시적 소재의
폭이 다양하게 창작된다. 천리마 현실을 반영한 시작품들 가운데 인민
의 모습을 통하여 천리마 운동이 가장 적절하게 詩化되고 활발하게 창
작되었다. 숨은 영웅들에 대한 형상화가 이루어진 작품들은 1960-70년대
에 창작된 다른 소재의 작품들보다 시적 형식과 내용이 긴밀하게 결합
된 것으로 보인다.

1967년 이전에는 천리마운동의 원동력으로 소박한 인민의 힘을 노래
한 작품들이 많이 창작되었지만 67년부터는 김일성 개인에게 바치는 송
가라는 획일적인 성격을 띠고 작품들이 창작된다. 유일사상의 체계가 확
립되는 1967년 이후에는 1967년 이전의 시문학이 보여주었던 인민의 형
상화와 다양한 시정신이 김일성 개인에게 집중화되는 것으로 변모한다.

항일혁명 투쟁을 작품에 반영하는 것은 1960-70년대의 주요한 창작적
과제가 된다. 60년대 말에 문예학에서 항일 혁명 투쟁의 전통성이 확보
되면서 항일 혁명 투쟁의 형상화를 통하여 김일성의 신화화가 이루어지
고 70년대에 들어와 본격적으로 김일성과 주체사상의 찬양으로 전개되
어가는 흐름을 보인다. 이러한 점에서 항일 혁명 투쟁의 문학적 반영
양상은 중요한 문학사적 위치를 차지한다. 항일 혁명 전통은 70년대 주
체사상을 확고히 하는 기반으로 김일성과 주체사상의 찬양으로 진행되
는 특징을 나타낸다. 무엇보다도 전 시기에 비해 70년대에 나타나는 가
장 뚜렷한 시문학적 특징을 보여주는 주제는 김일성과 주체사상의 찬양

에 있다고 볼 수 있다.

미·일제국주의자들에 대한 극도의 적대감을 드러내는 작품과 남한의 4·19혁명을 소재로 한 시들도 있는데, 이들 작품의 특징은 제국주의의 소멸과 사회주의 건설의 완결적 지향점으로서 통일조국을 이야기한다. 67년 이후에도 반미 감정과 사회주의 통일조국 등의 주제가 시에서 다루어진다. 사회주의 통일조국을 갈망하는 주제의 시작품들은 그 기저에 남한을 미제국주의에서 해방시켜야 한다는 것에 필연성을 부여하고 있다. 70년대에 들어와서 그러한 신념을 직접적으로 노출시키게 되는 것은 '온 사회의 주체사상화'를 내세우는 현실적 움직임에 부응하는 것으로 보인다.

1960-70년대 시문학은 중요한 문학사적 위치를 차지한다고 볼 수 있다. 이 시기는 50년대의 전쟁기와 전후복구건설 시기를 거치고 난 이후의 사회적 체계가 확립된 시대적·문학적 배경을 가지고 창작된다. 따라서 시 창작에서 형식과 내용의 결합이 어느 정도 성숙된 성과를 보이고, 당 문예정책이 요구하는 사상을 시적으로 형상화시키려는 노력이 다양한 시 장르의 시도로 표출되기도 한다.

1960-70년대는 주체사상을 확보해 나가는 과정의 단계라는 측면에서 주목되는 시기이다. 1967년 이후의 당의 유일사상 확립기를 거쳐 김일성과 주체사상에 대한 시창작의 집중은 주체 문예 이론이 세밀해지고 김정일 후계체제의 구축 마련으로 나타나는 80년대 문학적 전개의 기반으로서 그 의미를 갖는다.

재일 한국인의 분단극복 의식

- 재일 시인 김리박의 시

1. 한국문학사에서 재일 한국어 문학의 의의

남과 북의 분단은 우리의 문학사가 지닌 분단문학이라는 특수성의 배경이 된다. 이 시점에서 분단문학사의 극복이라는 문제가 가로놓이게된다. 남한의 현대문학사는 해방 이후부터 지금까지 정치적 이데올로기에서 자유롭지 못한 채 기술되어 왔다고 볼 수 있다. 그러나 이러한 분단문학사를 극복하려는 움직임은 북한 문학을 연구의 범주 안에 끌어들이려는 바람직한 모색으로 나타나고 있다. 북한 문학을 남한 문학과 분리된 별개의 대상으로 여기는 시각에서 벗어나서 북한 문학에 대해 객관적인 입장을 견지하는 것은 우리가 분단 문학을 극복할 수 있는 첫걸음이 될 것이다. 또한 북한 문학뿐만 아니라, 재외 동포들의 문학도 우리의 문학 속에 포함시킬 때, 비로소 우리 문학은 온전한 위상을 정립할 수 있을 것이다.

현재 남한에서는 재외 동포 문학에 대한 연구의 일환으로 재일 동포 문학에 대한 작품 수집과 정리가 시작되고 있다. 재일 동포 문학은 북한과 밀접한 관계를 맺으며 전개되어 왔다. 그렇기 때문에 남한의 연구자가 재일문학을 정리하는 데 있어서 유의해야 할 점은 문학 자료를 대

하는 객관적인 자세가 무엇보다 우선되어야 한다는 것이다.[1]

동경의 원로 문인인 김학렬 시인은 재일한국어문학을 다음과 같이 정의하고 있다.

재일조선문학은 첫째, 일제 식민지 시기에 빼앗긴 아름다운 우리말을 도로 찾고 민족어에 담긴 민족정신을 회복하는, 재일조선인의 '자기회복'의 문학이다." 일본에서 조선인이 "모국어로 문학창작을 하는 것은 바로 역풍을 뚫고 나가야할 문학창작이다. 이는 일제 식민지시기와 거의 같은 어려운 환경 속에서의 문학창작이다. 해방 60년에 이르러서도 민족어조차 되찾지 못한 상태에서 민족어 회복이 재일조선인 작가의 최대과제이다. 둘째, 재일조선문학은 식민지 노예의 과거를 거절하고 청산할 뿐 아니라 미일의 동화정책에 반대하여 떳떳이 살며 싸우는 재일동포들의 오늘의 생활상을 표현하는 '자기표현'의 문학이다. 민족문제, 민족주체문제가 제기되고 있는 상황 속에서 민족성문제와 그를 실현하기 위한 민족통일문제는 절실한 인간생활문제이다. 따라서 체념과 민족허무주의의 바람이 아니라, 아름다운 민족정신, 민족 감정의 바람, 아름다운 민족언어의 바람이 불도록 이역의 역풍을 이겨나가자는 문학이다. 민족 애호 정신, 통일지향의 반제 투쟁 정신의 민족 언어 표현, 현시대적 이념을 지향하는 문학이다. 셋째, 재일조선문학은 통일민족의 내일과 통일문학의 내일을 준비하고 건설하는 데 힘쓰자는 '통일 내일 지향'의 문학이다.[2]

---

1) 재일동포문학을 시기별로 구분하면 초창기(1881-1920년대 초반), 저항과 전향 문학기(1920-1945년), 민족현실 문학기(1945-1960년대 중반), 사회고발 문학기(1960년대 후반-1970년대 말), 주체성 탐색문학기(1980년-현재)로 구분할 수 있다.(이한창, 「재일교포문학연구」, ≪외국문학≫, 1994, 겨울호, 78-101면) 재일동포 문학 가운데, 한국어로 발표된 작품 대부분이 재일본 조선인 총연합회 산하의 재일본 조선인 문학예술가동맹에 소속된 문인들의 문학 활동은 북한 문학과 크게 다르지 않다. 기관지인 『조선신보』(≪조선신보≫는 조총련 산하 기관인 동경의 조선신보사가 1945년에 창간하여 현재까지 발간하고 있다.)에는 일본에서 활동하고 있는 재일동포 시인들의 작품들이 실려 있다.
2) 김학렬, 「재일조선문학 현황과 과제」, 숭실대 국제학술대회 발표논문집, 『21세기 동북아 한국어문학연구의 현황과 전망』, 2005.2.16.

　재일문학 연구는 일본에서 민족어를 지키려는 재일동포들의 노력이 얼마나 험난한 노정을 거쳐 왔는지에 대한 연구자의 이해를 전제로 한다. 또한 한국어를 지키면서 창작해 온 재일본조선인예술가동맹(이하 문예동으로 지칭-필자 주) 문인들의 작품 연구와 아울러 문예동에 속하지 않은 문인들에 대한 연구도 반드시 이루어져야 할 것이다. 재일 동포의 문학에는 강렬한 조국의식이 발현되어 있다. 그들이 보기에 조국은 한반도라는 한 공간을 의미한다. 그들은 남한과 북한이 대립하면서 서로에 대해 가지는 인식을 벗어나 있다. 그들은 남한이나 북한보다는 좀더 객관적인 입장에 서서 남한과 북한을 바라보고 있다고 볼 수 있다.

　재일조선인예술가동맹에 속한 시인들의 창작 경향을 보면, 재일동포들에게 조선은 남과 북이 모두 고향으로 인식된다. 일본에 살고 있는 시적 화자에게 고향은 그리운 곳이며, 돌아가고 싶은 곳이다. 북조선은 김일성 수령님이 있으므로 진정한 고향의 의미가 구현된 곳이며, 남조선은 시적 화자의 실제 고향으로 나타난다. 시적 화자에게 있어 조선의 북과 남은 대립적인 의미로 상정된다. 그러나 이 같은 대립과 반목은 통일된 조선을 꿈꾸는 화자의 의식 속에서 해소된다.

> 재일 조선인 조선어 시문학은 해방 후부터 1960년대까지 허남기, 남시우, 강순의 3인 시인을 비롯하여 정화수, 김학렬, 오상홍, 정백운, 김태경, 안우식 등의 시인이 활동하였다. 이 시기에는 재일조선인 1세 또는 1세에 가까운 세대의 작가들- 앞에 열거한 시인들 외에 정화흠, 김윤호, 김두권, 홍윤표, 서화호, 리금옥, 류인성, 고봉전, 리성조, 최설미 등의 시인이 활동하였다. 1970년대 는 조선대 졸업생들을 중심으로 한 2세들이 중견으로 등장하여 문학대오가 급속히 확산되었다. 시인으로는 한덕수, 김정수, 손지원, 김리박, 고봉전, 김민, 김수중, 허옥녀, 홍순려, 강명숙, 오향숙, 리방세, 최영진, 로진용, 오홍심, 류계선, 황진성, 정호수, 한룡무, 김광숙, 윤정숙 등이 활동하였다. 1980년대는 모든 면에

서 양적 확대와 비약의 시대였다. 허남기, 남시우, 정화수, 정화흠, 김
두권, 김윤호 등이 시집을 간행하였다. 90년대는 김학렬의 시집과 허옥
녀, 홍순련, 강명숙의 3인시집이 나왔다. 90년대 문학 분야의 기본 특징
은 창작의 사상예술성의 심화를 위한 작가시인대오의 질적인 심화 시
기라 할 수 있다. 또한 2세에 이어 3세가 창작활동을 하였다.[3]

　재일본조선인예술가동맹에 소속되지 않은 상태에서 한국어를 지키며
창작을 해 온 시인으로는 김윤, 김리박, 리승순 등을 들 수 있다. 김리박
시인이 문예동 시인들의 창작 경향과 공통된 점과 아울러 그들과 변별되
는 점에 대해 논의해야 할 것이다. 그러나 재일 문인들이 어느 단체에
소속되어 있든 그들의 창작 정신은 민족정체성의 모색으로 나타난다.

　김리박 시인은 2005년 현재까지 근 삼십여 년 동안 시창작을 지속해
온 시인이다. 그의 시작품은 '장편묶음시'로 분류되는 『견직비가』[4]와 시
조집인 『한길』[5]과 '긴 얘기 노래글'로 분류되는 『봄의 비가』[6]에 정리되
어 있다. 본고에서는 이들 작품집들을 텍스트로 하여 '서정시적 서사시'
형식이 갖는 의미와 재일동포의 한국어 의식과 분단 극복의 시정신과
재일문학사에서 차지하는 김리박 시인의 시적 위상에 대해 살펴보고자
한다.

2. 『견직비가』와 『봄의 비가』의 서정시적 서사시 형식의 의의

　김리박 시인의 시창작의 스승은 강순 시인이다. 김리박 시인은 강순

---

3) 문학좌담회에서 김학렬 시인의 진술 부분을 요약하였다. 「좌담회-문예동결성 40돌에
　즈음하여」, ≪문학예술≫ 109호, 1999년. 23-35면.
4) 김리박, 『견직비가』, 근란문화사:교토, 1996.
5) 김리박, 『한길』, 해풍사:오사카, 1987.
6) 김리박, 『봄의 비가』, 근란문화사:교토, 2001.

시인이 1955년에 공책에 남긴 필사본 시집을 유일하게 소장하고 있다. 김학렬 시인은 해방 후부터 1960년대를 시문학 역량의 형성기로 구분하고, 이 시기를 허남기·강순·남시우의 3인시대로 지칭한다. 김학렬은 강순의『강순 시집』(1964)에 대한 평을 다음과 같이 진술하고 있다. "강순 시인은 애향심과 반일의 울분, 민족 회복에 대한 희구를 담은 해방 전 강순의 시, 사상 감정이 신변에 가까은 생활실감에 안받침된 짤막하고도 다듬어진 시적 언어와 표상, 새로운 발견으로서의 시적 비유의 옷을 입고 있다는 점에서 자못 주목된다. 시인 강순의 시적 개성의 예술적 세련도와 그 특징을 이 시기 시들에서 벌써 엿볼 수 있다. 이 시기 강순의 시의 특징은 조국에 대한 긍지와 재일동포들의 생활과 투쟁에 대한 뜨거운 공감을 노래하면서도 시창작 방법에서 시인의 연상, 심상을 비낀 시적 언어 표현을 종래보다 더 목적의식적으로 탐구해가는 노력의 자취가 뚜렷하게 보인다는 것이다. 그리고 또한 토배기의 대화조로 주정을 토로하면서도 최대의 미감과도 어울린 독특한 맛의 율조를 은근히 자아내군 한다.[7]

위의 진술에서 김학렬 시인이 강순 시인의 시적 특징으로 내세운 부분은 의미심장하다. 김학렬 시인은 강순 시인의 시적 특징으로 "사상감정이 신변에 가까은 생활실감에 안받침된 짤막하고도 다듬어진 시적 언어와 표상"과 "토배기의 대화조로 주정을 토로"한 것을 들고 있다. 강순 시인의 이러한 시적 특징을 그의 제자인 김리박 시인이 수용했을 것이라고 추정할 수 있는 이유는 다음과 같다. 강순 시인의 시가 "토배기의 대화조로 주정을 토로"했다는 평가를 받았던 것처럼, 『견직비가』와『봄의 비가』에서 김리박 시인은 조선의 근·현대사를 이어온 민중의 생활을

---

7) 김학렬,「재일 조선인 조선어 시문학 개요」, 와세다대 국제학술대회 논문집,『재일 조선인 조선어 문학의 현황과 과제』, 2004.12.11. 4-10면.

'토배기말'에 의지하여 되살려내고 있기 때문이다. 스승의 창작 정신을 이어받아 작품 속에서 '토배기말'을 재현하고 있는 김리박 시인의 창작 자세는 재일 시문학사에서 2세대 문인으로서 가지는 그의 위상을 확고히 한다.

김리박 시인은 재일문학 1세대의 시정신을 계승하면서도 스승과는 다른 면모를 보여준다. 그는 재일동포의 역동적인 생활을 담아낼 시의 그릇으로 장편시 형식을 취하고 있다. 그의 『견직비가』는 '장편묶음시'로 분류되어 있고, 『한길』은 "시조"로, 『봄의 비가』는 '긴 얘기 노래글'로 분류되어 있다. 여기에서 '장편묶음시'와 '긴 얘기 노래글'은 범박하게 서정적 어조와 서사시적 특성을 지닌 장편시로 이해할 수 있다. 이들 장편시에는 조선어의 고유성을 지키려는 시인의 노력이 역력하게 드러난다.

김리박 시인의 서정시적 서사시 창작은 북한의 서사시 양식의 영향을 받았을 것으로 짐작된다. 북한에서는 서사시 양식으로 많은 작품들이 지어졌다. 북한의 문학사에서 서사시 양식의 중요성은 한국전쟁기 이후부터 본격적으로, 또한 지속적으로 언급된다.

> 이 시기(전쟁기- 필자 주) 시인들은 조국해방전쟁에서 발휘한 인민군대와 인민들의 영웅적위훈을 노래한 서정시들을 많이 창작하는것과 함께 서사시의 창작에 깊은 관심을 돌려 많은 시작품들을 창작하였다. …… 작품은(『련대의 기수』, 1956년- 필자 주) 이야기줄거리가 굵고 선명하며 서정이 깊고 그것이 서사성과 잘 어울리여 높은 격조와 시적 감흥을 줄기차게 자아내고있다. 시에서는 많은 사건이 취급되고있지만 그것을 서정성과 유기적으로 결합함으로써 사건중심으로서가 아니라 영웅적인간들의 숭고한 사상정신세계를 깊이있게 보여주는데로 형상을 지향시키고 있다.[8]
> 이 시기 서정서사시도 활발히 창작되였으며 사상예술적으로 우수한

---

8) 리기주, 『조선문학사』 12권, 사회과학출판사:평양, 1999, 80-87면.

작품들을 적지 않게 내놓았다. 서정서사시들가운데서도 많은 자리를 차지하며 또 가장 잘된 작품들은 어버이 수령님의 위대성과 혁명적 가정을 형상한 작품들이다. 리용악의『어느 한 논가에서』(1968년), 안충모의『연풍호반의 새봄』(1962년)……시에서는 다양한 생활세부와 감동적인 이야기들을 여러 각도에서 선택일반화하면서 개성적인 체험이 안받침된 서정토로로써 작품의 주제사상을 깊이있게 밝혀내고 있다.……이 시기 시문학을 다채롭게 발전시키는데서 담시도 중요한 역할을 하였다. 해방후 우리 문학의 력사에서 담시는 여러편 볼수 있었으나 그것은 주체50(1961년) 이후 활발히 창작되였다. 최승칠의『기쁨의 담시』(1961년), 백인준의『대동강에 흐르는 이야기』(1962년) …… 작품은 극성이 강한 이야기를 시화함으로써[9]

　　사회주의건설이 힘있게 진행되는 장암하고 격동적인 현실을 반영하여 이 시기(1980년대-필자 주)에 서사시작품들이 많이 창작되였으며 그 형상화의 수준이 훨씬 높아졌다. 오영재의『대동강』(1985년), 오영재·구희철의『조선은 빛나라』(1985년)…… 시에는 위대한 혁명업적에 대한 칭송의 감정과 열정이 세차게 굽이치고있다. 서사시는 특징적인 시적대상을 제시하고 시적일반화와 주정토로를 유기적으로 배합함으로써 경애하는 김정일동지의 불멸의 업적과 탁월한 령도풍모, 고매한 공산주의덕성을 정서적으로 깊이있게 드러내보이고있다. 사색이 넘쳐흐르는 시적표현들과 정론성과 서정성이 결합된 주정토로, 째인 시적구조로 하여 서사시는 주제사상적내용을 형상적으로 깊이있게 구현할 수 있었다.…… 서사시에서 시인은 위대한 력사적 사변들과 사건들을 전면에 내놓고 여러 면에서 깊이있게 그려내면서도 사건묘사자체에 치우치지 않고 그것이 가지는 거대한 의의와 견인력을 정서적으로 깊이있게 드러내였으며 거기에서 환기되는 시인자신의 체험세계, 사상감정과 열정을 격조높이 토로하였다.[10]

북한의 시문학사에서 서사시, 장시, 서정서사시 등의 용어로 분류되는

---

9) 위의 책, 88-93면.
10) 김정웅·천재규,『조선문학사』15권, 사회과학출판사:평양, 1998, 166-172면.

시 형식은 대체로 당의 유일사상체계를 확립하는 데 주력했던 1960년대 후반기에 왕성하게 창작되었다. 이들 작품이 가지는 장편의 길이와 서사적 요소는 김일성을 영웅으로 내세워서 항일 무장 투쟁의 역사를 담아내려는 당 문예정책에 적합하였다고 여겨진다. 북한에서 서사시 양식의 시작품들이 활발하게 창작된 이유가 여기에 있다.

남한의 경우 서사시라는 서구의 문학 용어에 대한 비판과 함께 본격적으로 서사시에 부합하는 작품도 창작되지 않았다. 따라서 시문학 양식으로 서사시라는 용어는 쓰이지 않는다. 현재 서사시 혹은 장시 등의 용어 대신에 '서술시'라는 용어가 쓰이고 있다. 김준오는 서술시에 대해 다음과 같이 규정한다. "서술시는 서술의 요소가 우세한 것으로 이야기나 사건의 내용이 서술적인 구조를 통하여 형상화된 시를 가리킨다. 이야기는 서사시에서 소설에 이르기까지 서사장르의 본질적 요소이지만, 서술이 서사장르에만 한정되지는 않는다. 시인이 효과를 획득하기 위해 가져올 수 있는 서술적 특성은 서정장르의 요소가 된다. 현대의 서정시도 장시(張詩) 형태든, 단형(短型)이든 서술시로 불릴 수 있는 것이다."11)

남한의 시사에서 '서사시적 특성을 가진 시'가 '서술시'로 정립되기까지 그 용어와 개념에 대한 논란이 있었다. 1960년대 신동엽의 「금강」이 서사시인가 아닌가에 대한 논란을 필두로 하여 1980년대에는 시 분야에 있어 서정시에 대한 서술적 성격을 요구한 양식인 장시는 하나의 큰 맥을 형성하게 된다. 장시는 산문화 경향의 성격과 함께 민중시라는, 내용의 강조에 뜻을 두고 전개된 시양식이며 1980년대 한국시의 특징이기도 하다.

김지하 시인은 『봄의 비가』 머릿글에서 김리박 시인이 전통적인 역사

---

11) 김준오, 「서술시의 서사학」, 『한국 서술시의 시학』, 현대시학회 편, 태학사, 1998, 27면.

적 서사를 서정시의 양식으로 도전하였다고 평가하고 있다. 그는 한국 내에서 장편시는 생산되고 있지 않는데, 그 이유는 장편시가 나올 만큼 한국의 상황이 고양되거나 앙분되어 있지 않기 때문이라고 본다. 반면에 오랫동안의 고통과 궁핍, 정신적인 방황과 분열의 체험, 정체성 문제 등은 재일 한국인의 깊은 한을 형성했으며, 한이 깊은 곳에 문화의 창조적인 양양이 있었다고 본다. 김지하 시인은 문화의 창조적 양양의 증거가 바로 김리박 시인의 『봄의 비가』라고 평가한다.[12]

장편시는 다만 시의 길이만을 드러내는 용어이므로 본고에서 필자는 김리박 시인의 『견직비가』와 『봄의 비가』를 '서정시적 서사시'라는 명칭으로 부르고자 한다. 서정시적 서사시 형식은 서사시적 요소인 인물과 시대의 서사를 서정적인 어조로 담아낸 시형으로 볼 수 있다. 서정시적 서사시는 한국 근·현대사의 지대한 영향력 아래 놓여 있는 재일동포의 삶을 드러내는 데 적절한 시형식이라고 평가할 수 있을 것이다. 김리박 시인이 서사시적 특성을 지닌 작품들을 창작한 이유는 북한의 시사에서 김일성을 영웅화하기 위해 서사적 시 형태를 필요로 했던 것과 시대적 요구를 장시에 담아냈던 1970-1980년대 남한의 시사와 그 맥락을 같이 한다고 볼 수 있다. 김리박 시인이 장시 형태를 통하여 그리고자 한 것은 한국의 근·현대사와 긴밀하게 맞물리는 재일 동포들의 이주사와 일본에서의 정착 과정이며, 그들의 강한 생명력이다. 또한 분열과 질곡의 삶에서 재일동포들을 끌어내 줄 수 있는 조국의 통일이다.

---

12) "이국땅에 사로잡힌 언어의 포로 상태를 뚫고 모국어를 통해 자기 녁사와 자기 삶을 존속시키고자하는 갈망이 요구하는 서정 양식 안에, 그 삶의 예언자적 모형들 안에서 격동하는 의미심장한 역사의 서사를 담고자 한 비원의 산물인 것이다."(김지하, 「서정과 서사, 한자와 한글」, 『봄의 비가』, 근란문화사:교토, 2001, 3-4면)

3. 재일조선인의 삶과 분단극복의 상징성

김리박 시인의 『견직비가』는 「머리 노래」와 「첫째 노래」부터 「열째 노래」까지 이어지고 「맺음 노래」로 끝을 맺고 있다. 「머리 노래」는 남과 북이 분단된 이후 40여년이 지난 현재 시점에서 가지는 분단된 조국에 대한 화자의 한탄으로 이루어져 있다.

> 1년 내내 참고 견뎌야 한다 해도,
> 40년이 돼도
> 찰나(刹那)의 순간도 서로 못 만나고
> 속풀이 못 하는 부평초 신세 보다는
> 짧디짧은 단 하룻밤이라도
> 한해에 한번은
> 꼭 만날 수 있는
> 견우와 직녀가 얼마나 좋으랴 한다.
> ―「머리 노래」 부분

「첫째 노래」에서 바람과 비는 남녘과 북녘을 자유롭게 오가지만, 우리의 현실은 아직도 남과 북이 쓸모없는 적개심과 불신으로 대립하고 있다. 화자는 이러한 나약한 정신을 버리자고 말한다. 「둘째 노래」는 전쟁이 막 끝난 시기에 혼인을 하는 여성 화자가 나온다. 그녀는 자신의 고향이 남과 북으로 갈려 불과 십리밖에 안 되는 거리에 있는 친정에 가보지 못하는 자신의 신세를 한탄한다. 「셋째 노래」는 고부 무당이 북에 가까운 동두천을 떠나 호남 진도로 가서 일 년에 한 번 굿을 펼친다. 사람들은 남쪽으로는 얼마든지 갈 수 있지만, 북쪽으로는 한 발자국도 가지 못한다.

「넷째 노래」에서 화자는 분단으로 눈마저 "서로 남이라" 하는 지경을 한스러워하면서 첫눈이 착한 백성들의 마음에 고이 내리는 모습과 "40년의 불신 주름살과 분단 세월"을 덮으면서 내리는 모습을 떠올린다. 「장외(章外) 노래」는 「넷째 노래」와 「다섯째 노래」 사이에 삽입된 부분을 가리킨다. 여기에서는 남북 적십자 회담과 세계 청년학생 체육축전이 다뤄지고 있다. 이들 통일을 기대하게 만드는 행사들을 보는 화자의 심정이 잘 나타나 있다. 「다섯째 노래」에서 화자는 음력 8월 추석에 달은 원래 보름달이어야 하지만, 남과 북이 분단되어 보름달도 윗부분과 아랫부분이 반쪽씩 잘린 형국으로 떠 있다고 말한다.

　"우리가 줄곧 보고 온 달은/ 틈새에서 눈잡지는 않았는데도/ "북"쪽도/ "남"쪽도/ 다 반달이다.// "남"쪽에서는/ 윗부분이 없는 반달이요/ "북"쪽에서는/ 아랫부분이 없는 반달이다."(「다섯째 노래」 부분) 시의 화자는 온전한 중추명월이 되자면 우선 남과 북이 하나가 되어야 한다고 말한다. 화자는 통일의 "그날이 오면" 모든 것이 풍요로워지고 아름답고 즐거운 추석이 될 것이라고 말하고 있다. 「여섯째 노래」는 한글날의 의미를 되새기고 있는 장이다. "우리 민족의/ 영혼과 삶과/ 지향과 이지(理智)와/ 감성과 솜씨를/ 남김없이 나타내고 꼴로 보인/ 인류의 거룩한 보물인 우리 한글!" 이 분단의 40년 사이에 남쪽과 북쪽의 이데올로기를 대변하는 말로 변질되었다. 본래 한글을 쓰던 한 민족이 이제 언어까지 분단된 상황에 처하게 된 것이다. 화자는 한글이 분단된 이후의 40년을 울고 있다고 진술한다.

　「일곱째 노래」는 한반도의 가을을 다룬 장이다. 화자는 단풍진 산야의 아름다움을 노래하면서 가을의 거름은 새로운 생명의 싹을 위한 의미 있는 것임을 잘 보여주고 있다. 가을은 "북녘에서 남녘으로/ 아름답게 곱게/ 사뿐사뿐 내려"간다. 화자는 그 가을의 걸음을 따라서 남과 북을 "꿈길 가듯 가면서/ 허파 터지도록/ 우리 가을을 마시고 싶고/ 온몸 동여 매이도록/ 우리 강토를 껴안고 싶고/ 가을 거푸집에/ 꼼짝 못하게 박히고 싶다."고 토로한다.

김리박 시인은 「여덟째 노래」부터 「열째 노래」에 걸쳐서 재일동포들의 삶을 본격적으로 다루고 있다. 『견직비가』와 『봄의 비가』에서 재일동포들의 생활을 다룰 때, 김리박 시인의 시적 독특함이 드러난다. 조국의 분단 상황을 아파하거나 통일을 염원하는 시적 화자의 모습에는 시적 내용과 지향이 원대한 만큼 관념적이다. 반면에 재일동포들의 삶을 다룬 부분에 이르면 시인의 필치는 생동감과 구체적인 감각을 획득하고 있다고 볼 수 있다. 『견직비가』는 「맺음 노래」를 끝으로 시인의 통일 지향의식을 열렬히 표출한다. 여기에는 서사시적 특질인 영웅의 서사가 나타나지 않는다. 계절의 순차적인 흐름이 축대를 이루면서 시적 화자의 통일 지향의식을 전개시키고 있다. 그렇지만 김리박 시인은 「여덟째 노래」부터 「열째 노래」에서 재일동포들의 소박하고도 융합하는 일상을 다룸으로써 궁극적으로 분단된 조국을 통일시킬 수 있는 원동력이 어디에 있는지를 잘 보여준다. 그는 일본 땅에서 한글과 전통 민속을 지키는 민중들의 모습과 그러한 합일의지가 재일동포 사회의 분열을 극복하게 하는 힘임을 일뿐만 아니라, 분단된 조국을 통일시킬 수 있는 힘이라는 사실을 진솔한 필체로 담아내고 있다.

『봄의 비가』는 1890년부터 1990년에 이르는 민중들의 이야기를 담고 있다. 『봄의 비가』는 서정시의 어조로 백여 년에 걸친 역사적 서사를 뼈대로 한 작품이다. 역사 속의 인물들로 녹두장군, 안중근, 유관순, 김지섭, 장울화, 윤동주, 리수복, 김주렬, 최현배, 배동호 등이 등장한다. 격변의 역사 속에서 민중의 아기로 태어난 김육신의 생애와 죽음이 서사의 축을 이루고, 여기에 역사적 인물들의 이야기가 삽입되면서 전개된다.

『봄의 비가』의 구조는 「머리 노래」, 「첫째 가름(1890-1899)」, 「둘째 가름(1900-1909)」, 「셋째 가름(1910-1920)」, 「첫째 덧가름(남나라에서 끝까지 얼을 지킨 겨레들)」, 「넷째 가름(1921-1930)」, 「다섯째 가름(1931-1940)」, 「여섯째 가름(1941-1949)」, 「둘째 덧가름(백범 김구 겨레어른을 기리어)」, 「일곱째 가름(1950-1959)」, 「셋째 덧가름(긴 노래글 "백두산"을 지은 조기천)」, 「여덟째 가름(1960-1969)」, 「아홉째 가름(1970-1980)」, 「넷째 덧가름(연꽃의 노래글꾼 김지하)」, 「열째 가름(1981-1990)」, 「다섯째 덧가름(뭇꽃무덤)」, 「맺음 노래」로 이루어져 있다.

김리박 시인은 『봄의 비가』에서 우리가 흔히 사용하는 한자어를 모두 한글로 풀어서 쓰고 있어서 한자어에 익숙한 이들에게 당황스러운 점이 없지 않다. 그러나 일본의 열악한 조건 속에서 민족어를 되살려내고 지키려는 시인의 부단한 노력의 소산으로 이해할 수 있다. 시인은 『봄의 비가』의 「지은이 뒷글」에서 "이 노래글은 '긴 얘기 노래글'이기는 하지만 꼴은 지난날에 흔히 보던 꼴과는 좀 달라, 이른바 '기전체'꼴과 비슷한 꼴을 지니고 있다. 얘기 줄거리를 세로 뻗혀가면서도 그와 다른 마음들을 가로 보태어 하나의 이야기 꼴이 돼 있는 것이다."[13] 보통의 서사시 혹은 장시는 한 인물의 서사가 역사와 맞물리면서 전개되는 구조이지만, 『봄의 비가』는 김육신의 생애가 중심축을 이루면서 간결한 어조로 그려낸 역사 속의 여러 인물들에 대한 전기가 삽입되어 있다. 대부분의 역사적 인물들은 김육신의 생애와는 별개의 이야기로 각 장에 삽입되지만, 역사 속의 특정 인물인 김구의 경우는 김육신과 직접적인 연관을 맺고 있다.

---

13) 김리박, 「지은이 뒷글」, 『봄의 비가』, 근란문화사:교토, 2001, 507면.

『견직비가』에는 또한 재일동포들의 고난에 찬 이주의 역사가 생생히
재현되고 있다.

> 징용과 징병으로 끌려온 남정들과
> 위안부·정신대로 끌려 온 여성들은
> 국권을 찬탈 당했고
> 국토를 모조리 앗긴
> "조센진〔조선인〕"이요 망국노였기에
> 상갓집 개만도 못했고
>
> (중략)
>
> 해방까지의 불과 3년 동안만 해도
> 일황(日皇)의 이름으로, 명령으로
> 숱한 동포들이
> 끊임 없이 강제연행 되어
> 제 운명도,
> 하물며
> 천명도 아닌 "운명"으로
> 왜땅의
> 이름도 없는 땅의 흙이 되었고
> 오늘도
> 진혼되지 않은
> 얼음귀신과 찬바람귀신이 되고 말았다.
> ─「아홉째 노래」부분,『견직비가』

김리박 시인이 일본으로 이주하게 된 이력은『견직비가』의 머리글에
쓰여 있는 것처럼, 징용으로 일본에 끌려간 아버지의 이력에서 비롯된
다.14) 「아홉째 노래」와 「열째 노래」가 그의 『견직비가』에서 가장 생동

---

14) 재일동포 김리박 시인의 도일은 아버지의 징용이라는 일제강점기의 질곡과 맞물려

감이 넘치는 장이 될 수 있었던 이유도 김리박 시인이 직접 경험한 그의 가족과 그의 삶이 바탕이 되기 때문일 것이다. 여기에서 우리는 고난의 역사에 희생된 재일동포들의 구체적인 생활과 함께 이국땅에서도 삶의 희망을 포기하지 않았던 재일동포들의 끈질긴 생명력을 간접적이나마 경험할 수 있다.

김인덕의 『우리는 조센진이 아니다』를 보면 해방 이전부터 일본으로 이주하여 현재까지 재일동포들이 어떻게 삶을 이어왔는지 잘 알 수 있다. 김인덕은 재일조선인의 역사는 일본 제국주의에 대한 조선인의 저항의 역사라고 파악한다. 재일조선인은 식민지 피지배와 민족분단이라는 고난의 민족사가 낳은 이산민이다. 재일조선인은 일제 식민 지배의 역사적 결과로 인해 구종주국인 일본에 살게 된 조선인과 그 자손들이다. …(중략)… 재일조선인들은 일본에서 노예 같은 생활을 이어나갔다. 그러나 재일조선인은 차별과 피지배의 역사를 헤치고 일본 사회 속에서 민족적 자존심을 지키며 살아가고 있다.[15)]

이광규의 『재일한국인』도 재일한국인이 어떤 역사적 과정을 거쳐서 도일하게 되었고, 해방 후에 어떤 역사를 가졌는가를 살피고 있다. 재일한국인은 경제적인 이유로 자발적으로 이주하기도 했으며, 강제연행에 의해 이주하게 되었다. 해방 후에 그들이 일본에 귀국하기도 하고 잔류하기도 했지만, 그들은 일제와 전쟁과 해방의 소용돌이 속에서 야기된

있다. 그의 고향은 경남 창원이지만, 입국이 자유롭지 못 하다. "3살 때(1944년- 필자 주) 징용으로 끌려간 지아비를 좇아 현해탄을 건느신 어머님 등에 업혀 일본에 건너 온 나는 올해(1996년) 재일생활 51년을 헤아리게 되었다. 반세기가 넘게 이국생활을 해 온 셈이다. 나이 사십이 넘은 뒤 어째선지 사향심(思鄕心)과 망향심(望鄕心)은 날이 갈수록 더해지고 고향방문이 간절하나 당국서는 오늘까지도 아무런 통기가 없다. 비통하다."(김리박, 「지은이 머리글」, 『견직비가』, 근란문화사:교토, 1996, 8면)

15) 김인덕, 『우리는 조센진이 아니다』, 서해문집, 2004.

희생자라고 말할 수 있다. (중략) 일본 내의 소수민은 주로 재일한국인 이라는 점이다. 그 때문에 다수민의 차별과 편견이 집중하는 경향이 있다. 또한 식민지 종주국인 일본과 피지배국인 한국의 관계의 특수함은 재일한국인들의 조건에 절대적인 영향을 끼치고 있다. 일본인은 재일한국인에 관한 한 일본의 패전은 없고 재일한국인에게 해방은 존재하지 않는다.[16]

재일 동포들의 일본 移住의 歷史를 살펴보면, 재일동포들은 일제강점기의 상처뿐만 아니라, 조국의 분단과 그로부터 유발된 재일동포 사회의 분열과 일본인의 차별정책 아래 이중 삼중의 질곡 속에서 고통을 받아 온 동포들임을 잘 알 수 있다. 김리박 시인은 재일 동포들의 고단한 삶의 역사를 서정시적 서사시 『견직비가』와 『봄의 비가』에서 생생하고 진솔하게 담아낸다. 그는 『견직비가』에서 견우와 직녀의 설화를 작품 속에 도입하여 통일의 꿈을 펼치고 있다. 『견직비가』에서 시적 화자는 조국이 남북으로 분단되어 언어의 뜻까지도 소통이 안 되는 지경이 이르고 있음을 한탄한다. 그러나 화자는 조국의 분단을 상징적으로 극복하고 있다. 그것은 재일동포들이 이념과 이해관계를 초월하여 하나로 어우러지는 축제의 모습을 통해서 형상화된다. 재일동포의 회갑잔치는 분열된 재일동포들의 마음을 하나로 묶어주는 매개가 되며, 아기의 돌잔치는 재일동포들의 희망찬 미래를 예언함과 동시에 조국의 통일을 예기하는 것으로 나타난다.

『견직비가』에서 전통 민속인 동짓날을 재현하면서 분열되었던 재일동포들의 마음이 합일되는 장면은 감동적이다.

---

16) 이광규, 『재일한국인』, 일조각, 1983.

왜땅에서의 첫 동짓날 저녁녘
"처용가" 였는지
"밀양 아리랑" 이었던지
"자장가" 였는지
꼭히 기억이 나지 않지만
새알심 비비는 나와 누님께
들려주시던 어머님의 노래소리가
동짓날 올때면 쟁쟁하고
그때의 팥죽 끓는 소리와 내음이 삼삼하다.

(중략)

모두가
"북"이요 "남"이요 하고 주먹 쥐는 일도
"한국"이냐? "조선"이냐? 하고 따지는 것도
"총련"이다 "민단"이다 해서
다투는 일이 없었던
'통일'된 한겨레
품앗이를 아는 동포들이었다.
　　　　　　　　　— 「여덟째 노래」 부분, 『견직비가』

재일동포들이 동짓날 밥집에 모여들어 전통 민속을 즐기는 장면은 관념을 뛰어넘는 화합의 장이다. 한반도의 분단과 일본의 억압이라는 이중 삼중의 고통과 질곡 속에서도 분단되기 이전의 한반도에서 지속되어 왔던 민족의 명절을 재현하는 재일동포들의 마음속에서 민족의 정체성은 회복된다.

동짓날 외에도 재일동포들을 하나로 묶어주는 것은 회갑잔치와 돌잔치이다. 『견직비가』의 「아홉째 노래」에서 환갑을 맞은 재일동포의 큰 사위는 민단 임원이고, 작은 사위는 조선 총련 일꾼이다. 그는 함께 일본으로 끌려왔다가 억울하게 죽은 고향사람들 생각으로 환갑잔치를 하지 않겠다고 사양하다가 조선 총련에 속하거나 민단에 속한 친척들과 이웃의 조선 사람들이 다 모일 것이라는 부인의 이야기를 듣고 잔치를 받아들인다.

『견직비가』에서 돌잔치는 특히 김리박 시인이 의미를 두고 있는 전통 풍습이다. "동포 최밀집지역의 하나인/ 별칭 '똥섬' 변두리"에서 구두쇠 안 서방이 돈을 모아서 훌륭한 집을 짓고 가정을 이루는 과정은 척박한 일본 땅에서 일본의 차별정책 아래 경제적으로 궁핍한 삶의 조건 속에서도 재일동포들이 얼마나 끈질긴 생명력을 유지하면서 정착해 왔는가에 대한 시적 형상화라고 볼 수 있다. 『봄의 비가』에서도 김육신의 돌잔치는 『견직비가』에서처럼 "오천년을 이어온 첫돌잔치놀이"가 민중의 삶 속에서 가지는 의미는 지대하다.

> 이이의 환갑잔치는
> "민단
> 사람은 물론
> "조선총련" 사람도 왔고
> 교인과 불교도는 물론
> 종교를 믿지 않는 사람도 왔고
> 주의(主義)와 사상을 달리 하는 이도 왔고
> 학력이 있는 이도, 없는 이도 왔고
> 지난날의 죄를 뉘우친 이도 모여
> 현 위정자들이
> 아직은 못 이루고 있는
> 민족대단결과 통일의 꽃밭이 되었다.
> ─「아홉째 노래」부분, 『견직비가』

위의 시를 보면, 김리박 시인은 분열된 재일동포들의 민족 정체성을 회복하는 구체적인 통로를 첫째, 한글을 지키는 것으로 삼고 있으며, 둘

째 우리의 전통 민속을 지키는 것으로 인식한다. 이러한 민족성 회복의
궁극적인 결과가 바로 남과 북의 통일이며, 재일동포들의 화합인 것이
다. 한글과 전통 민속을 회복함으로써 재일동포들의 분열을 극복하고
이는 남과 북이 하나로 어우러질 것이라는 희망이 그의 작품의 기초를
이루고 있다.

4. 맺음말

재일 한국인 한국어 시문학은 재일본조선인예술가동맹을 중심으로 그
역사가 이어지고 있다. 재일본조선인예술가동맹에 소속된 시인들은 북
한의 당 문예정책에 부합하는 시작품들을 창작해 왔다. 그런 만큼 그들
의 창작은 북한과의 긴밀한 관계 속에서 이루어져 왔다. 그러나 그들의
작품 경향은 북한에서 창작된 시작품들과는 다르다고 볼 수 있다. 재일
동포들의 작품이 북한의 시문학과 변별되는 것은 그들이 지니는 재일조
선인이라는 삶의 조건과 그러한 조건 속에서 이루어지는 민족정체성의
모색이 담겨져 있기 때문이다.

재일 동포인 김리박 시인은 재일본조선인예술가동맹에서 탈퇴한 상태
에서 한국어를 지키며 창작을 해 오고 있다. 김리박 시인은 그의 『견직
비가』와 『봄의 비가』에서 시인의 한국어 의식과 분단 극복의 시 정신을
잘 보여준다. 그는 서정적 어조를 지닌 서사시 양식을 취하여 재일동포
의 역동적인 서사를 담아냈다.

서정시적 서사시는 한국 근·현대사의 지대한 영향력 아래 놓여 있는
재일 동포의 삶을 드러내는 데 적절한 시형식이라고 평가할 수 있다.
김리박 시인은 서정시적 서사시 형태를 선택하여 재일 동포들의 일본

이주사(移住史)와 척박한 삶의 조건 속에서 강한 생명력을 잃지 않으려는 민족 정신을 열정적으로 그려낸다. 그는 재일 동포들이 합일해 가는 모습을 그림으로써 분단된 조국의 통일을 염원한다. 김리박 시인의 서정시적 서사시 형식에 대한 연구는 남한의 1970-1980년대에 활발하게 창작되었던 장시 연구의 폭을 넓혀 줄 것이다.

　재일 동포들의 이념적인 분열은 조국의 분단에서 비롯된 것이다. 김리박 시인은 전통 민속이 재현된 재일 동포의 일상을 묘사하여 조국의 분단과 재일 동포의 분열을 극복하고자 한다. 그의 작품 속에서 분열된 재일 동포들은 하나로 융합하며, 자신들의 민족정체성을 발견한다. 김리박 시인은 재일동포들의 소박하고 생명력 있는 일상의 재현과 한글과 전통 민속을 지키는 재일 동포들의 모습은 열악한 삶의 조건인 일본에서 재일 동포들이 민족 정체성을 지키는 힘이며, 분단된 조국을 통일시킬 수 있는 힘임을 보여주고 있다. 이 같은 시정신의 표현은 분단문학사를 극복하는 초석이 될 것이다. 또한 김리박 시인의 서정시적 서사시 양식과 북한문학의 서사시 양식, 남한문학의 장시, 서술시, 이야기시 양식 등의 비교 연구는 우리의 시문학 장르 개념을 정립하는 데 의미가 깊을 것으로 기대하며 앞으로의 과제로 남겨둔다.

2 부

이상의 시 「AU MAGASIN DE NOUVEAUTES」와 미쓰코시백화점

이상이 살았던 1930년대 한국 최초로 세워진 경성의 대표적인 백화점으로 미쓰코시(三越)−1906년 일본의 미쓰코시 서울 지점으로 설립되었고, 1930년 일본의 미쓰코시백화점 경성지점으로 개점하였다. 1945년 광복 이후 동화백화점으로 다시 개점하였고, 1950년 6·25 전쟁기에 미군의 PX건물로 사용되었고, 휴전 후 다시 동화백화점으로 개점하였다가 1963년 신세계백화점으로 상호가 바뀌었다−가 있다. 1930년대에 지하 1층, 지상 4층으로 지어진 미쓰코시가 지금의 명동의 신세계백화점이다.

신세계백화점은 30년대에 미쓰코시백화점이 지닌 의의에 대해 "쇼윈도우와 진열장에 멋지게 진열된 상품들, 선진문화의 전시장 역할을 담당해 온 미술관, 각층을 올라 다니는 엘리베이터, 상류층의 휴식공간으로 이름이 높았던 옥상공원 등은 당시 사람들이 '근대'를 만나는 현장이었다" 라고 기록(www.shinsegae.com / 신세계상업사박물관 / 신세계70년)하고 있다. 30년대 미쓰코시백화점 관련 사진들을 보면 백화점 내부를 채운 상품들과 사람들, 백화점 옥상, 옥상정원, 엘리베이터 등 화려했던 당시의 백화점 풍경을 잘 알 수 있다. 휴게공간인 옥상과 옥상정원을 잇는 계단이 있고, 옥상정원에는 조그마한 신사(神寺)와 분수, 가로등과 화초들이 아기자기하게 꾸며져 있다. 옥상에서 주변 풍경을 찍은 사진에는 미쓰코시를 중심으로 하여 왼쪽에 조선은행, 중앙에 상업은행, 오른쪽에 경성우체국 등이 한눈에 들어오는 도심이 펼쳐져 있다.

그러나 미쓰코시는 일본 미쓰코시백화점의 경성 지점이었으며 일본이 조선에 세운 식민지 근대의 단면을 보여준다. 미쓰코시 옥상 사진에 '상류층의 휴식공간'이라는 설명이 붙어 있고 양복을 입은 일본인들과 한복을 입은 한국인들이 한 공간에서 차를 마시는 모습이 담겨져 있다. 이상은 근대 건축학을 공부하고 자의식을 창작의 소재로 삼은 문인이었지만, 서구적 외양의 일본인은 아니었으며 두루마기를 입은 상류층 조선인도 아니었다. 이상에게 백화점이 느긋하게 향유할 만한 일상공간이 될 수 없었음을 짐작케 하는 시가 바로 「AU MAGASIN DE NOUVEAUTES」(「백화점에서」)[1]이다.

---

1) 四角形의內部의四角形의內部의四角形의內部의四角形의內部의四角形.
四角이난圓運動의四角이난圓運動의四角이난圓.
비누가通過하는血管의비눗내를透視하는사람.
地球를흉내내며만들어진地球儀를模型으로만들어진地球.
去勢된洋襪(그女人의이름은워어즈였다)
貧血緬絲包[1], 당신의얼굴빛깔도참새다리[1]같습네다.
平行四邊形對角線方向을推進하는莫大한重量.
마르세이유의봄을解纜한코티의香水의맞이한東洋의가을.
快晴의空中에鵬遊하는Z伯號. 蛔蟲良藥이라고씌여져있다.
屋上庭園. 猿猴를흉내내이고있는마드모아젤.
彎曲된直線으로疾走하는落體公式
文字盤에XII에내리워진二個[1]의浸水된黃昏.
도아―의內部의도아―의內部의鳥籠의內部의카나리야의內部의嵌殺門戶의 內部의인사.
食堂의門간에方今到達한雌雄과같은朋友가헤어진다.
검은잉크[1]가엎질러진角雪糖이三輪車에積荷된다.
名銜을짓밟는軍用長靴. 街衢를疾驅하는造花金蓮[1].
위에서내려오고밑에서올라가고위에서내려오고밑에서올라간사람은밑에
서올라가지아니한위에서내려오지아니한밑에서올라가지아니한위에서내려

백화점을 배경으로 한 「AU MAGASIN DE NOUVEAUTES」에는 백화점에서 경험하는 화자의 심리적인 거부감이 잘 드러나 있다. 「AU MAGASIN DE NOUVEAUTES」의 화자는 백화점 입구부터 옥상정원에 이르면서 경험하는 인상을 관찰과 상상을 통해 펼쳐보인다. 화자의 시선은 백화점 건물 내부에서 옥상으로 올라가 건물 옥상에서 바깥 풍경을 관찰하고, 다시 백화점 내부로 이동한다. 백화점 내부는 풍요롭지만, 화자에게는 모형 지구의(地球儀), 去勢된洋襪, 원숭이를 흉내내는 여자 등 기형적이고 결핍된 것들이 채워진 공간에 지나지 않는다.

시에서 사각의 건물인 백화점은 그 내부도 온통 사각형의 연속이다. 화자가 사각 건물 안으로 들어가면서 발견하게 되는 것은 사각으로 구획되고 정리된 건물의 내부이다. 사각의 내부를 가진 사각 건물은 사각형의 내부가 이어지면서 진열된 상품들처럼 사람들을 사각의 틀 안에 가둔다. 고객의 상품구매를 목표로 설계된 이동통로는 사람들로 하여금 수동적인 위치에 있도록 만든다. 사람들이 물품을 구매하기 위해서 백화점에 들어가는 것은 그들의 자유로운 선택이지만, 백화점에 발을 들여놓는 순간, 그들은 구매력을 최대한 높이기 위해 설계된 유도 통로를 수동적으로 돌아다니게 되는 것이다. 사람들의 이 같은 존재의 수동성이 시에서 새조롱 속에 갇힌 카나리아와 이미지로 나타난다.

"위에서내려오고밑에서올라가고"에서처럼 사람들은 분주하게 백화점

오지아니한사람.
저여자의下半은저남자의上半에恰似하다.(나는哀憐한邂逅에哀憐하는나)
四角이난케一스가걷기시작이다(소름끼치는일이다)
라지에이타의近傍에서昇天하는군빠이.
바깥은雨中. 發光魚類의群集移動.
-「AU MAGASIN DE NOUVEAUTES」 전문, ≪朝鮮と建築≫, 1932.7, 25면. 원래 日文詩인데, 임종국의 번역으로 『이상 전집』(태성사, 1956)에 게재됨.

내부를 오가지만, 그들이 이동하는 유일한 목적은 상품구매인 것이다.
그 외의 다른 의미는 발생하지 않는다. "저여자의下半은저남자의上半에
恰似하다."에서 계단을 오르내릴 때, 여자의 하반신과 남자의 상반신은
평행을 이루게 된다. 여자와 남자의 육체는 한 개인이 가지는 주체적이
고 독자적인 육체로 인지되지 않는다. 인간의 육체는 화자가 보기에 해
체된 상태이다. 여자는 하반신만으로 인지되고, 남자는 상반신만으로 자
신의 존재를 나타낸다. 백화점 안의 낯선 남녀들은 '스쳐서' 지나간다.

　화자는 사각이 난 건물 안에 있는 "사각이난케―스"인 엘리베이터가
움직이는 모습에 소름이 끼친다. 건물의 난방기구인 라디에이터 근방에
설치된 엘리베이터는 "승천"한다. 그러나 그것은 건물의 높이에 불과한
승천이며, 사각이 난 상자인 엘리베이터에 갇힌 승천이라는 점에서 역
설적인 의미를 발생시킨다. 근대인의 비주체성은 이 같은 역설적인 '승
천'에 잘 나타난다.

　이상은 「AU MAGASIN DE NOUVEAUTES」에서 백화점을 배경으로 30
년대 도시공간의 불연속성과 근대인의 비주체성을 드러내고 있다. 이
시에서 나타나는 근대인의 비주체성은 식민지 조선이 갖는 근대적 공간
의 불연속성과 분리시킬 수 없을 것이다. 양복차림의 말끔한 일본인들
이 유복하고 평온한 일상을 보내던 화려한 백화점과 땅바닥에 물건들을
쌓아놓고 파는 조선인들의 5일장 시장의 풍경은 극명한 대조를 이룬다.
일본인들의 거리인 명동과 충무로 일대의 '남촌상가'와 조선인들이 주인
이면서 고객인 종로일대의 '북촌상가'가 그 구체적인 예이다. 이상이 백
화점에서 경험한 낯섬과 기이함의 감정은 경성이라는 도시 전체에 대한
감정과 동일할 것이다. 「AU MAGASIN DE NOUVEAUTES」의 화자가 백
화점에서 불편함을 느끼는 것처럼 이상은 경성의 불연속성 사이를 쏘다

니던 시인이라고 볼 수 있다. 30년대 식민지 지식인으로서 이상은 도시를 배경으로 한 그의 시 「대낮」에서처럼 스스로 "얼룩고양이와같은꼴을 하고서太陽群의틈새를걷는詩人."[2]이라는 자의식에 빠질 수밖에 없었을 것이다.

---

2) 이상, 「대낮:—어느 ESQUISSE」, 「眞晝」, ≪朝鮮と建築≫(1932.7, 27면)에 실림. 임종국 역으로 임종국 전집에 재게재됨. ≪조선과 건축≫에 발표된 일문시의 제목은 「眞晝」이다.

시계판을 옮겨가는 금속의 근대인

- 정지용의 시

1. 주관적 인식의 순간- 심미적 시간

정지용의 시간의식을 보여주는 작품들의 시간적 배경은 아침과 밤으로 구분해 볼 수 있다. 아침을 배경으로 삼은 작품으로는 「이른봄 아침」, 「아츰」, 「春雪」 등이 있으며, 밤을 배경으로 삼은 작품으로는 「時計를 죽임」을 비롯하여 「歸路」, 「무서운 時計」, 「지는 해」, 「바다 4」, 「發熱」, 「琉璃窓 1」, 「琉璃窓 2」, 「風浪夢 2」, 「밤」, 「臨終」 등이 있다.

아침을 시간적 배경으로 삼은 정지용의 작품들에는 아침이 가지는 일상적 의미를 보여주고 있다. "산봉우리-저쪽으로 몰린 푸로우피일-/ 페랑이꽃 빛으로 볼그레 하다,/ 씩 씩 뽑아 올라간, 밋밋 하게/ 깎어 세운 대리석 기둥 인듯,/ 간ㅅ뎅이 같은 해가 익을거리는/ 아침 하늘을 일심으로 떠바치고 섰다,/ 봄ㅅ바람이 하리띠처럼 휘이 감돌아서서/ 사알랑사알랑 날러 오노니,/ 새새끼도 포르르 포르르 불려 왔구나."(「이른봄 아침」 부분)[1] 여기에서 약동하는 힘과 거친 열정을 드러내는 산봉우리와 해는 연약하고 부드러운 봄바람과 새새끼와 융합하면서 봄과 아침 시간에 내재된 의미를 적절하게 드러낸다. 「아츰」[2]에서도 정지용은 터오는 아침

---

1) 정지용, 「이른봄 아침」, ≪新民≫ 22호, 1927.2.
2) 정지용, 「아츰」, ≪朝鮮之光≫ 92호, 1930.8.

의 찬란함과 "붉은 숫닭"과 "白孔雀의 꼬리"가 나타내는 동물성의 활달함을 결합시키고 있다. 정지용은 이들 작품에서 아침과 봄의 이미지를 결합시켜서 생명력이 약동하는 시간, 즉 만물이 깨어나는 시작으로서의 시간을 강조한다.

한편 밤을 배경으로 한 정지용의 시작품들의 분위기는 아침을 배경으로 한 작품들의 약동하는 이미지와는 대조적이다. "제비도 가고 薔薇도 숨고/ 마음은 안으로 喪章을 차다."(「귀로」)[3]에서처럼 정지용의 시에서 밤은 침전하는 시간이며, 안으로 위축되는 시간으로 나타난다. 시계를 제재로 내세운 「무서운 시계」는 시계 소리에 대한 두려움을 표출하고 있다. "옵바가 가시고 나신 방안에/ 時計소리 서마서마 무서워."(「무서운 시계」)[4]에 나타나 있듯이, 무서움에 가득 찬 화자의 내면은 밤이라는 시간과 밤을 알리는 시계소리에 의해 촉발되며, 또한 오빠가 떠난 방안에 홀로 남겨진 화자의 상황에서 형성된다. 화자로 하여금 무서움을 불러일으키는 것은 오빠의 부재를 확연하게 인지시켜 주는 밤이며, 자기를 돌아보게 하는 시간이다.

「무서운 시계」에서 화자가 오빠의 부재를 '확인'하는 시간은 화자의 내면적인 시간이다. 그 시간은 시계로 측정되는 균질한 시간과는 전혀 다른 극히 주관적인 시간이다. 정지용의 「지는 해」에서도 "웬일인가 저 하늘이/ 피ㅅ빛 보담 무섭구나!"(「지는 해」)[5] 라고 화자가 드러내는 황혼에 대한 두려움은 노을이 지는 저녁 시간이라기보다는 오빠의 "멀리 멀리" 떠나간 상태에서 발생한다. 화자가 느끼는 밤 혹은 저녁 시간의 두려움과 불안은 시간 자체에서 비롯되었다기보다 화자의 특별한 조건에

---

3) 정지용, 「귀로」, ≪카톨닉 靑年≫ 5호, 1933.10.
4) 정지용, 「무서운 시계」, ≪文藝月刊≫ 3호, 1932.1.
5) 정지용, 「지는 해」, ≪學潮≫ 1호, 1926.6.

서 발생하는 '인상'에서 기인하는 것이다. 이처럼 주관적 인상이 지배하는 시간을 '심미적 시간'이라고 부를 수 있다. 정지용은 각각 아침과 저녁-혹은 밤-이라는 다른 시간을 배경으로 시적 자아의 주관적 인식이 극대화된 순간을 표현하였다.

> 내어다 보니
> 아조 캄캄한 밤,
> 어험스런 뜰앞 잣나무가 자꼬 커올라간다.
> ─「琉璃窓 2」 부분, ≪新生≫ 27호, 1931. 1

> 눈 머금은 구름 새로
> 힌달이 흐르고,
>
> 처마에 서린 탱자나무가 흐르고,
>
> 외로운 촉불이, 물새의 보금자리가 흐르고……
>
> 표범 껍질에 호젓하이 쌓이여
> 나는 이밤, <적막한 홍수>를 누어 건늬다.
> ─「밤」 전문, ≪新生≫ 37호, 1932. 1

「琉璃窓 2」에서 시간의 흐름은 점점 커져 가는 잣나무의 시커먼 형상으로 나타난다. 여기에서 정지용은 「時計를 죽임」에서처럼 측량할 수 있는 시간을 제재로 삼지 않았다. 또 「밤」에 나타나는 시간도 화자가 잠자리에 적막하게 누워 있는 시간을 가리킨다. 이들 작품에서 시간은 화자의 내면적 정조를 북돋우기 위한 하나의 배경적 역할을 하고 있을 뿐이다. 시간을 제재로 한 정지용의 시편들은 「時計를 죽임」을 제외하면 시간성 자체에 대한 본격적인 사유를 펼치지 않았음을 알 수 있다.

2. 시적 제재로서의 물리적 시간

정지용의 「時計를 죽임」은 주관적 인식이 개입하지 못하는 기계 시간을 제재로 삼아 시계 시간에 속박된 인간의 타율성을 보여주고 있다. 물리적 시간의 예속성이 강해짐에 따라 일상시간에 대한 거부감은 증가한다. 문학에서는 직선적인 시간으로부터 자유롭고자 하는 의식이 표출된다.[6] 그것은 문학의 형식면에서 시간의 순차적 흐름을 거부한다. 뱌체슬라프 이바노프는 "근본적으로 20세기 초 물리학에서의 시간에 대한 새로운 접근은 문학과 예술에 있어서도 시간 문제에 대한 관심을 증가시키는 결과를 초래한다. 시간에 대한 직접적인 인식이라는 최근의 특성을 작품 전체의 구성 원칙으로 구별하려는 노력은 20세기의 중반에 가장 널리 알려진 거의 모든 소설들과 희곡, 그리고 영화의 특성으로 나타난다."[7]고 말한다.

현대문학은 근본적으로 일상성에 대한 저항의식을 표현한다. 따라서 작품 속에 구현되는 문학적 시간이란 객관적이고 물리적인 시간에 지배

---

6) 시에서의 시간 문제를 다룬 글로 신대철의 논문이 있다. "긴장이 유지되는 가운데 시간은 지속을 갖는 것이고, 이 지속이 다시 긴장을 맞는 순간, 처음의 지속과 그 다음의 지속은 변화 의미를 지닌 시간이 되며, 이 변화의 순간이 시에 있어서의 가장 진정한 시간이라 하겠다. 객관적인 시간과 주관적인 시간 사이에 생기는 간격이 긴장을 갖기 시작하면서 새 질서가 잡힐 때의 시간이라 할 수 있다. 여기에서 객관적인 시간이란 시계 시간과 상황과 도덕과 권력 등 모든 조직체들이 결합되어 있는 시간이다.(신대철, 「시에 있어서의 시간문제」, 연세대 석사학위 논문, 1976, 32-33면.)

여기에서 신대철이 규정하고 있는 객관적인 시간은 '객관적 시간'에 내려지는 일반적인 규정과는 차이가 난다. 신대철의 시간 개념은 순수하게 물리적인 시간을 의미하는 것이 아니다. 그것은 개인에 의해 경험되는 각기 다른 시간인식인 주관적 시간과 상대적으로 성립되는 시간들에 대한 범칭으로 사용되고 있다. 용어의 통일을 위해서 대부분의 학자들과 마찬가지로 본고에서도 물리적으로, 양으로 계측되는 시간을 객관적 시간으로 지칭하고자 한다.

7) 뱌체슬라프 이바노프, 「20세기 문화와 예술에 나타난 시간의 범주」, 로뜨만 외, 『시간과 공간의 기호학』, 러시아시학연구회 편, 열린책들, 1996, 142-152면.

되는 현실의 일상성을 탈피하는 형식을 취한다. 문학은 물리적인 시간을 거부하고 주관적으로 체험되는 시간을 소중하게 다룬다. 주관적 시간을 우리의 삶 속에서 회복하기 위해 취하는 문학적인 접근으로, 우리의 생활과 의식이 물리적 시간에 함몰되어 있음을 적나라하게 파헤치는 방법이 있다. 이때, 객관적 시간은 주관적 시간의 소중함을 표현하기 위한 하나의 문학적 제재가 된다.

시계 시간이 인간의 의식을 지배하게 된 양상을 문학에서 비판하고 있다면 시계 시간은 문학에서 유의미한 탐구대상이 된다. 근대라는 변화가 인간의 경험적인 시간 개념에 끼친 영향은 막대하다. 시계에 의해 정확하게 측정된 시간은 인간의 생활에서 압도적인 우위를 차지하기 때문이다. 특히 현대문학은 시계 시간에 속박된 인간의 갈등과 탈출을 표현한다. 따라서 인간과의 연관 속에서 시계시간의 기계성이 인간의 의식을 어떻게 변화시키는가를 살펴볼 필요가 있다.

「時計를 죽임」에 대한 지금까지의 연구를 살펴보면 두 가지 견해로 대별된다. 첫째, 시적 화자가 시간에 대해 가지는 불안감을 표현한 작품이라는 해석이다. 둘째, 시적화자는 시간의 불안감에서 벗어나 주관적이고 경험적인 시간으로 의식을 확대시키고 있다는 견해이다. 전자에 해당하는 연구로는 김학동과 신진, 이숭원의 해석을 예로 들 수 있다. 김학동은 자연과 합치된 인간을 보여주는 정지용의 작품들과 대조적인 작품으로 「時計를 죽임」을 들고 있다. 그는 여기에서 "시간의 공포에서 벗어나지 못하고 마침내 침몰하고 만다는 것이 세속적인 삶의 한계"[8]라고 보았다. 신진은 「時計를 죽임」에서 화자가 "시간을 죽이고 편안하게 잠자는 모습"이 나타나지만, 그것은 표면적인 모습일 뿐, 여전히 화자는

---

8) 김학동, 『정지용 연구』 민음사, 1987, 69-70면.

시간의 공포를 견디지 못하는 자의 편의적인 고립상태일 뿐이라고 파악한다.[9] 이숭원도 「時計를 죽임」을 "도시 생활인의 피로감과 권태를 단적으로 보여주는 작품"[10]으로 평가하고 있다. 시간의 공포에서 벗어날 수 없는 것이 현실 공간이라면, 그곳을 벗어난 공간은 초월 공간이라고 부를 수 있을 것이다. 김학동이 진술하고 있는 대로,「時計를 죽임」은 현실 공간, 즉 시계시간을 벗어날 수 없는 인간의 한계적인 생활을 날카롭게 드러낸 작품이다.

한편 「時計를 죽임」에 대해 해석을 가한 대부분의 연구자들은 이 작품이 주관적 시간의식을 표출한 것이라는 입장에 서 있다. 「時計를 죽임」에서 가장 문제가 되는 부분인 마지막 연은 "明日!(日字가 아니어도 좋은 永遠한 婚禮!)/ 소리없이 옴겨가는 나의 白金체펠린의 悠悠한 夜間航路여!"에 대한 해석이다. 마지막 연 이전 부분은 시계 시간에 대한 시적 자아의 거부라는 의미가 명료하게 드러나므로 문제가 되지 않는다. 그러나 마지막 두 행에 대해 대부분의 연구자들은 시적 자아의 주관적 시간의식의 표출로 해석하고 있다. 정태선은 이 부분이 "주관적이고 개인적인 '나'의 경험적 시간의 흐름을 강조[11]" 한 것으로 본다. 양왕용도 시간의 공포를 벗어나기 위한 과정이 오히려 많은 부분을 차지하고 있다고 보면서, "마지막 일곱째 연에서는 시간의식의 확대까지 시도하는 화자의 태도가 엿보인다. '明日!(日字가 아니어도 좋은 永遠한 婚禮!)' 라는 부분이 바로 그것이다. 내일이 아니라 영원을 추구한다는 것은 시간의 영원성을 획득하여 죽음의 공포로부터 벗어나는 것이다."[12] 라고 해석한다.

---

9) 신진, 「정지용 시의 상징성 연구」, 성균관대학교 박사학위 논문, 1992, 118면.
10) 이숭원, 『정지용 시의 심층적 탐구』, 태학사, 1999, 123-126면.
11) 정태선, 「정지용 시 연구」, 서강대학교 석사학위 논문, 1981, 18면.
12) 양왕용, 「정지용 시 연구」, 경북대학교 박사학위 논문, 1987, 107면.

김신정은 「時計를 죽임」에 대해 이 시의 시적 자아는 "동질적이고 공허한 외부의 시간을 거부하며 주관적 시간의 소망을 꿈꾼다. 마지막 연에서 표현하고 있듯이 '명일(明日)'이라는 단어에서 그는 '日字가 아니어도 좋'다라고 객관적 시간을 거부하며 밝음의 이미지만을 받아들인다. 그리고 '영원한 혼례'로 표상되는 화해로운 시간을 꿈꾼다. 또한 '소리없이 옮겨가는 나의 백금체펠린의 유유한 야간항로여!'라는 표현에서, 역시 객관적 시간이 아닌, 주관적이며 지속적인 시간의 흐름에 몸을 싣고자 하는 자아의 꿈을 펼치고 있다."[13]고 본다.

그러나 「時計를 죽임」에서 시의 전반부에서 위축되었던 시적 자아의 의식이 마지막 연에 이르러 시계 시간으로부터 자유로운 주관적 인식에 도달했다고 해석하는 것은 무리이다. 이 작품은 전체적으로 시간에 대해 가지는 존재의 불안에 초점을 맞춰 표현하고 있기 때문이다. 시의 후반부에서 화자의 심리적인 변화가 나타나지 않는다. 오히려 시계 시간에 강하게 예속된 인간의 일상과 의식을 시의 후반부에서 상징적으로 표현하고 있다.

「時計를 죽임」은 기계 시간, 혹은 시계 시간으로 지칭되는 양으로 계산될 수 있는 물리적 시간에 지배를 받는 존재의 불안을 표출하고 있다. 근대 시간은 객관적 시간이 생활을 지배하는 것으로 나타난다.[14] 객관적 시간이란 누구에게나 어떤 상황에서든지 동일하게 적용될 수 있는

---

13) 김신정, 『정지용 문학의 현대성』, 소명출판, 2000, 217면.
14) 　시간은 객관적 시간과 주관적인 시간으로 나누어서 설명할 수 있다. 객관적 시간은 자연의 계절적인 변화나 생물의 성장과 노화과정에서 흐르는 시간이다. 이 같은 시간의 흐름은 '양'으로 측정이 가능하다. 그것을 가리켜 '분할될 수 있는 시간'이라 말하는데, 분할된 양은 일정하다. 따라서 시간의 흐름은 일정한 양, 즉 균질(均質)한 시간들의 사슬이다. 다음으로 주관적 시간은 시간을 체험하는 사람들에 따라 각기 다르게, 주관적으로 인지되는 시간이다.

시간을 뜻한다.[15] 이 같은 시간에는 개인의 주관적인 시간이나 각 개인에게 고유한 의미가 개입되지 않는다. 그것은 모든 사람들에게 동질적인 것으로 경험되므로 균질화(均質化)된 시간이다.

우리가 경험하는 시간은 연속적이어서 분절되지 않는다. 이처럼 분할되지 않았던 시간은 근대 과학의 발달에 의해 분할이 가능한 것으로 인지되었고, 그 흐름은 동일한 양을 가지는 시간이 반복되면서 하나의 방향으로 늘어선 무수한 점들의 연속이 되었다. 이때, 분절된 점들이 모여서 하나의 연속적인 직선으로 그려진다. 그러나 정밀한 과학적 도구를 사용하여 측정된 시간은 연속선상에 그려지지만, 그 직선은 하나의 선이 아니라, 과학에 의해 가능해질 수 있는 한도까지 분할된 똑같은 양의, 별개의 점들이 모인 것에 지나지 않는다. 시간의 점들은 일정하게 반복된다.

시간의 흐름을 갖는 모든 것들에 동일하게 적용될 수 있는 절대시간은 주관적으로 경험되는 시간과는 전혀 일치하지 않는다. 그러나 인간의 외부에 존재하는 절대 척도로서의 시간, 즉 객관적 시간이 근대인의 생활을 규제하게 되었다. 개인에 따라서 다르게 체험되는 시간의 흐름은 객관적 시간에 의해 재단된다. 시계 시간에 속박을 받는 근대인은 고유하게 인지되는 자기만의 시간을 주체적으로 인식하지 못한다. 그 자신의 생활은 누구에게나 똑같이 적용되는 시계시간에 의하여 합리적

---

15) 객관적 시간에 대한 설명으로 다음의 글을 참고할 수 있다. "자연과학에서의 시간 개념은 다른 속성들과 섞이지 않으며 오히려 많은 경우 다른 과학적 개념들의 기준점을 제공해준다는 의미에서 '순수'하고, 경험자의 속도처럼 물리적으로 의미 있는 속성이 결정되고 나면 어떤 주관적 느낌에도 의존하지 않는다는 의미에서 '객관적'이다. 뉴튼 역학에서의 시간은 기본적으로 특정 대상계가 어떤 식으로 변화해갈 것인가를 표지하는 균질한 맺음변수이다. 뉴튼 역학에서 시간은 아주 '고르게' 분배된 메틀릭, 즉 크기를 재는 척도이다."(이상욱, 「맺음변수와 미토콘드리아 이브- 자연과학에서의 시간 이해에 관하여」, ≪이다≫창간호, 1996.7, 122-124면)

으로 관리될 뿐이다. 근대 공간 속에서 생존하기 위해서 인간은 측정된 시간의 잣대에 자신의 의식과 신체를 적응시켜야만 한다. 생명이 없는 사물과 마찬가지로 자연 속의 생물과 사유의 주체인 인간마저도 과학적 이고 수학적인 시간, 절대 시간이 적용된다. 인간에게 사물과 동일한 시 간이 적용되는 한에서, 인간은 사물과 어떠한 질적 차이도 갖지 못하는 대상으로 인식된다.

근대 이후에는 기계 시간의 합리성과 유효성이 더욱 더 강조된다. 근 대 공간에서 삶을 영위하는 인간은 객관적 시간의 질서 체계 속으로 편 입될 수밖에 없다. 근대인은 자신의 몸과 의식을 주체적으로, 또 자유롭 게 움직일 수 없게 되었다. 객관적 시간은 절대적인 우위를 차지하면서 모든 인간의 생활을 지배하는 존재가 된 것이다. 근대인은 기계적 시간 에 예속된 존재에 지나지 않는다. 물리적 시간의 예속성이 강해짐에 따 라 일상시간에 대한 거부감은 증가한다. 문학에서는 직선적인 시간으로 부터 벗어나려는 의식이 표출된다. 인간의 육체는 물리적 시간의 흐름 속에 놓인다. 그러나 인간의 정신은 물리적 시간의 흐름으로부터 끊임 없이 벗어나고자 한다. 전자가 억압적일수록 일상적 시간에서 탈피하려 는 욕망과 갈등은 더욱 증폭되며, 그 사이에서 발생하는 괴리감은 커지 게 된다.

3. 인간과 기계 시간의 영원한 혼례(婚禮)

앞에서 살펴보았던 시간을 제재로 한 정지용의 작품들은 심미적인 시 간의식을 보여준다. 이들 작품과 동일하게 시간을 제재로 삼았다고 할 지라도 「時計를 죽임」은 독특하게 시계 시간에 종속된 인간의 일상을 풍자적으로 표현한 작품이다. 고르게 분배되는 일정량의 시간이 공간화된 기계가 바로 시계이다. 중세의 수도원에서 시계가 발명된 것은 계획에 따라 효율적으로 시간을 관리하기 위해서였다. '합리적인 시간 관리'는 자본주의의 발달에 지대한 역할을 하게 된다. 시계는 근대인의 시간의식에 상징적인 영향을 끼쳤다고 볼 수 있다.

> 한밤에 壁時計는 불길한 啄木鳥!
> 나의 腦髓를 미신바늘처럼 쫏다.
>
> 일어나 쭝알거리는 <時間>을 비틀어 죽이다.
> 殘忍한 손아귀에 감기는 간열핀 목아지여!
>
> 오늘은 열시간 일하였노라.
> 疲勞한 理智는 그대로 齒車를 돌리다.
>
> 나의 生活은 일절 憤怒를 잊었노라.
> 琉璃안에 설레는 검은 곰 인양 하품하다.
>
> 꿈과 같은 이야기는 꿈에도 아니 하랸다.
> 必要하다면 눈물도 製造할 뿐!
>
> 어쨌던 定刻에 꼭 睡眠하는것이
> 高尙한 無表情이오 한趣味로 하노라!
>
> 明日!(日字가 아니어도 좋은 永遠한 婚禮!)
> 소리없이 옴겨가는 나의 白金체펠린의 悠悠한 夜間航路여!
> ―「時計를 죽임」, ≪카톨닉 靑年≫ 5호, 1933. 10

　　시의 제1연에서 시계는 "불길한 啄木鳥"에 비유되어 있다. 화자는 탁목조(딱따구리)가 나무를 쫄 때 내는 것 같은 시계소리가 화자 자신의

"腦髓를 미신바늘처럼" 쪼는 것 같다고 말한다. 시계의 똑딱거리는 소리는 보이지 않는 시간의 흐름을 균질(均質)한 양으로 분할시키는 소리인 것이다. 화자가 시계가 내는 기계음에 불길함을 느끼는 이유가 바로 여기에 있는 것이다. 시계 바늘이 움직이는 운동은 정확한 계산에 의해 똑같은 양으로 분할된 지점들을 지나가는 것이다. 시계에 표시되는 시간이 흐르는 모양에 따라 화자는 잠자리에서 일어나서 열 시간 일하고 다시 잠자리에 든다. 정해진 시간에 맞춰진 화자의 일상은 기계 시간의 무의미한 반복 운동과 다를 바 없다. 그렇기 때문에 시계 소리는 자율적이고자 하는 존재를 억압하고 불안하게 만드는 것이다.

"腦髓를 미신바늘처럼"에서 "미신바늘"이 가리키는 것이 저주의 목적으로 쓰이는 '미신(迷信)바늘'이라기보다는 재봉틀을 뜻하는 일본어인 '미신(ミシン missing)바늘'로 해석하는 것이 더 적절하다. 재봉틀로 옷감을 박을 때 나는 기계음은 화자의 의식을 획일적이고 무의미한 반복성으로 재단하려 드는 위협적인 시계 소리를 연상하기에 적합하다.

「時計를 죽임」에서 시계를 죽이는 화자의 행위로 미루어볼 때, 시계에 대한 화자의 절대적인 우위를 나타내는 듯하다. 2연에서 화자의 "잔인한 손아귀"와 시계의 "간열핀 모가지"는 극단적인 이미지의 대조를 발생시킨다. 화자는 "<時間>을 비틀어 죽"였다고 진술하지만, 화자인 내가 죽인 것은 기계인 시계일 뿐이지, '시간'을 죽일 수는 없다. 여전히 화자는 시계 시간 속에서 벗어나지 못한다. 이는 불가항력적인 시간의 흐름에 대한 시인의 인식을 반어적으로 보여주는 것이다. 3연에서도 인간과 기계 시간의 전도된 위치와 힘이 잘 나타나 있다. 화자인 나는 시계의 작동을 꺼버리지만, 나의 의식은 시간을 계측하여 분절하는 기계인 시계의 톱니바퀴에 의해 계속 움직인다. 이러한 나의 의식행위는 나의 의지에 의해서 이루어지지 않는다.

이 작품의 각 연은 화자의 능동적인 행위를 나타내려는 듯 보인다. 내가 시계를 "죽이다", 나의 이지(理智)가 치차를 "돌리다"를 비롯하여 "잊었노라", "꿈에도 아니 하란다", "趣味로 하노라" 등의 언술들은 지배적인 시간과 종속적인 화자의 위상을 바꾸어서 표면화시킨 것임을 알 수 있다. 실제 현상과는 반대로 발화하는 화자의 이중적인 태도는 그만큼 자신의 존재가 시계 시간에 철저히 속박되어 있음을 드러낸다.

6연에서 화자는 정해진 시각에 잠을 자는 자신의 행동을 두고 "고상한 무표정"이고 "취미"라고 이야기한다. 화자는 기계 시간에 자신을 맞추는 행동에서 만족감을 드러낸다. 그러나 정해 놓은 시계 시간에 맞춰 잠들고 일어나는 사람의 의식과 육체는 기계 시간의 궤도를 선회할 뿐이다. 그래서 "잔인한, 분노, 꿈, 눈물"처럼 인간다움을 보여주는 감정들은 5연의 "製造", 6연의 "無表情"이 상징하는 기계와 인공의 영역에 의해 잠식되어 버리고 만다.

정지용은 「時計를 죽임」에서 시계 시간에 의해 지배되는 인간 존재의 타율성을 날카롭게 들춰내고 있다. 이 같은 시의 정조는 1연에서 마지막 연에까지 이어진다. 시의 전체를 지배하는 시계 시간에 대한 시적 자아의 압박감이 마지막 연에 이르러서 갑작스럽게 바뀌지 않는다. 대부분의 연구자들이 해석한 대로 화자가 시간의 불안에서 벗어난다거나, 화해의 시간을 꿈꾸는 것으로 의미가 전환되지 않는다.

"明日!(日字가 아니어도 좋은 永遠한 婚禮!)/ 소리없이 옮겨가는 나의 白金체펠린의 悠悠한 夜間航路여!"에서 "日字가 아니어도 좋"다고 한 화자의 진술에는 과연 '日'이라는 것이 무슨 의미가 있는가에 대한 나의 강한 의문이 내포되어 있다. 오늘 밤에서 내일-명일-로 흐르는 시간에

'日字'를 붙일 때, 오늘과 내일과 모레에 의미가 부여되고 마치 다른 시간처럼 여겨진다. 그러나 오늘에서 명일로 '흐르는 시간'은 균질하게 '분절된 시간들의 연속'으로 인지될 때, 오늘과 명일의 '차이'란 존재하지 않는다. 그렇기 때문에 마지막 연의 "永遠한 婚禮"를 분절로만 표시되는 기계 시간에서 결코 벗어날 수 없는 인간의 한계적인 모습을 나타내는 것으로 해석할 수 있다. 인간 존재는 시계 시간과의 강요된 혼례에서 영원히 자유로울 수 없는 것이다.

"나의 白金체펠린의 悠悠한 夜間航路"는 계속된다. 여기에서 "체펠린"16)은 비행선의 이름이다. 이숭원은 체펠린을17) "시계의 초침"으로 해석하는데, 이는 유선형의 비행선과 시계바늘의 유사한 형상을 연상한 해석이다. 필자는 "白金체펠린"이 궁극적으로 화자 자신을 가리키는 것으로 보고자 한다. 시계판은 개인적이고 주관적인 시간이 허용되지 않으며, 대신에 획일적으로 관리되는 시간만이 인정되는 도시 공간을 상징한다. 또 시계 바늘은 이 같은 시간과 공간 속에서 살아가야 하는 근대인을 나타낸다고 볼 수 있다. 정지용은 앞의 3-6연에서 제시되었던 '나'의 타율적이고 인공적인 육체와 정신을 알루미늄판으로 만들어진 비행선의 몸체에 빗대어 감각적으로 형상화시켰다. 비록 화자가 시계를 멈추게 했을지라도 기계 시간의 부속품인 화자는 이미 따뜻한 육체와 살아 있는 정신을 지니지 못한다.

정지용은 이 시에서 인간의 주관적인 인식이 끼어들 여지가 전혀 없는 시계 시간의 냉혹한 흐름을 보여주고자 한다. 시계를 죽이고, '시간'

---

16) 체펠린(Zeppelin): 독일의 퇴역군인인 F. 체펠린이 1900년에 제작한 최초의 경식(硬式) 비행선으로 만든 사람의 이름을 붙였다. 제1차 세계대전 때 벨기에와 영국 공습에 활용되었다.
17) 이숭원, 『정지용 시의 심층적 탐구』, 태학사, 1999, 125면.

에서 벗어나려는 화자의 의지와는 무관하게 분절된 시간의 한 지점에서 또 다른 지점으로 옮겨가는 시계 바늘 같은 나의 움직임은 최첨단 군사용 비행선의 기계성과 냉혹함과 적절하게 결합한다. 화자는 시계 바늘을 목졸라 죽이거나 시계 시간에 순응하는 포오즈를 취하면서, 시간의 압박으로부터 부단히 벗어나려는 욕망을 부단히 펼친다. 그러나 물리적인 시간의 흐름은 객관의 영역에 속하는 것으로 한 개인의 주관적 인식과는 별개의 축에 서 있는 것이다. 시계 시간에 속박된 화자, 곧 체펠린 비행선은 일정하게 정해진 궤도를 영원히 항해할 뿐, 항로에서 이탈할 수 없다. 백금 체펠린으로 상징된 시적 자아는 금속성의 육체를 차갑게 빛내면서 시계의 숫자판을 지나는 무의미한 반복 운동을 계속한다.

설화 패러디를 통한 현실비판의 시

- 최두석의 시

1. 머리말

최두석의 『대꽃』[1]을 보면, 고전, 민담, 설화를 패러디한 작품들이 대부분을 차지하고 있다. 최두석은 야래자 전설과 실재했던 역사적 인물인 김통정의 이야기를 결합시킨 「김통정」을 비롯하여, 영웅 설화와 장수 설화를 패러디한 「전우치의 황금대들보」, 「정여립」 등의 작품들을 창작했다. 그밖에 그는 고전 소설을 패러디한 「춘열 양반전」, 「놀부전」, 「장화 홍련」, 「수연산의 홍길동」 등을 자신의 시집 『대꽃』에 싣고 있다.

구전 설화를 패러디했을 때, 독자가 작품에 개입할 수 있는 폭은 커진다. '패러디의 아이러니가 주는 즐거움은 특별한 유머로부터 생겨나는 것이 아니라, 연루와 거리 간의 상호텍스트적 도약에 독자가 개입하는 정도로부터 생겨난다.'[2]고 허천이 진술하고 있듯이, 독자가 패러디 작품을 읽을 때, 독자와의 긴밀한 상호관계를 통해서 패러디 작품의 의미가 완성된다고 볼 수 있다. 원전과 차이를 갖는 패러디 작품의 이차적 의미는 바로 해독자의 역할을 하는 독자와 함께 완결되는 것이다.

작가가 설화를 패러디할 때, 설화의 의미 해석이 확보된 상태에서 독

---

1) 최두석, 『대꽃』, 문학과지성사, 1984.
2) 린다 허천, 『패러디 이론』, 김상구·윤여복 역, 문예출판사, 1992, 56면.

자들에게 이야기함으로써 작가의 의도는 보다 명확해진다. 이때 설화와 작자와 독자는 긴밀하게 결합된다. 그러면 패러디 작품이 원전과 어떠한 차이를 가지게 되는가. 그 차이는 작가가 원전을 재창조하는 과정에서 일어나기 때문에 우리는 작가의 의도에 대해 관심을 기울일 수밖에 없다.[3]

최두석의 시 가운데 설화, 특히 민중 영웅 이야기를 패러디한 작품들에 작가의 의도가 일관성 있게 드러난다. 최두석은 민중 영웅 설화가 지니고 있는 저항 정신을 시인의 역사적 현실에서 되살리고 있다. 이러한 여러 가지 측면을 염두에 두고 최두석의 「김통정」, 「전우치의 황금 대들보」, 「정여립」의 시적 의미에 대해서 살펴보자.

2. 저항 정신의 설화적 재구성-「김통정」과 「정여립」

「김통정」은 제주도 장수인 김통정이라는 역사적 인물에 야래자 전설이 결합된 구전 설화를 패러디한 작품이다. 김통정은 삼별초군을 이끌고 몽고에 대항하다가 1272년(고려 원종 12년)에 근거지인 진도가 함락되자 제주도로 들어와 애월읍 고성리 항바들이에다 성을 쌓고 이듬해까지 싸웠다. 김통정이 패배하자 제주도는 20여 년 동안 몽고에 직접 복속되는 시련을 겪게 된다. 김통정은 어머니가 지렁이와 관계해서 낳은 자식인데, 온몸에 비늘이 났고 겨드랑이에 날개가 돋았다 하여 비범한 영웅으로 이야기된다.[4]

---

3)　린다 허천은 작가는 모방의 대상이 되는 작품으로부터 비평적 거리를 두는데, 그 거리가 패러디 작가의 창조성과 작품의 당대를 향한 의도를 명확히 해준다고 보았다. 위의 책, 191면 참조.
4)　조동일, 『민중 영웅 이야기』, 문예출판사, 1992, 290면.

> 팔만대장경 옻빛 판목을 시리게 들여다보다가 잠든 밤 꿈 속에서
> 솟구친 나의 욕망은 서남해안을 흰 돛배로 헤매더니 파도 건너 제주도
> 애월면 고성리, 청상과부집 장독 밑에서 지렁이로 꿈틀거렸다.
>
> —「김통정」 부분

위 시의 화자는 자신이 직접 야래자인 지렁이가 되어 김통정을 낳고
싶은 강렬한 욕망을 표출하고 있다. 화자는 꿈의 세계로 들어가 지렁이
가 되어 과부와 건강한 성적 결합을 바란다. 이러한 화자의 욕구는 비범
한 영웅의 출현을 바라며 김통정 설화를 구전시켰던 제주도 사람들의 기
대감과 일치한다. 제주도의 실제 역사가 외부의 침범에 의한 고난의 역
사였으며 다른 지역에 비해 장수 설화가 유난히 많이 분포되어 있다는
사실을 두고 볼 때, 민중 영웅 설화의 패러디에 의지하여 전달하려는 시
인의 의도는 명료해진다. 그것은 구체적으로 시인의 당대적 현실이었던
1980년대 초기의 역사적 상황에 대한 저항 정신에 맥락이 닿는다.

> 천하에 어찌 일정한 주인이 있으랴. 지당한 말을 너무 일찍 한 탓에
> 정여립은 살해되고, 더불어 천여 명이 죽고 다치면서 당쟁은 불 붙
> 고……. 이제 사람들은 다 잊어버린 사건이 되었지만 그의 이름은 금산
> 의 모악산 골짜기, 파뿌리 할머니의 입을 통해 억센 장사로 되살아난
> 다. 힘차게 바위를 굴려 성을 쌓는다. 누이는 삼씨를 뿌려 어느새 천
> 벌의 옷을 다 지어가고 그들의 어미는 뜨거운 팥죽으로 딸을 유혹한다.
> 어미의 뜻을 짐작한 누이는 부러 내기에 져서 죽고……할머니는 마치
> 오누이의 어머니인 양 한숨을 쉰다. 목숨내기가 어찌 그리 장난 같을
> 까. 한숨은 저녁 어둠에 스며 자욱히 퍼지고 정여립이 정말 모반했을
> 까 의심하는 오늘날, 실상 그가 진짜 반역자였으면 싶다.
>
> —「정여립」 전문

위 시는 실재했던 역사적 인물인 정여립과 오뉘 힘내기 전설이 결합

된 설화를 할머니의 입을 통해 시적 화자가 전해 듣는 형식을 취하고 있다. 정여립 설화는 현재적 공간에서 이야기를 전하는 할머니를 통하여 "억센 장사로 되살아"나고, "실상 그가 진짜 반역자였으면 싶다"는 화자의 개입으로 또 다시 화자의 현실과 결합된다. 한숨을 내쉬며 조선 선조 때의 반역자에 얽힌 이야기를 하는 구술자와 그 이야기를 믿고 싶은 청자의 심리적인 동화가 저녁 어둠에 의해 고조된다.

정여립은 이율곡의 문하생이었는데, 당쟁 조정에 실패하고 퇴임하자, '대동계'라는 비밀 결사를 만들어 모반을 일으킨 사람이다. 정여립이 청년시절에 혈기만 믿고 경솔하게 행동하자, 그의 누나는 그에게 신중하게 처신하도록 충고한다. 동생이 자신의 충고를 받아들이지 않자 누나는 동생과 '힘겨루기'를 하게 된다. 누나의 옷짓기와 동생의 짚으로 산두르기 시합은 일 년 간이나 계속되었다. 누나가 이길 수 있었는데도 누나는 동생에게 일부러 져서 스스로 죽음을 택한다. 이후에야 동생인 정여립은 자신의 잘못을 깨우치게 되었다.[5]

최래옥은 오뉘힘내기 설화의 '성쌓기 힘내기' 모티프나 '서울가기 힘내기' 모티프는 '國防'과 중앙집권하의 권력지향을 의미하는 것으로 본다. 또한 시합을 벌이는 남매는 대립하는 政敵이라고 해석한다.[6] 그러나 최두석이 오뉘힘내기 설화를 차용하면서 그의 시 「정여립」에서 이야기하고 있는 것은 오뉘힘내기 설화의 장수 아들을 선택하는 대신에 딸을 죽일 수밖에 없는 어머니의 심정과 동생을 위해 자기의 희생을 기꺼이 감수하는 누이의 마음이다.

「정여립」의 마지막 부분에서 화자는 정여립을 가리켜 "오늘날, 실상 그가 진짜 반역자였으면 싶다"라고 토로한다. 이 같은 화자의 독백을 통

---

5) 최래옥, 『한국 □碑 傳說의 연구』, 일조각, 1981, 319면.
6) 위의 책, 189면.

하여 최두석은 정여립 설화가 함축하고 있는 반역자의 면모와 체제 반항적 정신에 대하여 이야기하고자 한다. 이는 최두석이 이 작품을 통해 궁극적으로 무엇을 이야기하고자 했는지를 여실히 드러내는 부분이다. 시인은 시인의 당대 현실을 패러디에 의지해 역설적으로 비판하고 있는 것이다.[7]

3. 비극적 현실의 극명화-「전우치의 황금대들보」

> 옛날 어느 극심한 보리 흉년 쌀 흉년에 전우치는 구름을 타고 세상 임금들의 처소에 야간 돌입해 옥황상제의 궁궐을 짓는다고 속여서 금대들보 금서까래를 거두어갔다. 그래 백성들을 구휼하는 데 서까래를 쓰고 대들보는 남아 내 고향 들판에 묻어 두었다고 전하는데 가을 벌판이 온통 황금빛으로 출렁일 때면 정말 믿고 싶었던 이야기였다.
>
> 하지만 이런 이야기는 개울이나 두엄자리에 던져두고 동무들 모두들을 떠났다. 이발사 운전수 자개공 면서기 외판원이 되어. 유일하게 남이 있던 김오중이는 땅마지기에 과수원까지 착실한 그래도 부농이었지만 마땅한 색시가 없어서 시무룩했다. 마침내 농약 먹고 뒷산에 묻혔는데, 오랜 만에 귀향한 내가 캄캄 무소식인 채 그의 집을 들렀더니, 애써 결혼한 신부의 가슴에서 젖이 물큰 솟아나왔다 한다.
>
> —「전우치의 황금대들보」 전문

「전우치전」은 역사적 인물인 전우치의 설화적인 이야기를 소설화한 것으로 「홍길동전」과 유사한 구조를 가지고 있다. 전우치는 天災와 위

---

7) 성민엽은 최두석이 현실에 대한 폭로를 직접적 서술에 의하지 않고 패러디를 통해 행하고 있는 이유로 문학 외적 제약, 특히 자기 억압의 형태로 존재하는 심리적 차단 장치가 작용하고 있음을 들고 있다.(성민엽, 「이야기와 상처 다스리기」, 최두석, 위의 책, 99면)

정자들의 권세다툼 아래에서 고통을 겪는 백성들을 구제하기 위하여 자신의 모든 것을 버리고 집을 떠난 도술에 능통한 사람의 이야기이다. 전우치는 도술을 부려 옥황상제의 명령이라 하면서 임금으로부터 황금 서까래와 들보를 거두어 그것을 굶주린 백성들의 구휼에 쓴다.[8]

임금과 관리들을 자유자재로 속이며 민중을 돕는 전우치의 영웅적인 이야기는 최두석의 「전우치의 황금대들보」에서 시인의 당대적 현실의 비극적인 모습과는 극단적인 대조를 보이면서 한 편의 시로 결합되어 있다. 이 작품에서 전우치가 백성 구휼에 쓰고 남은 황금 들보를 시적 화자의 고향에 묻었다는 이야기가 전해진다고 한 것은 신문관 출간본 「전우치전」[9]이나 김동욱 소장본 「전우치전」[10]에는 실려 있지 않은 부분이다. 이처럼 원래의 설화에 없던 이야기는 시인이 원래 화소를 재구성하여 새롭게 생성해 낸 것이다. 「전우치의 황금대들보」에서 화자는 "대들보는 남아 내고향 들판에 묻어 두었다고 전하는데 가을 벌판이 온통 황금빛으로 출렁일 때면 정말 믿고 싶었던 이야기였다."라고 노래한다. 시인은 땅 속에 묻힌 대들보 이야기를 황금빛으로 물결치는 풍요로운 수확기의 농촌의 모습으로 되살려낸다. 전우치의 구휼 행위는 시적 화자의 상상력 속에서 모두가 배불리 먹을 수 있는 풍성한 가을 벌판으로 전환된다. 그러나 화자가 서 있는 현재적 공간인 고향은 극심한 이농의 현실에 처해 있다. 고향 친구들 대부분은 도시빈민이 되어 떠났고 그나마 고향을 지키던 김오중이도 음독자살하고 만다. 전우치의 황금대들보 이야기는 유일하게 고향을 지키던 친구의 죽음으로 이제 더 이상 화자의 고향에 전해져 내려오는 '구휼과 풍요의 설화'가 될 수 없다. 구휼의

---

8) 조동일, 『전우치전』, 시인사, 1983.
9) 위의 책.
10) 위의 책.

설화는 이제 황폐한 농촌을 상징적으로 보여주는 '김오중 이야기'가 덧붙여져 '비극적인 설화'로 바뀌게 되는 것이다.

4. 맺음말

패러디에서 독자의 역할은 중요한데 민중들 사이에서 구전되는 설화를 패러디할 때, 그 설화의 내용이나 의미는 이미 독자에게 학습된 상태이므로 그만큼 작품의 의미는 명확해진다. 또 패러디한 작품과 원전과의 차이는 작가의 창조 과정에 속하는 부분이므로 그 차이에는 작가의 현실적인 의미나 의도가 내포되어 있다고 볼 수 있다.

최두석의 경우, 그의 민중 영웅 이야기를 패러디한 작품들은 그 설화들이 함축하고 있는 현실 저항의 정신과 맞닿아 있다. 「김통정」에서 시적 화자는 자신이 야래자가 되어 외부 세력에 항거한 제주도의 역사적인 인물인 김통정을 낳고 싶다는 욕망을 표출한다. 그러한 욕구는 바로 시인의 현실에 대한 저항의식의 드러낸다. 「정여립」 역시, 조선 선조대의 반역자로 살해된 인물인 정여립의 이야기를 패러디하여 그의 어머니와 누이의 심리적인 모습을 현재적 공간에 있는 인물들에게 전이되어 있는 것으로 처리하여 살아 있는 설화의 존재를 형상화시켰다. 이 시에서도 패러디에 의지한 시인의 현실 비판 의식이 잘 드러난다.

「전우치의 황금대들보」는 고통을 겪는 백성들을 구제하는 민중 영웅 전우치 이야기를 시인 당대의 농촌의 모습과 대조시키면서 그 비극성을 극명하게 보여준다. 전우치의 들보는 가을의 황금 벌판, 즉 풍요를 상징하는 의미로 전환되어 있다. 그러나 이 작품을 통하여 알 수 있는 것은 현재의 농촌은 풍요로움의 설화는 사라져버리고 비극적인 전설만이 남아 있을 뿐이라는 사실이다.

최두석은 그의 시 「우렁색시」에서 "내 시의 뿌리도 차라리 우렁 색시라 할까/ 언제부터인지는 알 수 없지만/ 입에서 입으로 끈덕지게 전해 내려와/ 어린 날 누님의 목소리로 내 귀에까지 들어온/ 우렁 색시 이야기 같은 것이라 할까"라고 했다. 그는 민중들 사이에서 이어져오는 건강한 생명력을 지닌 이야기들과 또 그것을 구술하는 사람들의 끊임없는 새로운 의미의 덧붙임과 재구성 과정에 자신의 창작 행위를 포함시킨다. 최두석의 설화 패러디는 이러한 창작 의도의 중요한 몫을 실행하고 있는 것으로 보인다.

인고와 모색의 시대를 사는 시인들:

90년대의 시

1. 90년대의 서정적인 응전

우리 현대문학사에서 끊임없이 제기되는 문학의 예술적 형상화와 현실 참여의 긴장 관계는 1920년대 프로문학의 등장 이후부터 시작되었다. 문학과 현실의 대립과 상응은 60년대의 순수론과 참여론의 논쟁을 거치고 70년대의 민족문학론과 80년대의 민중문학론으로 전개된다. 물론 이념 표방이 시대의 현실을 앞질렀던 30년대에 비교할 때, 80년대의 민중문학은 현실의 문학적 체현이라는 차이를 갖는다. 이는 문학과 현실이 역사적 인식의 성숙과 더불어 그만큼 긴밀한 결합을 이루게 되었다는 것을 뜻한다.

문학의 예술성과 참여성의 갈등이 첨예하게 노출되었던 시기를 살펴보면 현실의 문제가 문학의 존립을 위태롭게 할 정도로 급박했던 때였다는 사실이 나타난다. 60년대의 시인 김수영이 예술과 참여의 균형을 이루는 데 온 힘을 기울였듯이 시인의 내면은 현실에서 순수하게 자유로울 수는 없는 것이다. 그렇기 때문에 80년대 시인의 내면과 외부의 균형은 당대의 폭력적인 현실에 의해 철저히 깨뜨려졌다. 시는 문학의 자리를 벗어나 사회를 이끄는 견인의 역할을 해야만 했다. 시인들은 80

년대를 거치면서 문학의 본래 모습이 어떠해야 하는가에 대해 많은 갈등을 겪게 된다.

90년대에 접어들면서 시인들은 시의 사회적 역할에 관한 심적 책무로부터 풀려난다. 문학은 정치의 직접적인 영향력에서 자유로워졌다. 어쩌면 시인들은 '내면의 시대'를 맞이한 것처럼 보이기도 한다. 그래서 혹자는 90년대에 '純文學'의 가능성을 찾기도 한다. 그러나 후기 자본주의 시대이며 사회주의 핵심권이 붕괴된 시대, 서구적 합리성에 대한 근본적인 반성이 제기된 때가 바로 90년대이다. 역사의 전환기는 그 시기를 사는 사람들의 인식 구조를 바꾼다. 문화 전반에 걸쳐서 만연된 물신화와 상품화는 인간의 의식을 완벽하게 가둬버린다. 90년대는 물질에 잠식되는 정신 영역의 위축을 보여준다. 문학의 외적 상황에서 벗어난 시인들을 기다리고 있었던 것은 더욱 질곡에 빠져버린 물질화와 정체성의 혼란이었다. 정신의 범주에 속하는 것들은 화폐에 의해 곧 물질로 변질되었다. 문학 역시 이 같은 시대의 분위기에 순응하도록 강요되었다.

결국 시인들이 벗어났던 것은 협소한 의미의 정치였을 뿐, 그들이 대결해야 할 현실의 조건에서 자유로워진 것이 아니었음이 드러난다. 시인의 저항 대상들은 그 현상만을 달리하여 여전히 시인들의 비판적인 시선을 기다리고 있는 것이다.

90년대의 시는 다양한 창작의 경향을 보여준다. 그것을 도시시, 신서정시, 해체시, 정신주의시, 생태시 등으로 분류해 볼 수 있다. 다양하게 나타나는 이들을 통합하는 구심력은 물질화에 대한 시정신의 대결이다. 그 정신은 두드러지게 서정적인 경향을 띠고 나타나는데, 그것은 물질화에 의해 고갈된 인간의 따뜻한 감성을 되살려내려는 시정신이다.

2. 대체된 삶의 無化

인간의 이성과 과학이 신의 자리를 대신하게 되었을 때, 인간은 자신의 예지를 확신했다. 그들은 시간의 활용을 극대화시켜 곧 자본으로 바꾸었다. 자연의 힘을 자신의 이기로 전환시킬 수 있는 유일한 존재는 인간이었다. 우주는 인간의 이성으로 다 파악할 수 있는 듯했고, 인간은 만물의 주재자로서 그 지위를 확보한 듯하였다. 그러나 인간이 물질 생산의 극대화를 획득했던 것이 그들의 정신 영역을 팔아넘긴 대가였다는 사실을 그들이 깨닫는 데 많은 시간이 걸리지 않았다.

물질은 인간을 다른 인간으로부터 구별하는 절대적인 기준이 되었다. 본래 인간은 타자에게서 자신의 정체성을 발견하는 존재이다. 타자의 존재가 자신을 비추는 거울이기 때문이다. 그런데 현대의 타자는 물질 소유의 경쟁자에 불과하다. 여기에서 타자와의 소통 관계는 회복이 불가능한 상태에 놓인다. 현대 사회는 이처럼 전혀 융합할 수 없는 개별자들이 모인 거대한 집합체에 지나지 않는다.

> 삐딱했던 내 척추가 꼿꼿해지고
> 되바라진 생각들이 반듯해진다
> 새벽에 한 번 심야에 한 번, 하루
> 두 번의 점호는 애국가로 시작된다
> 나태했던 수감자들은 이렇게
> 애국자로 다시 태어나는 것이다
> 소등하기 전 푸른 유리의 독방은
> 고압의 전류를 잠시 보여주고
> 수감자들은 쥐 죽은 듯 잠이 든다
> 이곳에선 누구도 이유를 달지 않는다
> 리모트 콘트롤 시스템이 지배하는,
> 푸른 유리의 감옥
> — 정해종, 「리모콘」 부분

화자는 TV의 화면에 수감된다. 그 감옥은 리모콘으로 통제되고 완벽한 감시체계를 갖는다. 여기에서는 주체적인 사고를 하는 인간은 허용되지 않는다. 전일화된 사고에 모든 수감자들은 순응한다. 그러나 그 푸른 감옥에 발을 들여 놓은 것은 수감된 인간 그 자신인 것이다. TV는 인간의 창조물이고 그것을 보는 것도 인간의 선택에 의한 것이다. 그렇지만 인간은 스스로 자신의 창조물에 갇힌다. 오히려 창조물은 그것을 낳은 모체를 지배하는 절대자의 위치로 부상하고, 창조자인 인간은 그것에 종속되는 존재로 전락하고 만다.

> 밥보다 더 정확히 때를 맞추어 내 속으로 들어온다
> 가끔 금단 증세로 인한 꿈의 경련을 일으키지만
> 알약이 넘쳐나는 세상을 보며 안심한다
> 그 효과에 대한 확실한 믿음을 갖고
> 이제 습관처럼 세상을 향해 입을 벌린다
> 그렇게 내 속에 새로운 살과 뼈가 쌓여가는 동안
> 나는 완전하게 방부 처리되고 있다
> — 배용제의 「세상의 알약들이 내 속으로 들어와」 부분

> 붉게 익은 벽돌담을 초록빛으로 덮으며
> 담쟁이 넝쿨이
> 나의 기억 속으로 밀려들어온다
> 내 입 안에 식도에 뱃속에 가득찬 달팽이
> 무리지어 식탁에 오르고 잠자리에 기어드는
> — 남진우의 「초록 달팽이의 길」 부분

배용제의 「세상의 알약들이 내 속으로 들어와」의 "알약"과 남진우의 「초록 달팽이의 길」의 "초록 달팽이"는 시적 자아들과 대결하는 외부적 존재들이다. 알약들과 초록 달팽이인 담쟁이 넝쿨이 인간의 내부로 들

어와 본래 있던 ‘나’를 몰아내고 대신 그 자리를 차지한다. ‘나’ 대신 나의 내부를 차지하게 된 그것들에 의해 본래의 ‘나’는 철저하게 소외된다. 그것들은 본래의 나를 해체시키고 거짓인 나를 새롭게 만든다. 자신의 정체성을 어디에서도 찾을 수 없는 현대인들의 삶은 혼란과 무질서의 혼돈 속으로 함몰한다. 그들을 잡아주는 중심과 그들을 지켜주는 것은 어디에도 존재하지 않는다.

현대인의 흘러간 과거는 현재의 삶에 어떠한 영향도 끼치지 못하고 소멸되는 시간이다. 과거의 기억이 사라진 현재란 늙고 누추한 육신을 새삼 확인하는 시간이다. “이제 젊은 시절은 갔네/ 한때는 문자로 세상을 일으키려 한 적 있었네/ 아직도 마비되지 않고 있는 건 흐르는 저 냇물뿐이네/ 아무려면, 이 구수한 고기 냄새에 콧병이나 고치고 갔으면 좋겠네”(송찬호의 「봄날」) 현재의 시점에서 화자가 가지는 감정은 허무감도 절망감도 아니다. 현상에 대한 의식과 감정조차도 마비되어 있기 때문이다. 이처럼 철저한 무력감에서 그에게 현존을 느끼게 해주는 것은 고기 굽는 냄새를 맡을 수 있는 후각뿐이다.

3. 소멸과 堅忍의 相生

현대인의 삶은 불명료함이 조건으로 짐지워져 있다. 삶의 길은 앞에 놓여 있으면서도 가는 방법을 드러내지 않는다. 법칙이 정해지지 않은 안개에 가려진 삶은 그 정체를 보여주지 않고 다만 막막함과 무서움으로 나타날 뿐이다. 다만 놓여있을 따름이지 정도를 드러내지 않는다는 점에서 삶은 지척을 분간할 수 없게 만드는 안개에 비유된다.

깜깜한 식솔들을 한 짐 가득 등에 지고
아버진 이 안개를 어떻게 건너셨어요?
닿는 순간 모든 것을 녹아내리게 하는
이 굴젓 같은 막막함을 어떻게 견디셨어요?
부푼 개의 혀들이 소리없이 컹 컹 거려요
한 치 앞이 보이지 않는 발 앞을
위태로이 달려가는 두 살배기는
무섭니? 하면 안 무서워요 하는데요
아버지 난 어디를 가고 있는지 모르겠어요
　　　　　— 정끝별의 「안개 속의 풍경」 부분

　안개에 가려진 삶의 길은 정체를 드러내지 않고 막막함과 무서움만으로 그 일면을 보여준다. 방향을 알 수 없는 삶의 혼미함 속에 서 있는 화자의 손을 잡아주는 존재는 아버지와 화자의 어린 아기이다. 화자는 안개에 가려진 삶의 길을 이미 건너가 있는 아버지와 길 복판에 서 있는 화자 자신과 아직 무서움을 알지 못하는 아기가 있는 구도를 보여준다. 이 구도에서 화자가 이야기하려는 것은 바로 마음의 중심에 대한 것이다. 아버지와 자신의 어린 아기를 이어주는 사랑이야말로 화자가 안개 너머 단단하게 뿌리박은 등나무를 꿈꿀 수 있도록 만드는 힘이다. 이 시에서는 가족의 형태로 표현되지만, 시인은 타자에 대한 진정한 사랑을 통하여 안개에 가려진 불안한 삶을 견뎌낼 수 있는 것이다.

저 푸른 생명의 끝
거침없이 밀려오는 파도, 소름돋는 상처들
무덤처럼 고요한 폐선의 발치에서
나는 떠나는 것의 아름다움을 얘기한다
　　　　　— 윤종영의 「폐선」 부분

이승과 저승의 뒤바뀜처럼

검은 활자가 희게 되고 흰 종이가 검게 변한다
많은 정신들이 종이위 검은 육신을 얻었다가
하얀 사리를 남기며 사라지고 있다
불꽃 주위로 아이들이 모여들어
벌겋게 얼굴 익히며 둘러선다
한때 세상을 풍미했던 정신들,
푸석이는 한 줌 재로 감나무 밑거름이 될
불타는 문자들의 다비식은 따뜻하다
　　　　　─ 주용일의 「문자들의 다비식은 따뜻하다」 부분

격랑 직후의
또 다른 격랑 직전의 고요가
거짓말처럼
커다란 소(沼)를 이룰 때
오래 맴돌던 나뭇잎 하나
드디어 가라앉는다
　　　　　─ 나희덕의 「나뭇잎들의 극락」 부분

　「폐선」에서 길고 긴 자신의 삶을 되돌아보는 화자의 눈에 자신의 현재는 항해를 마치고 누워 있는 폐선과 다름없다. 그렇지만 지나간 시간이 낡게 만든 것은 배의 외양일 뿐이라고 시인은 노래한다. 배의 낡아버린 외양의 이면에는 화자의 아름다운 기억들이 저장되어 따뜻하다. 기억의 저장소를 거친다면 낡은 배는 언제든지 새로워질 수 있다. 소멸되는 것들은 화자의 기억 속에서 "푸르른 숨결"로 다시 살아나게 되는 것이다.

　「문자들의 다비식은 따뜻하다」에서 화자는 영혼을 언어의 틀 속에 가두어 놓은 문자들을 불에 태움으로써 정신을 속박에서 자유롭게 풀어놓는 의식을 행한다. 이 같은 화자의 행위는 파괴가 아니라 갇혀 있던 존재가 해탈할 수 있는 계기를 마련한다. 문자가 현상의 몸을 버렸을 때,

문자에 갇혀 있던 영혼들은 자유를 찾는다. 종이를 태우는 불을 쬐는 아이들은 따뜻해지고, 종이의 남은 재는 거름이 되어 감나무로 다시 살아날 수 있게 된다. 이처럼 소멸에서 푸른 생명과 진정한 자유의 내재를 발견하는 시인의 마음은 드러나지 않던 삶의 끝자락을 우리에게 보여준다.

「나뭇잎들의 극락」은 물의 운동성이 극대화된 격랑과 그것의 소멸 사이로 물에 가라앉는 나뭇잎에서 적멸의 기쁨을 순간적 인식으로 드러낸다. 물의 격랑과 잦아짐은 거의 동시에 이루어진다. 격랑과 잦아짐, 그 촌음의 순간에 나뭇잎이 물의 고요한 바닥으로 가라앉을 틈이 마련되는 것이다. 물결의 소멸은 적멸의 세계인 극락에 이를 수 있는 계기로 전환되고 있다. 시인이 현상적인 소멸을 일차적 의미로서의 소멸에서 구해내는 것은 시인의 의식이 절망의 극점에 위치했을 때 비로소 가능하다. 의식의 죽음을 시도하는 정신이야말로 안개에 가려진 불안한 삶을 견딜 수 있는 견인의 시정신인 것이다.

> 골목 떠나와 그대들의 스크럼 속으로 들어서다
> 그대들을 통과해 온 바람이
> 벼린 칼처럼 매섭다 낭창낭창한 가지로
> 사정없이 바람 후려치며 온산 단련시키는
> 그대들의 독한 사랑
> 부패에 친근한 나의 살(肉)은 아프다
> 오직 뼈의 고독 뼈의 견인으로
> 하늘 경배하는 그대들의 겨울 순례
> 유혹에 익숙한 나의 살(肉)은 위험하다
> 아 벌써 몸은 마음을 버리고 세속이 그립다
>   — 이재무의 「겨울 갈참나무 숲」 부분

내일은 좀더 단단하게 살 거라고

한 자루라도 잡은 듯이 살 거라고
얼굴 하나의 어둠이 되어 마치질을 하면서
우리들 키를 넘어 시대의 희망을 넘어 두드리는
따뜻한 그리움으로 기다린다
한 도막씩 끊어지는 마치 소리에 귀기울이면서

(중략)

기다린다. 잠들어 있는 모든 꿈속에서조차
한 눈금씩 심심파적으로 사루어 내던 연장들을
이제는 낯익은 어둠에 잘 갈면서
서로를 중심으로 한세상 두드리는데
무엇이 이토록 무모한 폭력을 휘두르게 하는가
— 강희안의 「대장꾼 일기 2」 부분

「겨울 갈참나무 숲」에서 숲은 일상에 마비된 의식을 일깨우는 장소로서의 상징을 지닌다. 그곳은 칼처럼 매서운 바람이 불고, 그 바람을 갈참나무 가지들이 후려치는 겨울 숲이다. 그곳에서는 모든 부패한 것들, 세속적인 것들의 틈입이 허용되지 않는다. 허식의 살을 다 허물어 버리고 견고한 뼈로만 혹독한 겨울을 견디는 갈참나무는 시인이 도달하고자 하는 절명의 정신을 표상한다. 골목의 부패에 익숙한 화자는 일상에 속한 자신을 떠나서 겨울 숲으로 간다. 자신의 삶이 부패해 있음을 발견하는 일은 고통스럽다. 그러나 화자는 그 고통을 감내하면서 반성의 장소로 들어가서 철저하게 의식의 죽음을 이행한다.

「대장꾼 일기 2」의 대장장이가 따뜻함 그리움으로 기다리는 것은 무엇인가? 그는 삶을 연장처럼 벼리고 벼리어 그로부터 삶의 견고함과 명료성을 찾고자 한다. "우리들의 키"와 "시대의 희망"은 주어지는 조건에 따라 변할 수 있는 것이다. 그런 만큼 그것들은 가변적이다. 그러나 이 시의 화자는 그러한 가변성 속에 내재되어 있는 절대성을 확신한다. 선대로부터 후대로 이어질 연장을 벼르는 대장장이의 마치질은 쉬지 않는다. 삶을 갈고 다듬어 정련시키려는 대장장이의 의지는 개인을 넘어서 "서로를 중심"으로 확장된다.

3. 맺음말

80년대까지 시는 정치와의 긴밀한 연관 속에서 전개되었다. 시인은 눈에 보이는 대결 대상과의 싸움에 자신의 몸을 던져야 했다. 그것은 시의 본질적인 요소인 형상화의 문제를 뒤돌아 볼 여유조차 허용하지 않았다. 그러나 90년대 들어와 문학과 정치의 첨예한 대립은 이전보다 유연해졌다. 이러한 현상은 문학이 대결해야 할 대상들이 소멸했음을 의미하지는 않는다. 90년대의 물신화 경향은 어느 때보다도 심각하다. 차가운 物神의 손길은 그것이 닿는 모든 것들을 급속히 냉각시켜 버린다. 정신의 영역도 예외일 수는 없다. 가장 심각한 위축 상태를 보여준다. 90년대의 시는 다양한 창작 경향을 보이나 그들을 하나로 묶는 것은 물질화와의 대결이며, 중심이 해체된 혼돈의 시대가 주는 허무감에 맞서는 견인의 시정신이다. 90년대의 도시시, 해체시, 생태시, 정신주의 시, 신서정시 등 다양한 창작 경향은 그만큼 다양해진 현상들을 반영한다. 이들 시에서 두드러진 서정성은 모두 자연의 리듬을 통해 물질문명에 파괴되어 가는 인간과 자연을 회복하려는 노력이다. 90년대의 시는 혼돈의 시기를 사는 인간의 개별적이고 파편화된 삶을 조화롭게 이끌 시정신이 확고한 틀을 잡기 위해 몸을 트는 시기라고 볼 수 있다.

2000년대 시와 비평의 방향

1. 시와 비평의 소생을 위하여

우리의 현대사는 순수한 개인으로서의 문학인보다는 시대와의 관계 속에서의 문학인을 요구해 왔다. 당대의 역사적 상황 속에서 시와 시인의 위상에 대한 문제는 끊임없이 제기되었다. 문학의 순수성과 참여에 대한 활발한 논쟁이, 그리고 각기 다른 문학관을 반영하는 시작품들이 서로 충돌하면서 우리 문학사를 성숙시켰던 것이다. 때로는 문학적 가치 위에 현실 문제를 놓으려는 문학적 태도가 시적 형상화의 미숙을 낳기도 하였고, 때로는 개인의 내면 세계를 추구하는 작품들에는 역사인식의 결여와 현실도피라는 비난이 가해지기도 했다. 그러나 급변하는 시대가 산출시킨 현실적 문제들과 그에 대한 문학인들의 반성적 성찰을 토대로 순수와 참여, 혹은 문학 외적 요소와 내적인 것이 결코 분리된 것이 아님을 자연스럽게 인식하게 되었다. 시대적 요구와 문학이 서로 충돌하면서도 역설적이게도 서로 삼투작용을 해 왔던 것이다.

순수·참여문학 논쟁의 열기가 역사적으로 축적된 민주역량에 의해 용해되는 80년대에는 고조된 사회적 불만의 표출방식으로 시의 민주화가 나타난다. 이 시기에는 기존 시양식이나 내용에 대한 도전적인 모습을 띠고 좀 더 긴밀한 관념과 실천의 결합과 독자와의 거리를 좁히려는 '쉬운 시'의 모색이 민중시의 이름하에 행해졌다. 또 기존 문법을 파괴하고 새로운 형식을 시도한 해체시, 무크-동인지 속출 등 문학적 행위의 다양함은 어느 시기보다 두드러졌다. 그러나 80년대는 다양한 문학 양식의 모색에 문학적 형상화가 뒷받침되지 않으면 안 된다는 반성을 제기한 시기이기도 했다.

90년대에 들어와 문학과 정치의 대결이 이전보다 유연해졌지만, 문학이 대결해야 할 대상들이 소멸했음을 의미하지는 않는다. 오히려 시가 협의의 시대성을 벗어나 좀 더 자유롭게 대결할 대상들이 시인들 앞에 펼쳐진 것이다. 이 시기에 잠시 동안 다양한 창작 경향을 보였던 것도 이 때문이다.

90년대 후반부터 가속화된 물질화된 문명은 지금 우리가 살고 있고 앞으로 살아야 할 2000년대의 문화와 문학적 성격을 규정지을 것이다. 디지털화는 모든 영역으로 급속도로 확산되어 가고 고유한 영역들의 경계가 붕괴되는 현상이 현저해졌다. 문자로 내면을 드러내는 시의 입장에서 바라볼 때, 이 같은 문화 현상은 우울한 현재를 경험케 하고, 어두운 미래를 내다보게 만든다. 그러나 일방향적인 디지털 문명은 부정적인 속성과 폐해를 머지않아 드러낼 것이며, 이에 대한 견제와 비판의 힘이 디지털 문명시대를 사는 문학에 동시적으로 작동될 것이다. 2000년대 들어와 시에서 두드러지게 서정성과 생의 본원적 문제에 대한 천착이 나타나는 것도 비인간적인 문명이 극대화되는 현실에 대한 반동으로 볼 수 있다. 이러한 반동력의 형성은 시정신의 본질적 측면의 하나로 들 수 있는 내성(內省)의 힘이다. 시가 지닌 내성의 힘이야말로 탈가치화된 현상 속에서도 인간의 삶에 진지하게 접근할 수 있는 문을 열어줄 수 있다.

　　그런데 현재 시단의 창작 경향을 볼 때, '생'의 문제에만 천착하고 있을 뿐, 철저하게 기존의 가치를 부정하는 시정신은 찾아보기 어렵다. 또한 비평도 창조적인 생산의 장을 마련하지 못하고 있다. 지금까지의 우리 시사(詩史)는 활발한 대결과 충돌을, 또 그로 인해 길어올렸던 시와 시인과 비평가의 소통의 장을 간직하고 있다. 하지만 지금 우리는 소외와 차단의 경계선들이 문학과 문단 곳곳에 그어져 있음을 절감한다. 다른 부분으로부터 힘을 얻을 수 없는 유기체는 이미 살아 있는 존재가 아니다. 동시대의 문학 공간에서 살아가는 이들이 서로에게서 힘을 얻을 수 있을 때, 시와 비평은 다시 힘차게 각자의 역할을 소생시킬 수 있을 것이다.

2. 시비평의 경향과 비판

　　90년대 이후의 시와 시비평의 경향은 한 가지에 대해서는 2000년도부터 현재에 이르기까지 발간된 비평집들을 참고해 볼 수 있겠다.[1] 여기에 제시된 비평집들로 최근 비평의 전모를 알 수 없지만, 비평집들의 내용은 대체로 문학의 대중화 문제, 생태시학, 여성주의 시학, 디지털 문학 등에 관한 논의로 구성되어 있다. 책의 제호만으로도 최근의 문화와 문학이 보여주는 경향을 짐작할 수 있을 만큼, '문화와 문학의 대중화', '생태', '디지털'과 '여성'이라는 주제어는 우리 시대의 문화와 문학

---

1) 유종호, 『서정적 진실을 찾아서』, 민음사, 2001; 김주연, 『디지털 욕망과 문학의 현혹』, 문이당, 2001; 최동호, 『디지털 문화와 생태시학』, 문학동네, 2000; 이은봉, 『시와 생태적 상상력』, 소명출판, 2000; 이승하, 『한국 시문학의 위기를 극복하기 위하여』, 중앙대학교출판부, 2001; 오형엽, 『신체와 문체』, 문학과지성사, 2001; 이광호, 『움직이는 부재』, 문학과지성사, 2001; 정끝별, 『오룩의 노래』, 하늘연못, 2001.

현상을 함축하고 있다. 물론 이러한 주제어들은 우리 시대의 문학 현상을 잘 드러낸다.

그러나 대부분의 실제 창작의 커다란 줄기는 '생'을 주제어로 하고 있음에도 비평문들과 책의 제호는 비평가들의 관심 대상을 반영한다. 이들 비평가는 문화의 디지털화와 대중화를 어느 정도 긍정적으로 수용하면서도 그것들이 수반하는 상업성으로부터 문학은 일정한 거리를 유지해야 한다는데, 논점을 모으고 있다. 다음은 최근에 나온 비평집들을 텍스트로 하여 부족하나마 비평의 경향을 짐작해보고 방향성을 모색해 본 것이다.

문학이 대중화 되는 현상에 대해 대부분의 비평가들은 불안과 우려를 갖고 있다. 김주연은 20세기는 고급문화와 대중문학의 구별이 없는 특징을 갖는다고 보았다. "우리 문단은 사실상 대중문학의 저 자동화된 어둠의 세계로 진입한 것이다. 전통적인 잡지나 출판사든, 신진 잡지나 출판사든 가릴 것 없이 이 거대한 노출 행진의 대열에 가담하였으며, 각종 문학상들은 이 어두운 감각주의자들을 앞세워 화폐를 수집하고자 동분서주하였다. 이러한 현상은 심지어 '보수적'이라는 평판 아래 있는 잡지사나 출판사에도 스며들어 오늘에 와서는 거의 일반화되었다고 해도 지나치지 않은 현실이다.……중요한 것은, 대중문학의 확산이 마치 문학의 민주화로 등식화되고, 그것은 곧 좋은 것, 바람직한 것이라는 인식이 만연하고 있다는 사실이다. 과연 정보화가 무비판적으로 찬양되고 PC문학의 등장과 일반화를 포함한 대중문학의 보편화 현상이 문학의 민주화로 가는 길일까. 아니, 문학은 민주화되어야 하며, 그것은 가능한 일일까. 대중문학론이 우리에게 심각하게 남겨 놓는 질문은 오히려 이런 것들이다."2)

---

2) 김주연, 앞의 책, 24면.

이승하는 "순수문학(혹은 정통문학)은 고사해버렸고 대중문학만이 펄펄 살아 있는 시대가 된 것일까?"[3]라는 의문을 던지면서 결코 그렇지 않으며, 또 그렇게 되어서는 안 된다는 의지를 표명한다. 그는 오늘날 시의 독자층이 예전에 비해 현저하게 감소한 상황, 영상문화의 영향력이 확대되는 현상 속에서 시문학의 위축이 시대의 대세라고 판단하고 있다. 그러나 시의 위축 현상이 곧 시인의 창작 정신의 위축은 아니라는 확신을 보여준다.

한편 대중화 현상 속에서 낙관적인 전망을 제시함으로써 이러한 불안감을 전환시켜 표명하기도 한다. 이광호는 생산성과 시장성의 논리가 강화되는 현재의 상황에서 여전히 문학의 절대적인 미적 가치에 믿음을 갖는 것은 환영일 뿐이라고 진술한다 그는 우리 시대에 "자명한 것은 문화의 중심에서 그 특권적 지위를 누리던 문학의 시대는 사라졌으며, 문학 역시 다른 대중 장르와 마찬가지로 미디어 영역의 한 일부일 뿐이다. 그럼에도 불구하고 문학을 문학으로 살아남게 하는 것이 있다면, 그것은 저 완강한 계몽의 매혹을 견디면서 자신의 존재 양식을 비판적으로 바라보게 하는 자기 반역의 동력이"라고 본다.[4]

문학의 대중화 현상에 대하여 불안과 위기감을 갖는 비평가들과 낙관적인 전망을 제시함으로써 이러한 불안감을 전환시키려는 비평가들의 시각은 다르게 표명될지라도 그들의 내면은 대중화 현상에 맞설 수 있는 문학의 원동력을 신뢰한다는 점에서 일치한다.

생태문학은 협의로는 환경주의적 시각을 반영하는 문학을 가리킨다. 또 생태문학은 '생명성을 내포한 문학'이라는, 포괄적 의미로 쓰일 수 있는데, 이는 생태문학의 내면성이라 부를 수 있다. 인간의 본원을 추구한

---

3) 이승하, 앞의 책, 5면.
4) 이광호, 앞의 책, 63면.

다는 점에서 대부분의 시들을 여기에 포함시킬 수 있다.

이은봉은 자연친화적인 시들이 근래에 많이 창작되는 이유를 오늘의 문명에 대한 위기의식의 확산에서 찾고 있다. 그는 "시인들이 거의 본능적으로 자연에 매달리고 있는 것은 그만큼 인간의 생태환경에 위기가 심화되고 있다는 증거일 수도 있다."5)고 말한다. 그렇다면 물질문명의 가속화가 낳은 폐해를 직접 몸으로 체험해야 하는 공간을 우리는 어떻게 벗어날 수 있는가. 이에 대한 모색의 과정이 바로 생태시와 비평이 설 자리일 것이다.

디지털 문명이 내포하는 상징적인 의미들과 생태시학은 서로 대척점에 놓여 있다. 전자는 당대의 현상이고 후자는 그에 대한 반성이라는 점에서 그러하다. 최동호는 디지털 문명의 시대에 자칫 상실되기 쉬운 인간성과 그것을 복원시킬 수 있는 원동력이 무엇인가에 대해 천착한다. 그는 생태시학의 문제를 외부의 자연 환경으로부터 인간 내부로 전환시켜야 한다고 역설한다. 이러한 논지를 뚜렷하게 보여주는 글이 「생태묵시록 시대와 신인간의 한계 상황」이다. 그는 이 글에서 "생태시의 문제가 외부에 있는 것이 아니라 인간의 내부에 있다는 것이며, 앞으로의 쟁점 또한 이러한 방향으로 전환되어야 한다"고 진술한다6). 이는 생태문제와 위기를 발생시킨 원인을 외적인 요인에서 찾으려는 것은 문제의 본질을 벗어나는 것이며, 인간의 사고와 행동 자체에서 원인을 발견해야 한다는 것이다. 이 같은 진술에는 생태문제의 해결과 극복도 인간의 내부-내적 동기-에서 발견될 수 있으리라는 신념이 내재되어 있다. 그러나 우리는 최동호의 지적대로 생태 문제 해결 방안을 동양적 전통에서 찾을 수 있지만, 그것이 함몰되기 쉬운 초월적 신비주의로의 비약을 경

---

5) 이은봉, 앞의 책, 29면.
6) 최동호, 앞의 책, 85-86면.

계해야 할 것이다.

90년대 이후부터 최근에 이르는 시와 비평의 양상 가운데 부각되는 것이 있다면, 거대담론이 사라지고 미시적 담론이 지배적이라는 것이다. 시인들의 창작 경향뿐 아니라, 비평가들의 비평 방식도 미시적 담론들로 이어지고 있으며, 긍정적인 평가를 얻고 있다. 정끝별은 90년대 시인들이 보여주는 "일상성의 신화는 그간 폄하되었던 우리 삶의 작고 미세한 부분을 재평가하도록 했다. 거대서사 밑에 깔려 있던 개인의 내밀한 소서사들이 사적 의미를 획득"했다고 진술한다.[7]

오형엽은 바람직한 비평 방식으로 '미시적 이론화'를 주장하고 있다. 그는 80년대까지의 비평이 거시 비평에 치중한 입법 비평과 지도 비평이 주류를 이루었지만, 90년대 이후 비평은 문학을 작품의 내재적 가치를 중심으로 이해하려는 태도로 이전의 비평이 얻지 못한 성과를 얻었다고 본다. 그는 이전의 시비평이 적용한 분류와 분석은 차이를 무시한 채 시도된 것이었으며, 이러한 분류와 분석은, 너무 큰 그물코로 인해 우리 시의 은밀한 비밀과 보석을 놓쳐버리고만 한계를 지적한다.[8] 그는 이전의 비평적 태도에 대한 반성으로 '미시 비평'의 당위성을 역설하는 것이다. 오형엽이 바람직한 비평의 형태로 '미시적 이론화'를 제시하는 것에는 시에 미치는 비평의 효용성이라는 시각이 내재되어 있다

비평은 거대담론과 미시비평이 긴장과 견제의 힘으로 서로에게 작용해야만 한다. 이 같은 현상은 우리가 여러 차례 경험해 온 바이다. 90년대 이후 현재에 이르기까지 시창작과 비평의 무게가 미시적인 관심분야에 한정되어 있으며, 이에 대한 어떤 자성의 목소리도 없다. 오히려 그 안에 안주해서 자신의 책무를 방기하는 듯한 태도까지 엿보이는 것이

---

7) 정끝별, 앞의 책, 14면.
8) 오형엽, 앞의 책 참고.

요즘 비평의 현실이다.

3. 차단에서 소통으로

　현재의 비평은 비판의 힘을 잃고 무력감에 빠져 있다. '비평의 위기'로 진단할 만한 이러한 현상의 근본적 원인은 비평가의 '비판 정신과 객관적 시각'의 부재로 볼 수 있다. 외부와 힘겹게 싸우는 시인들의 시가 긴장성을 확보할 수 있는 것과 마찬가지로 비평가 역시 현상을 비판적으로 바라보는 시각을 견지해야 한다. 비판의 정신은 철저히 객관적인 시각에서 발생할 수 있다. 자신의 글에 대한 부단한 반성은 반드시 필요하다.[9]

　이 시점에서 최근에 발간된 시문예지인 ≪현대시≫(2002. 2)에서 시인들을 대상으로 설문조사한 것을 참고해 보는 것은 의미가 있을 것이다. 시비평과 한국시단의 문제에 대한 젊은 시인들의 목소리는 많은 것을 생각하게 한다. 스스로를 문단의 중심, 혹은 자장에서 벗어나 있다고 믿는 이들의 고백은 많은 시인들의 솔직한 심정을 자유롭게 표현한 진술로 볼 수 있다. 스물 한 명의 시인들이 가장 많이 꼽은 문제점은 정실비평, 청탁의 투명성, 중앙문단(서울 지역, 주요 일간지, 주요 문예지)의 집중화가 낳은 폐해, 소외된 시인들(특히 문단의 기득권층이 아닌 젊은 시인들)의 소외 등이었다.

　먼저 시인들은 청탁의 투명성을 요구한다. 고찬규 시인은 "비평에 있어서도 특정 단체나 모임 그리고 딱히 같은 지면이라고 구분할 수는 없

---

9)　권성우는 『비평과 권력』(소명출판, 2001)에서 비평가의 최고 덕목으로 든 '비판적 글쓰기'에 대해 역설한다.

지만 주로 활동하는 지면 그리고 시인과 비평가가 있는 것처럼 보입니다. 청탁도 그 테두리 내에서 이뤄지고 가까운 사람이 서평이며 시인론, 작품론을 쓰다보니 더욱 이런 문단의 행태에 대한 비판의 목소리가 높아지는 것은 아닌가 합니다."(≪현대시≫ 2002. 2. 24면) 라고 말한다. 시인의 입장에서 청탁의 투명성을 요구하는 시인의 목소리는 비평가에게도 직결되는 문제이다. 또한 "스스로 경쟁력을 가지지 못하면 언젠가 도태될 수밖에 없다"는 고찬규의 지적(위의 책, 26면)은 문학잡지에만 해당하는 것이 아니라, 모든 문인에게 해당한다.

유종호는 "선심성 해설비평"을 지적한 바 있다. 작품 외적인 조건이 시비평의 영역을 지배하는 경우인 것이다. "명망 숭상으로 병들어 주체적 판단을 하지 못하며 결혼식의 주례사처럼 상찬과 격려로 일관한 선심성 해설비평의 일반적 관례도 우리 시의 공적을 방조하는 데 기여하고 있다. 실제비평의 동기가 되어 마땅한 상찬이나 격려가 문제가 아니라 작품의 논리나 실감과 유리된 공허한 선심성 격려와 응원이 문제인 것이다."10)

정재학은 "시의 사망진단은 시인이 아닌 일부 평론가들에 의해 이루어졌다. 그들은 시인들이 모두 시체가 되었다고 생각하는 모양이다. 많은 평론가들이 소외된 시인들의 시에 대해 관심이 없으며 현재 생산되는 시 읽기에 게으른 것 같다. 그리고 탈근대 이후의 시들, 젊은 시인들의 시를 따라잡지 못하는 평론가들도 많은 것 같다."(≪현대시≫ 2002, 2, 81면) 이 같은 지적은 시인들 스스로도 세대 간의 단절이 있으며, 시인과 비평가, 비평가와 비평가 사이의 단절 상태를 가리킨다.

비평가가 갖추어야 할 가장 중요한 덕목이란 무엇인가? 그것은 바로

---

10) 유종호, 앞의 책, 107면.

'시인'에 대한 사랑이 아니라, 그의 '작품'에 대한 진실한 애정인 것이다. "그때그때 강렬한 절정의 순간을 다룬 서정시편을 자료로 해서 너무나 일관성이 있는 시인의 초상을 작성하려는 기도는 때때로 개개 시편의 억압이나 왜곡을 빚어내기가 쉽다. 이차문서 작성자의 체계 의지에 짓눌리어 텍스트가 비명을 지르는 경우도 없지 않다. 이차문서 작성자의 체계 지향 욕망이 그 자체로서 독창적이고 중량감이 있을 때 그러한 개개 시편의 자의적 활용은 허용되어도 좋을 것이다."11) 유종호의 이 같은 진술은 그동안의 시비평이 유기체인 시를 해체시켜 비평가의 구미 혹은 논리에 맞춰 편집해 온 관행에 대한 날카로운 지적이다. 비평가가 비평가 자신의 논리보다는 시인이 생산한 시를 다치지 않고 더 활기찬 유기체로 재생산해야 하는 일은 비평가의 존재 이유가 될 것이다. 텍스트를 두고 차마 다칠까 저어하는 비평가의 마음은 사물을 재창조하는 순간에 서 있는 시인의 시선과 전혀 다르지 않다. 이 같은 접근 태도는 자신의 이해관계로 은폐시켜서는 안 되는 비평가의 진실인 것이다. "인지도가 있든 없든 상관하지 않고 어느 누가 봐도 괜찮은 작품이라면 비평을 할 수 있는 그런 비평가들이 많았으면"(≪현대시≫ 2002. 2, 144면) 하는 정이랑 시인의 소박한 바람은 문단의 소외를 겪어야 하는 시인들의 심경을 대변하고 있다.

문예지나 출판사로부터 소외된 시인들의 현실은 우리 문화 수준을 보여주는 척도이다. 소외를 산출하는 중심지향의 문화는 문학의 영역에 영향력을 압도적으로 미치고 있는 것이다. 문단에서도 주류와 비주류의 경계는 그 골이 깊다. 주류와 비주류는 발생할 수 있으나, 그 사이를 가르는 것이 작품 자체의 작품성에 있다기보다 세평에 의해 형성되기 쉬

---

11) 위의 책, 14면.

운 인지도에 있다는 것이 가장 큰 문제이다. '문단정치권'이라는 비시적인 용어가 시인들로 하여금 자괴감에 빠지게 만든다.

문예잡지와 시인과 비평가 모두 문학인으로서의 긍지를 되살리기 위해서 무엇을 할 것인가. 이를 위해 가장 먼저 확립되어야 할 것은 비평가와 시인의 '진정한 소통'일 것이다. 비평가 자신의 이야기로 시를 재단하는 일은 결코 바람직하지 않다는 이야기는 누누이 지적되었고 시인이나 비평가 모두 공감하는 바이다. 문제는 그것을 실행으로 옮기는 일일 것이다. 시를 사랑하는 비평가의 마음과 눈이 시작품을 위기로부터 시인과 비평가 자신을 끌어올릴 수 있다. 시인과 시를 살아 있는 존재로 재창조하는 비평이야말로 비평을 '창조의 영역'에 들어갈 수 있게 한다.

비평가의 철저한 객관성을 바탕으로 한 작품 선정과 선정된 작품에 대한 사랑이 글쓰기의 바깥영역-문예지, 출판사-에서 발생하는 문제점들을 근본적으로 해결할 수 있다. 자기비판의 힘이 가동되지 않는다면 이미 죽은 비평이 될 것이다. 살아 있다는 것은 힘을 가지고 있다는 것이며, 그 힘은 결코 극소수의 사람들 사이에서는 발생하지 않기 때문이다.

3 부

한국의 독자반응비평

1. 독일의 수용이론

우리나라에서 받아들인 독자중심의 문학연구방법론은 미국의 '독자반응비평'(reader-responsecriticism)이 아니다. 독일의 '수용미학'(rezeptions-aesthetik)에 대한 차봉희의 소개가 처음 이루어졌기 때문에 국내에서의 수용양상을 살피기 위해서는 독일에서의 수용이론을 제기했던 볼프강이저와 한스 로버트 야우스의 이론을 잠깐 살펴보아야 할 것이다.[1]

볼프강 이저는 그의 독서이론에서 작품은 독자의 독서행위를 통하여 완성되며, 작품의 참다운 이해는 독자의 참다운 독서행위에서만 가능하다고 말한다. 무엇보다도 작품과 독자의 상호관계와 독서행위 자체의 의미를 문제 삼았다. 문학적 대화는 작품과 독자에게 각자 분담되어진 '공동유희'임을 강조하는데, 그것은 다른 문학비평이론, 특히 문헌사회학적·현대 언어학적 문학연구, 기호학, 현상학적방법론, 영향미학이론과 밀접한 관계를 갖는다고 한다. 이들 가운데 현대 언어학의 소통이론이 방법론적 기본을 이루는데, 화자와 청자와의 관계 속에서 언어라는 소통기호를 통해 대화를 한다는 것이다. 또한 독서과정은 독자와 텍스트 간

---

[1] 차봉희가 소개 번역한 『수용미학』(문학과지성사, 1985)과 『현대사조 12장』(문학사상사, 1981)을 바탕으로 정리하였다.

의 계속적인 영향작용이 진행되는 과정이며 텍스트 이해는 이 상호작용
적인 영향과정이 고정 또는 응고하는 것이다. 이처럼 독서행위를 언어
학, 텍스트학(기호학), 영향미학적으로 해설하고자 하는 것이 이저의 독
서이론이다. 이 이론 속에서 이저는 '텍스트'와 '작품'을 엄격히 구분해
놓고 있으며 독서의 매순간은 독자의 전상(前象)과 후상(後象)의 변증법
인데 이것들의 지양으로서의 의미가 생겨남을 말하고 있다. 이것을 '응
고과정'(ronsistenz- bildung)이라 한다. 여기서 독서과정은 개방성을 가지며
독자는 진정한 사고의 주체가 된다. 이저는 독자가 작품의 구체화를 이
루는데 있어 심미적 행위를 체험한다고 말한다.

이저는 전통적인 텍스트 중심의 이론에서 벗어나서 문학 텍스트의 유
일한 의미를 거부하며, 문학 텍스트의 의미는 텍스트와 독자의 관계가
이전에는 일반적·수동적이었음에 비해 능동적인 독자의 참여로 변하게
되었음을 밝혀주고 있다. 문학 텍스트는 '수행언어'이며 비문학적 텍스
트는 '진술언어'로 구분하는데, 문학텍스트는 실세계와 일치의 검증을
얻을 수 없는 '부정확한 내용'을 가짐으로써 독자는 자기의 고유한 경험
으로 그 부정확성을 변형시킬 수 있기 때문에 즐겁게 고양됨을 느끼게
된다고 하였다. 여기에서 부정확성은 문학 텍스트의 가치와 연관이 된
다.[2] 부정확성은 공란, 틈 등의 용어로 바꿔볼 수 있다. 독자의 상상력
은 이 틈을 메워 나가는 독서행위의 중요한 요소이다.

다음으로 야우스의 수용미학 이론에 대해서 알아보자. 수용미학이론
을 야우스가 처음으로 들고 나온 논문은 1967년 콘스탄쯔 대학에서의
첫강의 논문이었던 「문예학의 도전으로서의 문학사」이다. 야우스의 수
용미학 이론은 작품평가기준을 작품효과에 두며, 이 효과를 수용자의

---

2) 부정확성이 없을수록 문학텍스트는 독자에게 진부함을 주며 통속성을 느끼게 하기
   도 한다.

관점에서 살펴보려는 것이다. 작품해설기준을 수용자의 심미적 체험에 두며 작품의 영향을 수용자의 실제적인 심미적 판단을 분석함으로써 관찰하려는 것이다.

수용 이론은 이전의 전통적인 예술의 자율성 부여를 벗어나 작품의 예술성을 수용자의 심미적 체험을 통한 소통과정에서 찾는다. 야우스는 이 이론에서 이해하는 데에는 심리적인 반응이 선행하므로 수용자의 심미적 체험을 분석할 때는 그 심리적 작용을 밝혀야 함을 말한다. 독자는 선사(先史, vorgeschichte) 또는 선지식(vorverstandnisse)을 갖는데 그것은 바로 기대의 지평을 뜻한다. 작품의 수용이란 이 기대의 지평을 계속적으로 재구성해 나가는 것이다. 과거작품을 수용할 때는 영향사적 고전 작품해설이론[3])과는 달리 과거의 현재화가 발생하면서 수용자의 지평의 전환이 일어나 과거작품의 올바른 이해를 위한 기대의 지평이 재구성된다는 것이다. 이는 과거의 지평과 현재의 지평이 만나서 변증법적으로 인식되는 것을 말한다. 여기에서 수용자가 지평의 전환을 겪으면서 느끼게 되는 심미적 체험을 야우스는 심미적 차이라고 부른다. 이 심미적 차이가 작품평가의 기준이 된다.

이상의 야우스와 이저의 주장은 작품중심의 해설이론들인 이전의 서술미학이나 생산미학의 일방적인 파행성에 대해 비판을 가하면서 문학작품에 실제로 생명을 불어넣어 주는 작품의 독자, 즉 수용자에 관심을 갖게 된 데서 점화된 것[4])이라고 보겠다. 이는 바로 독일에서의 학생혁명과 보조를 같이 하면서 독서행위에서 의식의 변화를 꾀한 것이다.

---

3)　　영향사적 고전 작품의 해설이론은 독자 자신의 심미적인 선지식을 반영하지 않은 채 고전의 자율성을 인정하는데, 이는 역사의식이 부재한, 경전화된 고전의 재인식에 지나지 않는다.
4) 허창운, 「문학적 소통이론으로서의 수용미학」, ≪외국문학≫, 1986, 봄, 371면.

볼프강 이저가 차봉희와의 인터뷰에서도 밝혔듯이[5] 1960년대 말 이래로 서독문학계의 대학이론과 비평이론이 독자에게 지대한 관심을 가지고 기울어진 동기는 당시 독일에서 진행되던 학생운동[6]의 상황에서 어떻게 다시 학생들에게 문학에 대한 관심을 불러일으킬 수 있을까라는 문제에서 비롯된다.

2. 도입과 수용과정

우리나라에서 수용미학을 받아들였던 1970년대 문단의 상황은 1960년대까지 순수문학일변도로 지속되어 오던 우리 문단의 병폐가 극복되어 가는 과정에 있었다. 이때에 순수문학과 참여문학의 대립이 뚜렷해졌는데, 이렇게 양분화된 양상이 70년대에 두드러졌던 결정적 요인은 70년대의 사회적 정황이 문학의 사회적 기능을 요구했기 때문이다. 문학이 단순히 순수한 형태로만 머무는 것은 쉽게 받아들여지지 않게 되었다. 따라서 순수와 참여의 변증법적 지양을 통하여 새로운 국면을 도모하게 된 것이다. 즉 70년대를 80년대에 크게 확장되는 민주화로의 전진을 시도하고 있던 시기로 규정할 수 있다.

독자수용이론의 본체가 작품의 일방적인 전유(全有) 대신에 독자와의 공유(共有)를 강조하는 것임을 상기할 때 70년대 후반에 수용미학이 우

---

5) 차봉희, 「작품과 독자는 계약관계인가」, ≪문학사상≫, 1981.8, 42-54면.
6) 차봉희는 '학생운동'은 60년대 말의 학생혁명을 말하는데, 신법(Neues Gesetz) 규정에 대한 반대로 일어난 혁명으로 학사개혁 및 학제개혁 등의 교육개혁에서는 물론 학문분야에서도 혁신적인 새바람을 일으켰으며, 과거의 답습만이 아닌 자기의식으로 학문을 성찰해야 하고 변화되어 나가는 새로운 시대에 맞추어나가야 한다는 의식의 변화였다고 하였다. 대학에서의 모든 학문적인 연구는 현실인식에 입각한 태도를 찾게 되었고, 이런 의식변화를 대변하는 새로운 문학연구방법론 중 하나가 '수용미학'이었다고 밝히고 있다.(차봉희, 『수용미학』, 문학과지성사, 1985, 26-27면)

리나라에 소개된 사실에서 역사의 흐름을 감지할 수 있다. 개인의 심미적 가치를 중시하는 우리 문단의 순수문학 또는 서구문예학에 있어 형식미학에 대응하여 참여문학과 함께 독자중심의 수용미학은 현실인식에 대한 의식의 변화라는 측면에서 동질성을 갖는다. 그러면 우리 비평가들이 수용한 독자중심이론의 양상을 구체적으로 살펴보자.

차봉희는 독일의 수용미학을 소개하고 전파하는 데 지속적으로 노력을 기울여왔다.[7] 그러한 일련의 작업은 이론소개와 정리의 단계로서 의의를 가질 수 있겠다. 평자들 가운데, 수용이론을 우리 문학사 속에서 구체화시키려고 노력한 이는 강남주이다. 그는 독일 수용이론을 원칙론적인 면에서 받아들였고, 독일문예학계에서 논란되고 있는 많은 인접이론 또는 이전의 이론들에 대한 수용미학과의 연계성, 변별점 등은 지적해 놓지는 않았으나 우리문학사에서 1920년대의 카프문학이 간접제시—틈, 불확정성—에 실패한 반면, 1930년대 순수문학은 간접제시에 성공하고 있다고 진술한다. 이러한 평가는 간접제시의 정도와 예술성은 정비례의 관계라는 그의 문학에 대한 관점에 입각한 것이다. 또한 그는 '실재의 독자와 가설의 독자'라는 문제, '불확정성의 구체화', '의미의 현재화' 문제 등을 직접 작품을 가지고 다루어 수용이론의 실체화된 모습을 보여준다.[8] 이상섭은 용어상의 문제점을 제기하는데, '수용미학'이라는

---

7) 차봉희, 「독서이론이란 무엇인가」, ≪문학사상≫, 1978, 3, 228-239면.
　 차봉희, 야우스와의 대화, 「서양문학을 받아들이는 한국의 수용미학」, ≪문학사상≫, 1981.2, 94-104면.
　 차봉희, 「문학적 소통이론과 문학적 해석학(Ⅰ)」, ≪독일문학≫ 26집, 1981.2, 167-197면.
　 차봉희, 「문학적 소통이론과 문학적 해석학(Ⅱ)」, ≪독일문학≫ 27집, 1982.4, 226-224면.
　 차봉희, 「작품의 구체화에 대한 수용미학적 견해 Ⅰ」, ≪독일문학≫ 32집, 1984, 267-282면.
　 차봉희, 「작품의 구체화에 대한 수용미학적 견해 Ⅱ」, ≪독일문학≫ 33집, 1984. 5, 27-293면.
　 차봉희, 『현대사조 12장』, 문학사상사, 1981.
　 차봉희, 『수용미학』, 문학과지성사, 1985.
　 차봉희, 「소통지향적인 비평미학의 자세」, ≪외국문학≫, 1986, 여름호, 130-153면.

명칭에서 '미학'은 우리나라에서 다분히 에세이의 제목으로 애용되고 있음을 들어 문학연구의 용어로서는 부적절하며, '독자반응이론'이라는 영미식 용어가 더 솔직하다고 했다. 그는 '텍스트'라는 용어 대신에 '원문'이라는 용어를 사용하는 게 바람직하다고 하였다.[9] 그러나 용어상의 문제에 있어 '수용미학'이라는 그야말로 독서과정에서의 다각적인 미학 측면을 중요시하기 때문에 '독자반응이론'이라는 명칭으로는 독자중심이론을 적절히 표현할 수가 없다.

이상섭은 한용운의 「님의 침묵」을 예로 들어 수용이론의 견해들을 설명하는데, 「님의 침묵」에 등장하는 극적 발언자와 청취자, 그리고 그것을 엿듣는 독자를 보여 주고 있다. 여기에서 그가 다루고 있는 작품과 독자와의 관계는 심미적인 해석의 단계라기보다는 표면에 나타나는 화자와 청자와의 관계를 말하는 데 그치고 있다. 또 그는 원문은 따로 존재하지 않으며 완전히 독자의 창조에 의존한다는 극단론자들과 독자반응이론이 연결되면 특정한 원문 자체에 대한 논의는 독자 간에 할 수 없을 것이라고 하면서, 이 이론이 설득적인 해석에 도달할 전망에 의심을 품는다. 구체적인 작품의 해석에 수용 이론이 적절한지에 대한 과정은 제시하지 않으면서, 서구에서의 전망이 보이지 않을 것이라는 시각을 빌어 우리 문학의 수용에 대해서도 부정적인 태도를 보이고 있다.

김사림도 역시 언어의 소통과정—발화자와 청취자의 관계—을 작품과 독자와의 관계로 설정하여, 이상화의 「나의 침실로」, 「빼앗긴 들에도 봄은 오는가」, 한용운의 「님의 침묵」을 해석하였다.[10] 그의 해석이 다른

---

8) 강남주, 『수용의 시론』, 현대문학사, 1986.
9) 이상섭, 「독자반응이론의 여러 면모」, 『자세히 읽기로서의 비평』, 문학과지성사, 1988, 119-134면.
10) 김사림, 「시적 발화자와 청취자」, ≪동서문학≫, 1987.9, 243-253면.

평자들과 다른 점이 있다면, 담화방식 중의 하나인 시적 어조가 작품의 의미를 형성하는 데 중대한 영향을 끼치며, 작품전체의 질에 대한 종국적인 가치판단과 발화자와 청자의 현실을 함께 연결해 주는 역할을 한다고 말한 점이다. 좀 더 해석의 구체성을 띠고 접근하고 있음을 볼 수 있다. 그밖에 정효구는 김소월의 「먼후일」과 이상화의 「나의 침실로」를 들어 수용이론을 설명하고 있지만[11], 표면상 드러나는 청자와 화자의 관계를 보여주는 데 그치고 만다. 허창운과 민용태의 독자수용이론에 대한 간단한 진술의 수용양상도 볼 수 있다.[12]

3. 의의와 문제점

이상에서 살펴본 바와 같이 우리나라에서 독자수용이론은 일부의 평자를 제외하면 원칙론적인 면이나마 확실히 받아들여지지 않았고 용어나 개념이 서구의 것을 그대로 옮긴 것에 지나지 않음을 알 수 있다. 또한 이론을 관념적으로만 수용하였고 실제의 작품을 통하여 독자수용이론의 핵심적 요소라 이를 만한 독자의 상상력, 독자의 작품에서의 구체화 문제, 심미적 체험 등이 작품과의 연계 속에서는 거의 다루어지지 않고 있으며 이론으로만 떠돌고 있다는 점을 지적할 수 있다. 아직 이론의 도입단계에 있는 상황이기 때문에 심도 있는 비평 방법으로 확정되지 못한 미숙함을 드러내고 있는 것이 사실이다. 중요한 것은 단순한 이론의 전입과 시험에 그치지 않는 주체적 수용에 노력을 기울여야 한다는 것이다. 서구이론의 수입이라는 열등감을 극복하고 우리 문학을

---

11) 정효구, 「작가와 독자 그리고 텍스트」, 『시와 젊음』, 문학과비평사, 1989, 313-330면.
12) 허창운, 「문학적 의사소통과 문예학의 과제」, ≪세계의 문학≫, 1988, 봄호, 220-240면.
   민용태, 「문학은 어디에 있는가」, ≪세계의 문학≫, 1987, 가을호, 54-77면.

정립시키는 일부분이 될 수 있도록 문학작품 속에서 실체화하려는 탐색
이 독자반응비평의 수용과정에 있어 꼭 필요한 작업이 될 것이다.

치유불가능한 광기의 지대

– 영화 〈꽃잎〉과 소설 「저기 소리없이 한 점 꽃잎이 지고」

1. 리얼리즘 영화와 내면화된 역사

영화 <꽃잎>의 감독인 장선우는 운동권 영화 출신의 감독이다. 그의 데뷔작품인 <성공시대>(1988)를 평자들은 한국영화사에 리얼리즘 부활을 가져온 '한국 뉴웨이브의 출현'이라고 평가했다. 장선우는 <우묵배미의 사랑>을 거쳐 박광수의 <그들도 우리처럼>과 함께 한국 영화의 '뉴웨이브'로 나아가는 듯했다. 그러나 박광수와는 달리 장선우는 리얼리즘 영화[1]와는 거리가 점점 멀어졌다. <경마장 가는 길>(1991) 이후 <화엄경>(1993), <너에게 나를 보낸다>(1994), <나쁜 영화>(1997), <거짓말>(1999)로 이어지는 장선우의 영화는 사회의 실상을 재현해내는 리얼리즘을 표방하지 않는다. 이 같은 행로의 한가운데 80년 광주의 비극을 그린 <꽃잎>(1995)이 위치하고 있는 것은 오히려 이상하게 여겨질 정도이다.

---

1) 리얼리즘 영화는 '비판적 리얼리즘 영화'와 '양태적 리얼리즘 영화'로 나뉜다. 전자는 전통적 형태를 지닌 드라마적 구조로 이루어진 영화를 말한다. 소외된 밑바닥의 삶을 그리거나 산업사회 속에 버려진 빈민들의 위기적 삶을 묘사한다. 후자는 전통적 형태의 드라마 구조와는 달리, 형태나 틀을 뒤틀어버리는 양식구조를 통해 메시지를 전달한다. 세상을 뒤집어보는 듯한 풍자와 시니컬한 웃음, 황당무계한 상념의 세계를 펼쳐 보인 우화적 영상공간이 나타난다.(민병기 외, 『한국의 영상문학』, 문예마당, 1998, 211면) 장선우의 <꽃잎>은 비판적 리얼리즘 영화에 포함시킬 수 있다.

　　장선우는 자신의 영화관에 대해 자평하기를 "처음에는 사회성이 강한 영화로 시작했으며, 영화가 사회에 기여하는 힘이 있다고 생각했다. 그러나 이제 사회 환경도 유해졌고, 영화도 커졌으므로, 정치적 관점 말고 다른 관점으로 폭넓게 나가고자 한다. 영화의 소재나 접근 방식에서 오락과 사회성을 분리하지 않고, 포근하게 해석하고자 한다."[2]고 진술한다. 장선우는 의식적으로 이데올로기적 리얼리즘에서 이탈하고자 하지만, <꽃잎>은 우리 영화사에서 본격적인 사회 고발 영화임이 분명하다.

　　<꽃잎>은 1988년에 ≪문학과 사회≫에 실린 최윤의 중편 소설인 「저기 소리없이 한 점 꽃잎이 지고」를 영화화한 작품이다. 「저기 소리없이 한 점 꽃잎이 지고」는 납·월북 작가들의 작품에 대한 해금조치(1988년 7월)로 상징되는 정치적 해빙기에 발표되었다. 최윤 소설의 특징은 역사를 소재로 삼고 있기는 하지만 그 역사적 사건에 대해 직접적인 묘사 대신에 역사의 중심에서 비껴서 있는 인물들의 내면에 역사적 의미가 깊이 새겨지는 방식을 통해 역사 속에 처한 인간의 내면 변화를 정밀하게 그려낸다. 이 같은 역사와 인간의 우회적인 결합방식은 그의 형상화의 힘을 얻어 역사적 사실의 직접적인 재현보다도 더욱 생생하게 역사의 본질적인 측면을 밝혀준다. 역사에 대한 간접적인 형상화를 거치면서 역사적 사실은 인간 본연의 내면문제로 귀결된다. 역사라는 외부세계의 체험은 억압과 고통의 역사라는 시대적 의미를 넘어서서 한 개인이 가지는 존재론적 문제로 심화된다.

　　<꽃잎>은 「저기 소리없이 한 점 꽃잎이 지고」에서 최윤이 그리고자한 역사와 개인의 충돌과 융합과정을 영상으로 충실히 재현한다. 차이점이 있다면 소설(1988)에 비해 영화(1995)가 훨씬 더 정치적 영향력에서

---

2) 장선우·박광수 좌담, ≪씨네 21≫, 1998.5.26-6.2.

자유로워진 시기에 만들어졌다는 점이다. 이는 90년대 영화의 특징이기도 하다. 「저기 소리없이 한 점 꽃잎이 지고」에 비해 <꽃잎>에는 모순과 역설이 지배하는 전도된 현실을 직접적으로 비판하는 장면들이 곳곳에 배치되어 있다. 반면에 소설은 죄의식에서 빠져 몸부림치는 인간의 내면을 섬세하게 그림으로써 천진한 소녀를 근원적으로 파괴시켜버린 폭력적인 시대를 우회적으로 비판한다.

<꽃잎>은 다큐멘터리 기법으로 5·18 광주민주화운동을 찍는다. 여기에서 광주의 상처가 영화 속의 허구가 아니라, 역사적 사실임을 강조하려는 감독의 의도가 역력히 나타난다. 역사적 사실을 그린 광주 금남로의 장면이 다큐멘터리가 아닌 영화라는 사실을 관객들은 주인공인 소녀와 엄마가 군중 속에 섞여서 등장하는 것으로 간신히 알아차릴 수 있을 정도이다. 영화의 주인공인 소녀의 '지금'과 광주의 '그날'은 각각 칼라와 흑백으로 구분되어, 실성한 소녀의 불연속적인 의식만큼이나 빠르고 파편적으로 교차한다. 이처럼 소녀의 현재와 환상-허구와 사실, 현재와 과거-을 뚜렷하게 구분하여 빠르게 교차시키는 전개는 현재와 분리될 수 없는 과거의 비극적인 상처를 관객에게 환기시킨다. 관객들은 소녀의 악몽 같은 환상으로 제시되는 역사적 사실이 결코 허구가 아니며, 처참하게 파괴되어 버린 소녀의 현재를 낳게 만든 원천이 무엇이었던가를 절실히 깨닫게 된다. 미친 소녀가 악몽 속에서 내면의 아픔을 견디지 못하고 쓰러질 때, '장'이라는 사내처럼 관객도 소녀에게 가졌던 간격이 점점 소멸하면서 소녀의 아픔에 전율하게 되고, 마침내 소녀를 그렇게 만든 폭력적인 역사를 지닌 우리 자신에 대해 자책하게 되는 것이다.

2. 폭력적인 외부와 인간 내면의 파괴

<꽃잎>과 「저기 소리없이 한 점 꽃잎이 지고」[3]의 구도는 소녀와 외부의 폭력이 맞서 있는 축과 소녀의 아픔을 이해해 가는 사내를 비롯한 소녀의 바깥 세계에 속한 사람들-장이라는 사내, 소녀 오빠의 친구들인 우리들, 김상태, 옥포댁 등-의 심리적 변모의 축과 각자의 죄의식에 함몰되어 절망하는 소녀와 사내의 의식의 축으로 전개된다. 여기에는 인간의 근원적인 폭력성이 나타나며 본능적인 폭력성은 소녀를 광기의 지대로 떨어지게 만든 시대의 폭력과 맞물리며 전개된다.

공사장 인부인 사내는 한쪽 다리를 저는 사람이다. 그는 인가에서 외따로 떨어져 있는 창고에서 홀로 지낸다. 어느 날 사내는 그의 뒤를 바짝 붙어서 쫓아오는 한 소녀와 맞닥뜨리게 된다. 떠돌아다니는 남루한 차림의 소녀는 사내를 오빠라고 부르지만, 사내는 그녀를 보자마자 억누를 수 없는 파괴 욕망에 휩싸여 소녀를 폭행한다.

> 남자는 왜, 무엇 때문에 그가 이 여자애를 이 지경으로 구타했는지 알 수가 없었고, 언제, 어느 순간에 격렬한 첫 번째 파동이 그를 사로잡았는지 기억해내고자 그 자신의 마디진 두 손을 눈이 시리게 직시했다. 눈을 부릅뜨고 그는 그의 몸 속에 숨어 살던 수치스런 악령의 분부대로 그의 두 손이 여자애의 몸 위에서 벌이는 구타의 난무를 생생하게 다시 보았다.(214면)

소설에서 "그의 몸속에 살던 수치스런 악령의 분부대로" 소녀를 폭행하는 것으로 묘사되어 있듯이, 사내의 파괴 욕구는 어떤 이성적인 제어도 받지 않는 수성에 가까운 본능이다. 이 같은 사내의 폭력성은 소녀

---

3) 최윤, 『저기 소리 없이 꽃잎이 지고』, 문학과지성사, 1992.

의 환상 속에서 생생하게 재생되는 '그날'의 폭력성과 상응하면서 소녀로 상징되는 연약한 꽃잎들과 강하게 대비된다. '그날'의 현장에는 살해하는 자들과 살해당하는 자들만이 있을 뿐이다. 육체의 파괴 본능이 시키는 대로 폭력을 휘두르는 가해자들에게 이성은 끼어들 여지가 없다.

그러나 사내는 소녀에게 가했던 폭행의 흔적이 훗날 그 자신의 상처로 각인되리라는 것을 알지 못한다. 그가 소녀의 광기를 이해하면서 그가 소녀에게 가했던 폭력 이상으로 그 자신의 상처로 남는다. <꽃잎>의 사내는 자신에게서조차 소외된 주변형 인물이다. 소녀를 만나기 전의 사내는 철저한 개별자로서 타인과 어떠한 유대감도 갖지 못한 자였다. 개별자로 존재하던 사내는 소녀를 만나면서 그 역시 비극의 역사에서 결코 분리되어 있지 않으며, 자유롭지 않은 자임이 드러난다. 광기에 가까운 폭력을 본능이 시키는 대로 미친 소녀에게 가하던 사내는 외부의 힘에 의해 광기의 지대로 떨어진 소녀를 점차 이해해가는 심리적인 변모를 보인다. 그의 변모과정은 현실의 의식적인 변화는 아니다. 한 인간에 대한 연민과 이해가 그를 아픈 시대의 중심에 가까이 다가가게 만든 것이다.

> 엄마 손아귀에서 손을 빼려고 너는 미친 듯이 팔을 휘둘렀지. 엄마의 일그러진 얼굴을 보지 않으려고 눈을 감고 아니면 엄마의 뒤집혀진 흰자위를 괴물 보듯 바라보면서. 그런데 소용돌이 속에서 굳어져버린 엄마의 손이 너를 놔주지 않았어. 너는 이미 마른 장작처럼 쓰러지는 엄마의 무게에 끌려가면서 다른 손으로, 그래 잔인하게 엄마 손가락의 갈쿠리를 하나씩 떼어내려 했어. 그 다음에 너는 어떻게 했지. 눈을 크게 뜨고 그 일 분도 안 될 순간에 네가 한 일들을 천천히 머릿속에서 하나하나 다시 돌려봐. 독이 퍼져 네 몸을 태우더라도, 억눌려진 뜨거운 호흡에 네 피가 말라 가루가 되어버리더라도. 너는 급기야 한 발로 엄마의 내팽개쳐진 팔을 힘껏 누르고 네 손을 빼어냈어. 엄마의 근육

살이 발 밑에서 미끈거렸지. 너는 사력을 다해서 밟았어. 그리고는 무
더기로 이동하는 무리를 피해 달아났지.

　　(중략)

　　그리고 이후 나는 다시 그날 그 자리로 돌아올 수 없었어. 내 끔찍
한 범죄의 자리. 나 혼자 살아 남으려고 나는 엄마의 손, 팔, 흰 눈자
위를 내 발로 짓이겼어. 엄마가 눈자위도 없이 나를 보고 있었어. 나를
원망할 줄도 모르고 이미 숨이 멎어 뻣뻣한 뼈와 살의 덩어리가 된 채.
엄마는 거친 삽날이 다시 한번 피도 나오지 않을 상처, 더 이상 고통
없는 상처를 내는 것도 모르고 어디론가 실려갔겠지. 입을 벌린 채 엄
마는 무슨 말을 하려고 했을까. 내쪽으로 돌려진 으깨진 얼굴은……그
러나 평화로웠어. 내가 엄마의 꿈을 짓이겼지.(282-283면)

군대에 간 아들의 의문사는 평범한 시장 상인이던 소녀의 어머니를
반정부 시위대에 참여하게 만든다. 그러나 소녀의 어머니는 군인의 총
탄에 쓰러지고 그 현장에 있었던 소녀는 쓰러진 어머니에게 붙잡힌 손
을 빼내기 위해 발로 어머니의 손을 밟는다. 광주민주화운동의 한복판
에서 무고하게 희생된 숱한 민중의 한 사람인 어머니를 두고 도망쳐 나
온 소녀는 죄의식과 죄책감에 끊임없이 시달린다. "내 끔찍한 범죄의 자
리"는 결코 소녀 자신에 의해 발생한 것이 아니지만, 자신의 목숨을 지
키려는 소녀의 본능적인 행동은 소녀로 하여금 자신의 인격을 부인하게
만든 것이다.

폭력의 역사는 소녀에게 다시는 인격을 회복할 수 있는 기회조차 빼
앗아버렸다. '그날' 엄마의 죽음 앞에서 소녀가 저지른 고통스런 범죄를
가리고 싶은 본능과 그날을 다시 기억하지 않으려는 소녀의 본능적인
회피는 소설에서 "검은 휘장"으로 상징된다. 여기에서 소녀는 검은 휘장
은 "내가 친 것"이라고 고백한다. 검은 휘장은 엄마와 오빠의 강제적인
죽음을 부인하는 장막이고, 외부의 힘에 의해 철저히 파괴된 현실을 부

인하고 싶은 욕구에서 비롯된 은폐의 장막이다. "그래 검은 휘장은 있지도 않았어. 모든 것을 가려줄 검은 휘장을 너무 열렬히 바랐기에 나는 오랫동안 그걸 믿었지." 소녀가 죽음보다 더 한 현실의 고통으로부터 유일하게 피할 수 있는 방법이 자신의 의식과 비극적 현실 사이에 검은 휘장을 치는 행위였다. 소녀에게 검은 휘장이 걷히는 것은 처참한 현실을 받아들이는 것을 의미한다. 그렇기 때문에 소녀는 필사적으로 검은 휘장을 치고 그 뒤에 숨고자 하는 것이다.

소녀는 감당하기에 고통스러운 현실을 피해 광기의 지대로 들어간다. 소녀는 현실 밖으로 끊임없이 도망간다. 그러나 소녀가 체험했던 모든 비극적인 단편들은 검은 휘장을 뚫고, 가려지지 않은 것보다 더욱 생생하게 뛰쳐나와 그녀를 괴롭힌다. 영화에서 "검은 휘장" 속에 가려진 고통스런 현실을 묘사하는 장면은 흑백으로 처리되며, 느린 동작으로 전개된다. 그러나 검은 휘장이 쳐진 이편에서 저편을 보지 않으려는 소녀의 의식적인 몸부림은 저항의 뜻마저 부적절할 정도로 엄청난 힘으로 닥쳐오는 현실 앞에 무력하다. 소녀는 언제든지 악몽 같은 기억 속으로 불려 들어간다. '그날'의 생생한 현장에서 빠져 나오려고 하지만, 소녀는 불가항력으로 더 깊이 빠져들어간다.

소녀가 죽은 오빠를 찾아가는 길은 엄마에 대한 죄책감을 오빠에게 고백하고 용서받으려는 여정이다. 또한 '그날' 이전으로 되돌아가기 위한 것이며, 죽은 오빠와 죽은 엄마에게 용서를 받고, 본래 자기 얼굴을 되찾아가는 길이다. 소녀가 자신의 얼굴을 찾는다는 것은 그날 이전, 파괴되기 이전으로 되돌아가고 싶은 그녀의 열망을 나타낸다. 소녀는 정신이 혼미한 와중에서도 엄마와 오빠가 자신을 알아볼 수 있는 꽃자주색 치마를 소중히 간직한다. <꽃잎>에서 꽃 혹은 꽃자주색 치마는 하나의 상징이다. 그것은 '그날' 이전의 평화롭던 시절로 되돌아가는 길을 잃지 않으려는 소녀의 필사적인 몸짓인 것이다. 꽃자주색 치마는 정신적인 일탈 상태에서도 가족이 단란하게 살아있던 기억을 놓치지 않으려는 상징적인 매개물이다. 흰 색은 존재를 무화시키는 색채이다. 바깥 세계에서 소멸해버린 소녀의 존재는 존재하지 않음을 의미하는 흰 색에 가깝다. 그런데 소녀가 소중히 간직하고 있는 나들이옷의 꽃자주색은 바깥 세계에서는 너무나 희미한 존재가 되어버린 소녀를 대신하여 소녀의 열망과 의지를 더 뚜렷하게 표현하는 색채일 것이다.

가물거리는 의식 속에서도 소녀는 가족과 행복했던 순간이 담겨 있는 '집'을 떠올린다. "그려 있잖여. 오빠들이 우리집에 놀러왔었지. 오빠 친구들 앞에서 노래를 불렀당께 챙피하게" 맑고 수줍음이 어린 소녀의 독백은 눈부시게 환한 햇살이 비치는 들녘에서 오빠 친구들 앞에서 꽃잎처럼 하늘거리며 노래하던 자신의 옛모습을 불러온다. 소녀가 다시는 돌아갈 수 없는 집에 대한 기억은 소녀의 동화적 상상력을 나타내는 애니메이션으로 처리된다. "지금 아무도 없는 우리집은 어떻게 됐을까? 빈 부엌은 얼매나 외로울까? 툇마루에 앉아갖고 볕을 쬐던 툇마루는 또 얼매나 서러울까? 그렇게 낡아갖고 빤질빤질해진 나무도 울 수 있을까?" 소녀의 의식은 현실에서는 갈 수 없는 집안 곳곳을 안타까운 눈빛으로 뛰어다닌다. 그러나 집그림은 점점 작아지다가 소녀의 의식 속에서 완전히 사라져버린다. 이러한 소녀의 회상은 장이라는 사내가 창고 구석에서 잠자던 소녀를 마치 쓰레기처럼 메고 나가 버린 순간에 이루어진다. 소녀의 밝은 옛 기억과 지금의 현실은 너무나도 현격한 거리가 있는 것이다.

소녀의 평화롭고 따뜻했던 옛날과 현재의 차이는 기차의 차창에 대조적으로 비치는 소녀의 모습에 잘 나타난다. 차창에 비친 처음 얼굴은 그날이 있기 전의 얼굴이다. 소녀의 늙고 지친 실제의 얼굴에는 잠시 미소가 떠오른다. 그러나 엄마와 오빠도 알아보지 못할 만큼 변해 있는 실제의 얼굴이 현실이다. <꽃잎>에서 차창에 비친 자신의 얼굴은 그날의 충격으로 갑자기 늙고 일그러진 정도가 아니라, 귀신으로 비쳐진다. 소녀는 완전히 자신의 얼굴을 잃고 광기의 지대를 떠도는 망령이었던 것이다. 소녀는 '그날' 자신을 붙잡은 채 죽어 넘어진 엄마의 손목을 발로 누르고 살기 위해 도망쳤던 것에 죄책감을 갖고 있다. 차창에 비친 귀신은 소녀의 죄의식을 낱낱이 들춰내며 힐난한다. "날 똑바로 쳐다봐. 내엄마를 어떻게 했어? 말해봐. 말해봐." 소녀의 유령 같은 분신은 차창 밖에서 힐책하고, 유리창 안에서는 소녀의 실제 모습을 한 또 하나의 분신이 소녀의 목을 조른다. 극심한 공포감 때문에 소녀는 이마로 유리를 깨고 실신한다. 이 장면은 소설과 영화에서 가장 상징적인 부분이다.

3. 은폐된 도시의 역설

1980년 광주는 소녀의 환상, 즉 망각의 영역 속에서 암시적으로 나타날 뿐이다. 이는 '그날의 그곳'과 바깥세계 사이의 강제적인 차단을 의미한다. 그곳에 있지 않았던 사람들은 소문을 통해서 끔찍했던 그 사정을 짐작할 뿐이다. 닫힌 사회, 폐쇄된 사회 속에서 그곳의 사람들과 바깥의 우리들 모두 속박되어 있다. <꽃잎>에서는 차단된 언론에 초점을 맞추고 있는데, 언론의 차단을 상징적으로 보여주는 것은 광주 지역 외의 사람들은 광주의 그날에 대한 소식을 누구도 알지 못한다는 점이다. 소녀가 처참한 그날의 상처 속에서 거리를 헤매고 다닐 때, TV에서는 조용필의 <창밖의 여자>가 흘러나온다. 사람들은 가수의 사랑타령을 들으며 노름을 한다. 이처럼 광주와 바깥 세계가 죽음과 평온한 일상으로 확연히 분리될 때, '그날의 그곳은' 하나의 섬이며 감옥이다. 80년 광주의 시위에 대한 평가가 '폭도들의 반란'과 '민주항쟁'의 현격한 거리를 두고 엇갈리는 이유가 이 같은 은폐의 지점에서 비롯된다.

공사장 인부들이 나누는 부조리한 대화는 현실의 은폐와 왜곡이 어떻게 사람들의 의식을 단절시키고 있는가를 우스꽝스럽게 드러낸다. 한 사람은 광주에서 군인들에게 죽임을 당한 사람은 이천 명도 넘는다고 말한다. 이 말에 다른 사람은 "죽은 사람은 백 명도 안된다는디. 전국의 고정 간첩들이 광주로 다 몰려갔고. …이 사람들은 테레비도 안 봐? 이 사람들 순 빨갱이 아녀?" 라고 강력하게 응수한다. 공사장 인부들의 엇갈리는 견해-구전으로 전해질 수밖에 없었던 실제의 비참한 상황과 호도된 언론의 허상을 여실히 보여주는의 진위는 곧 다음 장면에 의해 가려진다. 광주 시민이 군인들에 의해 타살되고 총살되는 장면들이 이어진다. 이 장면들은 다큐멘터리 기법으로 촬영되어 관객들에게 처참한 소문이 사실이었음을 입증한다.

소녀의 악몽 같은 환상은 그녀의 가려졌던 기억을 반복적으로 재생시킨다. 영화 속에서 광주의 금남로에는 '부처님 오신 날'이라는 대형 현수막이 찢겨져 날린다. 흑백의 화면 속에서 무장한 군인들은 방망이로 무장하지 않은 젊은이들의 얼굴을 무차별로 난타한다. 감독은 살육의 현장이 되어버린 곳에 자비로움과 살생을 금하는 부처의 탄신일을 알리는 현수막을 찢어진 상태로 배치시킨다. 금남로를 꽉 채우고 부당함을 항변하던 시민과 학생들을 향하여 총이 겨눠지고 발포된 그곳은 버스 광고판의 "80만의 질서 활기찬 광주"라는 문구가 기이할 정도로 역설적인 도시로 변하고 만다. 시위대가 부르던 국가는 총성에 의해 흩어지고, 총성이 울려퍼지는 도시는 흑백화면으로, 느리게, 소리가 모두 소멸한 상태로 묘사된다. 무고한 사람들의 얼굴과 몸 위로 검은 피가 엉겨붙는다. 소녀의 엄마가 입은 흰 색 한복도 검붉은 피에 젖는데, 숨막히는 두려움과 공포는 흑백 화면으로 소리 없이 전개된다. 엄마가 잡은 손을 발로 밟고 도망치는 소녀의 얼굴은 무서움에 완전히 노출된 어린 짐승의 표정이다. 죽음의 장소에서 빨리 도망치려는 욕망 앞에서는 어머니와 딸이라는 근원적인 인간관계조차 성립될 수 없는 것이다. 소녀는 억울하게 군대에서 죽은 오빠 때문에 가슴을 치며 괴로워하던 엄마가 다시 시장에 나가 생계를 꾸리던 엄마의 모습을 보며 안도한다. "그래도 다시 시작할 수 있었는디. 하루 번 돈을 세고 있는 엄마를 보면서 잠들 수 있었는디. ……그날이 온거여" 소녀의 엄마는 어떤 외부적인 자극, 설사 자식을 잃은 아픔으로 몸부림친다고 해도 곧 추스리고 다시 생을 꾸려갈 수 있는 민초의 강인한 생명력을 보여준다. 엄마의 그러한 모습을 보면서 소녀도 삶을 지속시킬 수 있었던 것이다. 그러나 모녀가 꿈꾸는 최소한의 삶의 희망도 그날에 의해 철저하게 파괴된다.

소녀가 엄마의 손을 빼는 장면은 다시 한 번 이어진다. 역사적 사실 부분을 다룬 장면들이 모두 흑백으로 처리되어, 그 암울함을 표현하지만, 이 장면은 유일하게 채색된다. 죽어가는 엄마의 움찔거리는 입, 진공 같은 적막 속에서 소녀의 동물적인 공포심만이 부각된다. 이 장면은 소녀가 오빠의 것으로 여기는 무덤 앞에서 자신이 범한 죄를 고백하는 과정에서 회상하는 부분이다. 소녀의 광기가 극대화되는 부분이기도 하다. 소녀는 엄마 손을 밟는 장면을 기억해 낼 때마다, 극심한 광기에 빠진다. 소녀는 무덤가에서 마구 울부짖다가 실신한다. 이 장면은 한 어린 소녀의 내면이 철저히 파괴되고, 죄의식으로 미쳐버릴 수밖에 없었던 원인이 어디에 있는가를 관객들에게 강렬하게 전달한다.

무장군인들에 의해 짓밟힌 오월은 가정의 소중함을 기억하는 오월, 자연의 생명력이 절정기에 달한 오월과 역설적으로 대비된다. 꽃잎이 피어나는 생의 시기는 죽음의 시기로 변질되고 만다. 생명의 계절을 죽음의 시간으로 바꾸어버린 악한 힘은 시가지에서 모든 것들을 쓸어낸다. 여기저기에 쓰러져 있는 시위대의 젊은이들과 시민군들의 시체는 군인들에 의해 질질 끌려서 청소된다. 시민들은 죽어서 모두 사라지고 금남로는 텅비어 있다.

이처럼 가치가 전도된 공간은 '그날의 그곳'에 한정되지 않는다. 사내와 함께 사는 <꽃잎>의 소녀는 시장거리를 지나다닌다. 저녁 6시에 맞춰 국기강하식이 진행된다. "나는 자랑스런 태극기 앞에 조국과 민족의 무궁한 발전을 위하여 몸과 마음을 바쳐 충성을 다할 것을 굳게 다짐합니다."라는 목소리가 확성기에서 흘러나오고 시장거리를 오가던 사람들은 모두 정지한다. 소녀는 시장의 사람들 사이를 뚫고 무표정으로 천천히 걸어간다. 그녀를 주시하는 장이 서 있는 건물 벽에는 '간첩신고소'라는 패가 붙어 있다. 국가와 사회의 체제가 무고한 사람들의 죽음을 발판으로 세워진 것이라면, 그러한 부도덕하고 독재적인 국가에 몸과 마음을 다 바쳐 충성하겠다는 다짐은 그 의미가 변질될 수밖에 없다. 맹세문은 독재 권력에 철저히 순응하겠다는 다짐으로 바뀌고 만다. 무의식에 빠져 있는 듯한 표정으로 소녀가 부동 자세로 서 있는 사람들을 가로질러 갈 때, 부정한 국가에 충성을 강요하는 맹세는 강렬하게 거부된다. 국기를 내리는 시간을 정해 놓고, 국민에게 일제히 애국심을 발하는 몸짓을 하도록 정한 국가와 그것을 부정할 수 없을 만큼 길들여진

국민들의 엄숙한 얼굴 표정은 획일적 이데올로기의 허구에 불과하다. 이 모든 것은 국가라는 큰 힘에 의해 모든 것을 빼앗겨버린 소녀의 '가로질러' 가는 행동에 의해 여실히 부정된다. 이 장면은 <꽃잎>에서 감독의 비판정신이 잘 드러나는 부분이다. 부정한 권력에 의해 자기의 내면까지 파괴된 소녀의 무력한 표정과 걸음은 소녀의 무의식에 감춰진 분노를 함축시켜 드러낸다.

4. 광기의 지대로 떨어지는 꽃잎

<꽃잎>은 소녀 오빠의 친구들인 우리가 소녀를 찾기 위해 소녀의 흔적을 따라 찾아나서지만, 여전히 찾지 못하는 것으로 끝난다. 소설에서도 각 장마다 시점이 다르게 나타나지만, 영화에서도 소녀와 우리들은 각각의 내레이터가 있다. 이 같은 장치는 각자의 심정을 절실하게 고백할 수 있도록 한다. 특히 우리들이 주인공이 되어 소녀를 찾아가는 부분들은 소녀의 아픔을 이해하고, '그날'의 현재적 의미를 되새기는 역할을 한다. 그러나 우리가 영원히 찾아낼 수 없는 소녀는 '그곳'의 바깥에 있는 이들에게 '그날'의 상처가 얼마나 깊은 것인지를 조용히 항변하고 있다.

소녀의 아픔을 이해하고 다가가려는 인물로 장과 김상태와 옥포댁을 들 수 있다. 장은 무모할 정도의 폭력을 소녀에게 가했던 인물이다. 동물적인 본능에 가까운 폭력과 성폭행을 가하던 그는 그날에 대한 소문을 듣고 소녀의 실성과 깊은 연관이 있음을 깨닫는다. 소설에서 "그녀의 아물지도 않은 상처를 통해, 흔적도 없이 지워져버린 인격의 모든 부재를 통해서 남자는 점점 더 자세히, 점점 더 강한 증폭과 깊이로 그녀가

겪었을지도 모르는 소문의 도시 전체를 보았다.” 라는 사내의 독백이 나온다. 떠돌이 미친 소녀에 대해 가졌던 사내의 알 수 없는 파괴 욕구는 점차 그곳에 관한 소문을 접하면서 소녀에 대한 연민으로 변하게 된다.

　장은 소녀에게 점점 연민을 가지게 되면서 소녀와 소통하고 싶어 한다. 창고 밖에 쓰레기처럼 소녀를 버렸던 남자는 이제 창고 바닥에서 잠든 소녀를 안아서 자신의 잠자리에다 재운다. 사내는 소녀를 위해 무언가를 사고 싶어 한다. 사내가 소녀를 목욕시키는 장면은 소녀가 김추자의 노래 <꽃잎>을 부르는 장면과 함께 이 영화에서 가장 밝고 따뜻한 부분이다. 노래 <꽃잎>을 편곡한 듯한 아쟁이 소리가 퍼지고, 목욕통의 따뜻한 김 속에서 사내는 소녀를 깨끗하게 하려고 실랑이를 벌인다. 사내는 소녀에게 새옷을 입히고 마주앉아 자신이 만든 음식을 먹여준다. 그러나 슬픈 듯한 아쟁이 소리에서 경쾌한 가야금 소리로 바뀌는 행복한 순간은 아슬아슬하다. 결국 소녀의 광기로 인하여 잠깐동안의 행복은 파괴되어 버린다.

　여전히 소녀가 광기 속에서 움츠리고 소통을 거부한다. 소녀는 우리 앞에 흔적으로만 나타날 뿐, 그 모습을 드러내지 않는다. 우리가 소녀를 찾을 수 있는 흔적이라는 것도, 그녀의 내면으로 들어가 그녀와 같이 머무르면서 완벽하게 그녀의 아픔과 상처 속으로 들어가야만 가능하다. 이는 그날을 경험하지 않은 자들과 그날의 피해자 사이에 가로 놓인 심연은 이해의 범위를 벗어날 만큼 깊은 것임을 보여준다.

　사내는 소녀의 아픔에 발을 들여놓았다가 빠져나올 수 없는 고통과 절망 속으로 들어가게 된다. 우리는 어딘가를 떠돌고 있을 친구의 동생인 소녀를 찾아낼 수 없으므로 절망감에 빠진다. 감당하기 힘든 ‘그날’을 겪느라 심신이 피폐해져 광기의 지대에서 소멸해버린 어린 소녀의 모습은 외부의 폭력적인 힘에 의해 꽃잎이 지는 것으로 표현된다. 시대의 폭력에 의해 져버린 꽃잎은 영원히 치유될 수 없는 광기의 지대를 떠돌 뿐이다. 소설에서 "그녀를 찾아내지 않고는 그녀를 찾기 이전의 생활로 돌아갈 수가 없었다. 설령 그녀를 찾아낸다고 해도 아무 일도 없었던 것처럼 태연한 생활을 할 수 있겠는가"라는 우리의 고백이 나온다. <꽃잎>은 개인적인 이야기에서 시작하여 시대 비판으로 확장된다. 소녀의 인격을 사멸시킨 '그날'에 대한 강렬한 비판이 내재되어 있다. 소녀의 개인적 비극의 원천인 독재 권력의 '범죄의 자리'는 일말의 용서나 화해가 허용될 수 없는 극한적인 파괴력으로 나타난다. 치유될 수 없는 광기의 지대를 끊임없이 헤매다가 영원히 그곳으로 떠나버린 소녀의 여정처럼 누구도 '그날' 이전으로 되돌아가지 못한다.

"당신이 어쩌다가 도시의 여러 곳에 누워 있는 묘지 옆을 지나갈 때 당신은 꽃자주빛깔의 우단치마를 간신히 걸치고 묘지 근처를 배회하는 소녀를 만날지도 모릅니다. ……그녀를 피하지 말고 그저 잠시 관심있게 봐 주기만 하면 됩니다." 라는 영화 끝부분의 내레이션은 「저기 소리 없이 한 점 꽃잎이 지고」의 프롤로그 부분이다. 이는 돌아올 수 없는 광기의 지대로 떠밀려 가버린 무수한 꽃잎들에 바치는 작가의 애도이다.

신문에 난 광고를 보고 찾아간 우리들에게 전보다 더욱 황폐해진 장이 "선생님들 내가 잘못했어요. 개 좀 찾아줘요. 정말 잘할게요."라고 울부짖는다. 맹목적이고 동물의 본능에 가까운 폭력을 소녀에게 가했던 장의 울부짖음은 무고한 희생 대상에게 가한 폭력이 고스란히 자신의 상처로 깊이 새겨져 있음을 보여준다. 장의 자책은 소녀의 장뿐만 아니라, 소녀의 바깥 세계에 있는 모든 이들에게 남겨진 치유할 수 없는 역사의 상처에 대한 자책으로 그 의미가 확장된다.

문명 지향의 이중성과 소외

― 마르께스의 『백년동안의 고독』

1. 머리말

마르께스의 『백년동안의 고독』[1]은 중남미의 민족적 고유성이 간직된 장소를 보여준다. 마르께스는 서구적 의미로서의 문명화가 이루어지기 이전의 공간인 마꼰도가 외부세계의 문명을 받아들이면서 충돌하고 결국에는 그곳이 문명화로부터 어떻게 소외되어 가는가를 생기 있게 묘사한다. 그는 마꼰도 원주민의 외부 세계의 문명에 대한 끊임없는 호기심과 수용 욕구에 대해서 이야기한다. 그러나 그들의 강렬한 문명성 지향의 이면에는 마꼰도의 본래적 고유성, 다시말하여 문명화 이전의 건강성을 끈질기게 찾아내려는 작가의 의지가 동시에 표출되어 있다.

마꼰도만의 건강성은 호세 아르카디오와 레베카의 경우처럼 근친상간의 모습을 띠고 나타나기도 하지만, 페트라 코테스와 아우렐리아노 세군도처럼 강한 출산력을 갖는 인물들의 성적 에너지에 함축되어 있다. 또한 그것은 우르슬라로 대표되는 민중의 적극적인 생활력과 끈기, 호세 아르카디오 부엔디아의 부단한 모험심과 호기심에의 열정, 천상의 아름다움과 천진함의 상징인 레메디오스의 모습으로 나타난다. 이같이

---

1) G. 마르께스, 『백년 동안의 고독』, 안정효 역, 문학사상사, 1996.

부엔디아 집안의 고유한 기질인 건강성에 이야기의 초점이 맞추어져 있는 것은 민족성에 대한 작가의 긍정적인 의미 찾기이다. 이외에도 마꼰도의 고유성으로 마꼰도 사람들이 갖고 있는 독특한 죽음의 형식과 의미를 들 수 있다.

그러나 이러한 마꼰도의 고유한 에너지는 부엔디아 집안 사람들을 비롯한 마꼰도 주민들 자신의 끊임없는 문명화에 대한 호기심과 함께 유입되는 외부 문명에 노출되면서 지켜지지 못하고 소멸되어 간다. 마꼰도 주민들의 비극은 문명화의 과정에서 그들 자신이 소외당하고 있었다는 점이다. 특히 철도와 전신국의 설치, 바나나 회사의 설립 등 서구적 의미의 문명화는 작가가 "바나나 열병"으로 비유하고 있듯이 외부인들에 의한 마꼰도의 성적 놀이터화이며 착취 대상일 뿐이지 마꼰도 사람들을 위한 문명의 이기가 될 수 없었다는 사실이다. 그들에게 남겨진 것은 굴종의식과 야만적인 문명인들의 횡포와 학살되어 썩은 바나나처럼 쌓인 역에서의 대학살이었다.

그러면 『백년간의 고독』에서 보여주고 있는 마꼰도의 반문명성이 구체적으로 어떻게 나타나고 있고 마꼰도의 문명화의 욕구에 따른 서구 문명의 유입이 결과적으로는 그들의 공동체를 파괴시키는 원인이 된 사실에 대해서 살펴보자.

2. 마꼰도의 고유성-反문명성

마꼰도의 반문명성은 마꼰도의 통치방식, 종교관, 죽음의식, 성적 에너지로 비유되는 건강한 생명력, 이념과 전쟁에 대한 무가치성의 본능적인 인식 등으로 규정할 수 있다. 이것은 마꼰도의 고유성이라 부를

수 있는데, 호세 아르카디오 부엔디아의 새로운 것에 대한 끊임없는 호
기심을 비롯하여 배를 마꼰도로 몰고오려던 호세 아르카디오 세군도와
철도를 끌어들인 아우렐리아노 트리스테 등으로 대표되는 부엔디아 사
람들의 문명을 향한 강한 열망의 근저에 깊이 자리를 잡고 있는 인식이
다. 이러한 마꼰도의 문명 지향은 문명화되는 것에 대한 불안감으로서
의 반문명성이라는 이중성을 동시에 갖고 있다. 마꼰도의 역사를 통해
그 불안감은 구체적으로 증명되면서 나타난다.

외부세력이 마을에 닿기 이전 마꼰도는 "3년 동안 마을 주민 3백명이
알고 있는 모든 마을들 가운데 마꼰도가 가장 질서있고 열심히 일하는
곳이었다. 마을 사람들은 나아가 서른이 넘은 사람이 없었고, 마을에서
죽은 사람도 아무도 없어서 모두 행복하기만"(22면)했던 곳이었다. 원초
적인 행복의 질서가 존재하는 마꼰도의 삶의 방식과는 대조되는, 정부
에서 내려보낸 돈 모스코테 군수의 "집을 모두 파랗게 칠하라는 명령"
과 선거를 치르려고 장총으로 무장한 군인 여섯 명이 도착하여 무기가
될 수 없는 생존의 도구인 사냥총과 벌목 도구와 심지어 부엌칼까지 압
수하는 행위는 우스꽝스러운 모습으로 비쳐질 뿐이다. 외부의 도덕율과
규칙의 우스꽝스러움과 부조리함은 또한 니카노르 신부의 생각에서 잘
드러난다.

> 그는 거칠고 부도덕한 마꼰도 주민들이 자연법을 멋대로 어길뿐더
> 러 아이들에게 영세도 주지 않고 교회 의식을 모두 무시하면서도 풍족
> 하게 살아간다는 사실에 놀라움을 금할 수 없었다. 신앙을 뿌려야 할
> 일이 그 어느 곳에서보다도 이곳에 더 필요하다고 느낀 그는 일주일
> 이곳에 더 머무르면서 모든 사람들에게 세례를 해주고 축첩제도를 정
> 리하고, 죽어가는 사람들에게는 종부성사를 행해야겠다고 마음먹었
> 다.(96면)

니까르노 신부의 생각은 나름대로의 질서를 갖춘 마꼰도의 삶의 방식을 인정하는 데 있지 않다. 그것은 외부인의 도덕율과 규범에 따르는 재단의 시각이다. 인위적으로 사람들을 구속하는 원칙주의에서 벗어나는 마꼰도의 자연스러운 통치방식은 이념과 전쟁에 대한 무가치성을 명확하게 드러내주는 자유파의 대령이 되기 전의 아우렐리아노 부엔디아와 우르슬라의 말을 통해 잘 구현된다. 아우렐리아노 부엔디아가 자유파에 가담하게 되는 동기도 자유파를 지지하는 신념에 따른 선택이 아니었고 다만 보수파의 선거 모습을 보고 가지는 부당함의 감정에서 비롯된다. 그렇기 때문에 그는 반대파에 속하는 사람들에 대한 철저한 암살계획을 세우던 마꼰도 자유파의 지도자 노구에라 박사를 두고 "당신은 자유파도 아니고 아무것도 아니요. …… 당신은 그저 사람 백정이오"라고 말하게 된다. 또 전쟁이 터지고 아우렐리아노 부엔디아 대령이 마꼰도를 떠나면서 조카인 아르카디오에게 마을 통치를 맡기게 되었을 때, 아르카디오의 독재적인 통치는 결국 살인자밖에 되지 않는다는 사실이 우르슬라의 입을 통해 밝혀진다. 우르슬라는 보수파 정부의 관리인 모스코테를 죽이려는 아르카디오의 잔인한 행동을 비난하고 모스코테를 집에 데려다 준다. 우르슬라의 이념을 초월한 다만 인간의 존엄성을 사랑하는 마음에서 우러나오는 행동은 이념에 따른 살인적인 광폭함의 세계에 대한 작가의 비판이라고 볼 수 있다. 중남미인들의 이상적인 삶의 공존방식은 우르슬라의 독재적 통치에 대한 거부 정신과 이념에서 자유로운 인간적인 삶의 모습으로 표현되고 있다.

작가인 마르께스의 전쟁의 무가치성에 대한 인식과 염오는 아우렐리아노 부엔디아 대령과 그의 친구 마르께스 대령이 전쟁의 열기가 가신 뒤에 가지는 목적 없는 싸움에 대한 혐오감으로 나타난다.

아우렐리아노 대령은 전쟁을 치르면서 점차 인간성이 박탈되어 간다. 잔인한 성격을 갖게 되고 냉혹한 폭군의 모습으로 전쟁에 익숙해진 그를 작가는 '신화적인 용사'라고 반어적으로 표현하고 있다. 모든 인간적인 애정이 말라붙은 냉담한 마음을 가지게 된 대령의 뒤늦은 전쟁에 대한 혐오는 결국 외부와 단절되어 칩거하는 그의 고독의 원인으로 작용한다.

마꼰도의 고유성이 가장 잘 드러나 있고 이 소설의 많은 지면을 차지하는 것은 죽음에 대한 형식과 의미에 관련된 부분이다. 마꼰도 주민들에게 죽음은 단순히 육체적인 죽음이 아니다. 죽음의 세계와 현실계가 인식적 장애 없이 자유롭게 넘나든다. 이러한 사고는 죽음과 삶을 단절된 상태의 것으로 인식하는 것이 아니라, 죽음도 삶의 완벽한 일부로 받아들이는 태도라고 볼 수 있다. 프덴치오 아뀔라와 멜뀌아데스, 호세 아르카디오 부엔디아의 생과 사의 넘나듦, 특히 죽음의 세계에 속한 사람들이 삶의 공간을 그리워하고 살아있는 사람들과 마찬가지의 감정과 노쇠현상을 겪는다는 사실은 마꼰도 사람들이 가지는 삶에 대한 강렬한 애착과 긍정의 역설적인 표현으로 보인다. 호세 아르카디오 부엔디아가 죽인 프르덴치오 아뀔라의 귀신은 '헤아릴 수 없는 외로움과 살아 있는 사람들을 그리워하는 깊은 향수'와 목에 찔린 상처를 닦으려고 초조해하는 모습으로 나타나 자신이 죽음으로 잊혀진 존재가 아님을 드러낸다. 죽고나니 너무 외로워서 부엔디아 앞에 나타난 멜뀌아데스도 역시 "그는 자기가 망각 속에 잊혀졌으며 그 망각이 되돌이킬 수 없는 마음의 망각이 아니라 그것보다 훨씬 잔인하고 뼈아픈 죽음의 망각 속에서 버림받았음을"(61면) 깨닫는다. 아귈라에게 있어서 죽음은 삶에 대한 절실한 애착이었고 원수를 친구로 여기게끔 만든다. 부엔디아가 나중에 고독감에 빠져, 살아있으면서도 죽어 있는 상태에 놓이게 되었을 때, 유일한 외부와의 통화구는 죽은 사람이었던 아귈라였다.

마꼰도 사람들이 죽음의 비극성을 승화시키는 인식은 독특하다. 호세 아르카디오 부엔디아가 피살당하자 그의 피가 역류하여 모친인 우르슬라에게 자신의 죽음을 알리는 과정에 대한 묘사 부분을 살펴보자. 피가 흘러 문밑으로 새어나와 거실을 가로질러 우르슬라가 있는 부엌에 다다른다는 표현은 어머니에게 자신의 부당한 죽음을 알리고 싶어하는 죽은 자의 생생한 몸부림이다. 그러나 우르슬라가 그 피가 어디에서 흘러왔는지 알려고 핏자국을 되짚어가는 과정에 대한 모습의 묘사가 덧붙여짐으로 하여 처음의 비극성은 약화되고 희극적인 모습까지 띠게 된다. 호세 아르카디오의 시신에서 나는 화약 냄새를 없애려는 집안 사람들의 갖가지 노력에 관련된 표현은 우스꽝스러울 정도이다. 이렇게 하여 죽음의 비극적인 현실은 소멸되고 죽음의 무게는 가벼워진다. 그 죽음은 삶의 일부로써 전환된다. 이 같은 죽음의 비극성은 레메디오스의 승천하는 모습으로, 호세 아르카디오 부엔디아의 노란 꽃비 내리는 장례식에서 볼 수 있듯이 아름답게 승화된다.

3. 문명화의 욕구와 소외

호세 아르카디오 부엔디아를 비롯하여 부엔디아 사람들의 새로운 것에 대한 호기심과 수용 욕구는 끊임없이 이어진다. 호세 아르카디오 부엔디아는 집시들이 가져오는 물건들을 가지고 연금술에 빠지기도 하고 천문학에 매혹되기도 한다. 좀 더 새롭고 흥미로운 것이 보이면 이전에 하던 작업은 전혀 흥미가 사라지고 또다시 정신적인 방황을 거듭하는 인물이다. 마꼰도가 처음 세워질 당시에는 현명한 지도자였던 그는 외부와 단정되어 있는 마꼰도를 벗어나려고 부단히 애쓴다. 그가 생각하기에 '위대한 바깥세계'와의 접촉을 위해서 마을을 벗어났다가 허탈하게 되돌아오기도 한다. 그의 이러한 강한 외부 세계에 대한 동경은 후손들에게 이어진다. 호세 아르카디오 세군도는 배를 몰고 오려다가 프랑스 창녀들을 가득 실은 뗏목을 몰고 와 마꼰도가 사흘 동안 정신을 잃고 흥청거리게 만들고 아우렐리아노 트리스테는 마꼰도를 마침내 파멸하는 곳으로 변하게 만들 철도를 끌어들인다.

> 바로 그 순간에 무시무시한 반향을 일으키며 기적이 울리고 식식거리며, 숨을 헐떡이는 소리에 마꼰도가 뒤흔들렸다. …… 그리고 죄없는 그 샛노란 기차는 마꼰도에 수많은 애매함과 확신을, 기쁘거나 슬픈 수많은 순간들을, 그토록 많은 변화와 재앙을, 그리고 옛시절에 대한 한없는 그리움을 가져다 주게 되었다.(253면)

철도의 도입은 마꼰도 사람들의 문명성 지향의 극단적인 모습이다. 그것은 기차가 마꼰도의 특산물인 바나나를 가져가기 위해 바나나회사를 설립하는 미국인들의 마꼰도 유입을 아주 손쉽게 만들었기 때문이다. 집시들보다도 마꼰도 주민들을 불안하게 만든 미국인들의 유입과 그들의 무절제한 생활은 부엔디아가 불안감에서 죽음에서 깨어나 방황할 정도이다. 진실과 환각이 뒤범벅이 된 모습으로 이 작품에서 그려져 있듯이, 마꼰도에 문명의 유입은 마꼰도의 외국인들의 성적 유희장으로의 변질과 외국인들에 대한 그들 자신의 굴종감을 낳는다. 이러한 굴종감에 대한 분노는 우르슬라가 외국인들의 횡포에 대한 강렬한 저항감의 표출에서 잘 형상화되어 있다. 외부 세력의 야만성을 가장 극적으로 보여주는 것은 어린아이와 할아버지의 참살과 역에서의 대학살이다. 결국 마꼰도의 문명화는 마꼰도 주민들의 이기가 아니라 그들을 파멸시키는 바로 그 문명으로부터의 소외과정이라고 볼 수 있다.

4. 맺음말

마르께스의 『백년동안의 고독』은 문명화가 이루어지기 이전의 공간인 마꼰도가 외부세계의 문명을 받아들이면서 충돌하고 어떻게 붕괴되어 가는가에 대한 기록이다. 이 작품은 마꼰도 원주민의 외부 세계의 문명에 대한 끊임없는 호기심과 수용 욕구에 대해서 이야기하고 있다. 그러나 그들의 강렬한 문명성 지향의 이면에는 반문명성이라고 부를 수 있는 마꼰도의 본래적 고유성이 동시에 숨겨져 있다. 이것은 문명화 이전의 마꼰도의 공동체적 삶이 살아 있는 건강성을 발견하려는 작가의 의지적 표출인 것이다.

마꼰도의 고유성은 페트라 코테스와 아우렐리아노 세군도처럼 강한 출산력을 갖는 인물들의 성적 에너지에 함축되어 있고 우르슬라의 적극적인 생활력과 끈기, 호세 아르카디오 부엔디아의 부단한 모험심과 호기심에의 열정, 죽음의 형식과 의미에 대한 마꼰도만의 독특한 인식이다. 마꼰도에서의 죽음의 의미는 단순히 육체적인 죽음이 아니라 죽음의 세계와 현실 세계가 자유롭게 넘나든다. 죽음과 삶은 단절된 것이 아니고 죽음도 삶의 일부로 받아들이는 태도를 갖는다. 이 같은 죽음

인식은 그들의 삶에 대한 강렬한 긍정으로 볼 수 있다.

그러나 이러한 마꼰도의 고유한 에너지는 부엔디아 집안 사람들을 비롯한 마꼰도 주민들 자신의 끊임없는 문명화에 대한 호기심과 함께 유입되는 외부 문명에 노출되면서 지켜지지 못하고 소멸되어 간다. 마꼰도 주민들의 비극은 문명화의 과정에서 그들 자신이 소외당하고 있었다는 점이다. 특히 철도와 전신국의 설치, 바나나 회사의 설립 등 서구적 의미의 문명화는 작가가 "바나나 열병"으로 비유하고 있듯이 외부인들에 의한 마꼰도의 성적 놀이터화이며 착취 대상일 뿐이지 마꼰도 사람들을 위한 문명의 이기가 될 수 없었다는 사실이다. 그들에게 남겨진 것은 굴종의식과 야만적인 문명인들의 횡포와 학살되어 썩은 바나나처럼 쌓인 역에서의 대학살이었다.

부엔디아家에 대한 멜뀌아데스의 기록은 중남미의 긍정적인 민족성의 발견이면서 동시에 문명화로부터의 소외과정에 대한 기록이다. 부엔디아 가문의 마지막 후손인 아우렐리아노의 양피지 해독의 노력 역시 멜뀌아데스의 기록 과정과 마찬가지로 중남미 민중의 정체성을 밝히려는 작가의 의지를 표출한 것이며, 그것이 해독되자마자 마꼰도의 모든 것이 소멸해버린다는 것은 멜뀌아데스의 지금까지의 기록과 역사, 좀더 구체적으로 말하자면 파멸의 극단으로 치달은 비극의 역사에 대한 마르께스의 강렬한 소멸의지이다. 이제 마꼰도는 다시 채워야 할 원시적 광야로 존재하게 된다.

원색으로 표현된 죽음

— 페데리꼬 가르시아 로르까의 시

1. 로르까의 생애

1898년 그라나다의 푸엔떼 바께로스에서 출생한 가르시아 로르까는 그라나다 대학에서 법학과 문학을 전공하였고 1917년부터 글을 발표하기 시작하였다. 1920년에 첫 시집인 『시집 Libro de poemas』를 출판하게 되고 이때부터 그의 작품활동은 활발해지기 시작했다. 이 당시 동세대 작가들과 교류를 가지는데, 특히 살바도르 달리와의 교제를 통해 전위 문학과 접촉하게 된다. 로르까는 1927년에 『노래들 Canciones』을 출판하고 1928년에 『집시민요집 Romancero gitano』을 내는데, 『집시민요집』은 집시의 세계를 노래한 대서사시이다. 로르까는 집시나 투우에 대해 경멸과 배척의 태도를 가지고 있던 작가들과는 달리 집시와 투우의 세계를 깊이 이해하였다. 이 시집은 경찰로부터 항상 박해당하는 집시들의 파란만장한 운명을 담고 있다. 1921년에 씌어진 시집 『축제일의 노래-깐데 혼도 Cante jondo』는 1931년에 출판되었다. 이 시집은 안다루시아 지방의 중심인 그라나다 출신으로 안다루시아 민속악에 깊은 관심을 가졌던 로르까가 안다루시아 대중 민요를 다양한 형태로 노래한 것이다. 시인 로르까는 또한 희곡작가로서도 대단한 명성을 얻었다. 그의 대표적

인 희곡 작품은 비극인 「피의 결혼식」, 「석녀」, 「베르나르가 알바家」 등 이다.[1]

스페인 내란 직전 그라나다에서 프랑코 계열의 '국민파'가 봉기한다. 1936년 7월 20일 舊 호세 안토니오를 중심으로 창립된 '팔랑헤(Falange)'가 주동이 되어 독일의 나치 스타일의 정치 이념을 받아들인 군인 출신의 새로운 정치 행동대원들이 당시 공화국 정부에 대항해 폭동을 일으켰고 폭동이 성공하자 지식인들의 제거에 나선다. 비정치적이었던 로르까, 다만 자유주의 사상을 가지고 있던 로르까도 소련의 스파이, 공화국 정부의 적극적인 협조자라는 죄목으로 고발당하였고 결국 1936년 8월에 신원이 밝혀지지 않은 사람들에게 끌려가 그라나다의 '눈물샘'이라는 우물 근처에서 총살되고 말았다.[2]

2. 로르까 시의 비극성과 음악성

민용태 교수는 로르까의 『집시민요집 Romancero gitano』를 『집시타령조』로 번역하고 있는데, 그것은 이 시집에 실린 안달루시아 집시의 애환이 담긴 노래가 우리의 판소리나 타령에 가깝다고 생각해서 새롭게 붙인 이름이다. 민용태 교수는 「페데리꼬 가르시아 로르까」[3]에서 N이 시집에 실린 「꼬르도바 Co'rdoba」와 「악몽의 로맨스 Romancero sona'mbulo」, 세 편으로 되어 있는 長詩 「이그나시오 산체스 메히아스」(1935)의 「투우

---

1) 김현창, 『스페인 문학사』, 민음사, 1990; 로르까, 『축제일의 노래』, 김현창 역, 민음사, 1976.
2) 민용태, 「시인 로르까의 죽음과 그 미궁」, 『서·중남미 문학론』, 전예원, 1989.
3) 민용태, 「페데리꼬 가르시아 로르까」, 『로르까에서 네루다까지』, 창작과비평사, 1995, 11-36면.

장에서의 죽음 La Cogida Y La Muerte」과 「쏟아진 피」를 분석하고 있다. 이글에서 그는 로르까 시에서 이미지들의 유기적인 통일성과 의미 연상의 약함을 말하면서 오히려 이러한 특징이 그의 시에서 감각과 감정을 활성화시키는 역할을 한다고 본다.

로르까의 '신타령조'는 이야기시 가운데 시적 긴장감이 감도는 가장 극적인 이야기의 패턴을 주축으로 상징성과 암시성을 강화시키는 것이 특징이다. 「악몽의 로맨스」는 이야기 처리의 기법이 이야기의 내용을 짐작하기에는 너무 이미지화 되어 있다. 이 시는 떠돌이 집시 청년이 자신을 기다리는 여인의 집으로 부상당한 채 찾아오나 그 여인은 물에 빠져 죽는다는 내용이지만 그의 이야기 처리는 이야기의 자초지종이 생략되고 이야기의 특성인 시간성을 공간성, 이미지화, 영상 중심으로 바꾸어 놓는다. 시간적 전개를 갖는 것 같지만 모두 현재의 시간인 감각적 이미지로 점철되어 있다.

로르까의 이야기체 시의 이미지의 특성은 그 유기적 통일성이 잘 눈에 띄지 않는다. 그 묘사들이 크게 보면 공포와 비극적인 분위기를 갖는다는 통일성은 있으나 하나의 감정이나 의미로 쉽게 이해되는 연상성은 약하다. 그러나 로르까의 이야기체 시에서 보이는 통일적 연상이나 상징적 의미 표출의 약함이라는 이미지의 이런 특징은 주제의 비극성과 후렴의 반복에 의지하여 강력한 응집력을 갖게 된다. 「악몽의 로맨스」에서 "파랗게 사랑해 파랗게"의 반복은 새로운 상징적 언어를 창출한다. '파란'(verde)의 'e' 소리의 반복은 불안정과 갈구하는 느낌을 주고 '바다'(mar), '배'(barco)의 'a' 소리의 밝은 어감이 안정의 의미를 주는데, 이 다른 어감들이 어울려 소리와 의미의 합주를 만들어 낸다. 다시 말하여 소리, 음악이 곧 상징이 되는 것이다. 시 「꼬르도바」도 지친 조랑말의 발자국 소리를 연상시키는 반복되는 음악성, 소리 상징성이 있다.

「투우장에서의 죽음」은 읽는 이로 하여금 이미지와 이미지의 연결이 쉽게 이루어지지 않게 만든다. 각기 다른 이미지들이 두서없이 시의 비극적 긴장감 속에서 뒤얽혀 있다. 그러나 각기 독창적인 의미들의 흩어짐이 시적 의미를 가질 수 있는 것은 위에서도 언급했듯이 작품 전체에 흐르는 비극성과 그러한 감정을 담아내는 "오후 5시에"라는 반복되는 후렴 때문이다. 오후 5시는 물리적 시간이다. 그러나 그 시간은 투우사의 죽음이라는 비극성을 되풀이하여 고조시키는 주관적 시간으로, 독창적 이미지로 전환된다. 로르까 시의 특징은 이러한 비극성과 음악성의 창조에 있다고 볼 수 있다.

3. 로르까의 죽음의식

로르까의 문학 작품 대부분을 차지하고 있는 주제는 죽음에 관한 것이다. "로르까의 시와 희곡에는 폭력적인 요소, 비극적인 죽음이 유난히 많이 묘사되고 있다."[4] 로르까 문학의 주조를 이루는 죽음에 대한 그의 생각을 짐작할 수 있는 글은 詩論인 「두엔데의 이론과 유희 Teori'ay juego del duede」(1930)이다. 이글에서 로르까는 자신을 신들린 시인이라고 주장하는데, 그가 말하는 두엔데(duede)란 비작위적인 하나의 목소리 혹은 동물적인 힘이다. 그것은 안달루시아의 신, 모로의 신, 집시의 신이다. 천사와 뮤즈도 아니고 기독교적 의미의 악마도 아니다. 천사와 뮤즈는 은총과 미를 제시함으로써 인간 정신의 불멸화를 가능하게 한다. 그러나 두엔데는 필연적으로 죽을 수밖에 없는 인간에 속하는 것이다.

---

4) 김현창, 「서문」, 로르까, 『축제일의 노래』, 김현창 역, 민음사, 1976, 9면.

두엔데는 죽음의 가능성이 없는 곳에는 가지 않는다. 로르까의 두엔데 론은 필연적으로 죽어야 하는 인간의 시론이다.

로르까의 『축제일의 노래』와 『집시민요집』에는 죽음의 주제가 밀도 있게 나타나고 있다. 로르까는 죽음을 하나의 운명으로 노래하고 있다. 죽음을 슬퍼하고 거부하기보다는 오히려 죽음에 매력을 느끼고 끊임없 이 접근을 시도하며 죽음과의 유희를 즐기고 있다. 로르까는 죽음에 대 한 혐오와 공포에서가 아니라 친밀감으로 죽음을 노래한다. 그는 죽음 에 대한 두려움을 지우면서 그것을 받아들인다. 사후의 영원한 세계를 추구하기보다는 투우사가 투우에 접근하듯 죽음에 더욱 접근하여 죽음 과의 친밀을 유지하려 든다. 「투우사의 죽음」, 「뿌려진 피」, 「산화한 영 혼」은 투우사의 죽음을 불멸화시키는데, 죽음이 인간의 종말이 아니라 는 것과 죽음의 극복이라는 로르까의 사유를 잘 드러내고 있는 작품들 이다.[5]

> 꼬르도바.
> 멀고 고적한 그곳.
>
> 말은 검은 조랑말, 달은 휘둥그레 크기만 하고
> 배낭에는 올리브 열매 몇 날.
> 길은 알아도, 영원히
> 난 꼬르도바에 가진 못 하리
>
> 광야로 바람 속으로,
> 말은 검은 조랑말, 달은 시뻘건 핏빛.
> 꼬르도바 첨탑 위에서
> 나를 지켜보는 죽음
> ─「꼬르도바」 부분

5) 김현창, 『스페인 문학사』, 민음사, 1990, 480-490면.

　　꼬르도바는 갈 수 있는 실재의 공간이다. 그러나 꼬르도바에 이르기 전에 산적떼에게 목숨을 잃기 쉬워[6] 그곳으로 가는 "길은 알아도" 죽음이라는 운명이 꼬르도바라는 실재 공간을 다다르지 못할 영원의 공간으로 바꾸어 놓는다. 조랑말을 타고 그곳으로 가는 시적 화자는 자신의 죽음을 불길한 달빛으로 확연하게 예감하면서도 꼬르도바로 가고 있다. 죽음이 숙명적으로 가로놓여 있지만, 영원의 그곳을 향해 멈추지 않는 그의 의식은 유한한 인간의 모습을 뛰어넘는다. 이 시에서 죽음은 죽음 안으로 들어오는 인간을 지켜보면서 기다리는 절대적인 존재이나 그 존재는 시적 화자에게 있어서 관조의 대상일 뿐이며 꼬르도바를 향한 자신의 열망을 중단시키지 못한다. 여기에서 죽음의 테두리 안에 있는 인간의 유한함을 저항 없이 받아들일 때, 오히려 인간은 그 죽음 밖에서 자유로울 수 있다는 로르까의 죽음에 대한 사유가 잘 암시되어 있다.

> 파랗게 사랑해 파랗게.
> 파란 바람 파란 잎가지.
> 바다에는 배
> 산에는 말.
> 허리에 어둠을 두르고
> 베란다에서 꿈꾸는 여인,
> 그 파란 살결, 파란 머리칼,
> 차가운 은빛 눈동자.
> 파랗게 사랑해 파랗게.
> 집시의 시뻘건 달이
> 세상사를 예언하지만
> 차마 달을 바라볼 수 없는 그녀.
> 　　　　　　　─「악몽의 로맨스」 부분

---

6) 민용태, 「페데리꼬 가르시아 로르까」, 『로르까에서 네루다까지』, 창작과비평사, 1995, 3면.

위의 시는 죽음에 대한 두려움이나 전율을 이야기하지 않는다. 시의 전체적인 분위기가 죽음의 핏빛과 푸른빛의 극단적인 이미지의 대조를 보이면서 섬뜩한 죽음에 대해서 말하고 있지만, 공포로서의 죽음이 아닌 유희로서의 죽음인 것이다. 민용태는 이 작품을 해석하면서 이야기 전개가 생략되어 있고 의미의 연상이 잘 이루어지지 않는다고 보았지만, 애초부터 이야기의 전개는 시에 부재한다. 전개라는 말에는 시간의 순차성이 전제되어 있는데, 「악몽의 로맨스」는 처음 시가 시작될 때부터 여인의 죽음을 냉혹하게 노래하고 있기 때문이다. 서두에서는 살아서 청년을 기다리다가 마지막 연에서 웅덩이에 빠져 죽는다는 순차적 전개가 아닌 것이다. 여인이 청년을 기다리며 꿈꾸는 '베란다'에는 이미 죽어 물 위에 떠있는 그녀의 기다림만이 파란 빛으로 남아 머물러 있는 것이다. 8연에 묘사되어 있듯이 그 집시 여인의 상큼한 얼굴과 검은 머리칼은 "파란 살결, 파란 머리칼,/ 차가운 은빛 눈동자"와 대조되면서 삶과 죽음은 선명하게 대립한다. 민용태는 "바다에는 배/ 산에는 말"의 시구가 있어야 할 곳에 있는 사물을 제시하여 안정을 염원하는 집시 청년의 마음을 보여준다고 해석했지만, 로르까는 전혀 연관성 없는 이미지들을 등장시켜 냉혹하고 차가운 죽음을 역설적으로 표현하고 있다.

보르헤스, 반이성적 세계로의 노정

— 「틀뢴, 우크바르, 오르비스 떼르띠우스」

1.

호르헤 루이스 보르헤스는(Jorge Luis Borges) 1899년에 태어나서 1935년에 첫소설집 『불한당들의 세계사』를 발간한다. 1941년에 두번째 소설집 『끝없이 갈라지는 길들이 있는 정원』으로 소설가로서의 명성을 얻게 되었고 이 작품으로 이르헨티나 국민문학상 2등상을 수상한다. 이전의 작품들과 새로운 작품들을 추가해 놓은 작품집인 『픽션들』이 1944년에 출간되었다.

황병하는 『픽션들』의 해설에서 보르헤스가 등장하면서 세계는 현실과 환상이라는 종전의 확고했던 이분법이 폐멸되어버리는 충격을 맛보았으며, 지반을 잃고 부유하는 서구의 형이상학이 갖가지 형태로 재검증되고 있는 현장을 목격하게 된다고 진술하고 있다. 그는 보르헤스가 절대적 가치를 파괴하고 객관적으로 실증할 수 없는 것은 허구라는 기존의 인식을 깨뜨리고 있다고 본다. 서구의 플라톤적인 이분법을 해체하고 제3의 것을 탐색했다는 데 보르헤스 문학정신이 갖는 새로움이 있다고 볼 수 있다.

『픽션들』에 실려 있는 「틀뢴, 우크바르, 오르비스, 떼르띠우스」[1]는 현실을 허구로 보는 반면 그가 상상해 낸 새로운 정신 영역인 '틀뢴'에 관한 부분은 실제로는 철저한 허구에 속하나 그는 구체적인 증거를 제시하면서 '실재하는 틀뢴'을 강조한다. 보르헤스는 「틀뢴, 우크바르, 오르비스 떼르띠우스」에서 허구적 공간인 틀뢴을 창조한다. 그는 이곳에 실재하는 현실적 가치들을 전도시켜 놓는다. 그는 틀뢴을 통하여 자신의 이상적인, 새로운 세계에 대한 인식을 설명해 나간다. 서구의 형이상학은 틀뢴의 형이상학으로 대체되어 진술된다. 또 보르헤스는 자신의 문학관과 시간관, 번역에 관한 견해까지 틀뢴을 통하여 피력한다. 기존의 사고 체계를 벗어나고자 하는 작가의 끊임없는 열망과 모색이 새로운 인식을 가능케 했으며 그 인식적 새로움은 구체적으로 「틀뢴, 우크바르, 오르비스 떼르띠우스」에서 제시되어 있다.

2.

「틀뢴, 우크바르, 오르비스 떼르띠우스」에서 보르헤스는 현실 속에는 존재하지 않는 우크바르를 발견하고 그것의 실체를 확인해 나가는 과정을 자신의 사상을 표출하는 하나의 방법으로 선택하고 있다. 그 과정은 우연한 사건으로 연속되고 돌출된다. 여기에 합리적인 사실들의 제시에 관련되는 논법이 표면화 되어 있는 것처럼 보이지만 보르헤스가 보여주는 진술들은 철저히 우연에 의지한다. 우연적 사건들의 나열로 작가의 의도하는 바를 독자들에게 제시하는 것은 근대적 소설의 개념과는 배치되는 소설 기법이다. 그러나 보르헤스는 오히려 우연성의 진술 방식을

---

1) 보르헤스, 「틀뢴, 우크바르, 오르비스, 떼르띠우스」, 『픽션들』, 황병하 역, 민음사, 1994, 17-50면.

선택함으로써 합리적인 사건의 전개를 벗어나고자 한다. 백과사전에도 없고 지리적으로도 어디에도 나와 있지 않은 틀뢴의 구체적인 모습이 화자에게 밝혀지게 되는 것이 대표적인 예이다. 보르헤스는 기존의 지식과 정보가 집적되어 있는 백과사전이나 도서관에서는 우크바르의 실체를 확인할 수 없다고 작품의 전반부에서 기술하고 있다. 틀뢴이 실제로 확인되는 것은 친지인 허버트 에쉬의 유물인 우편물을 통해서이다. 우편물 같은 우연을 가장한 그러한 작가의 의도는 작품의 전반에 걸쳐 드러난다.

작중 화자가 우크바르를 발견하는 계기는 "어떤 거울 하나와 백과사전을 접합시킨 덕분이었다."(17면) 거울은 현실을 그대로 비추는 인식의 도구이다. 화자는 '있는 현실'을 그대로 비추어 주고 기존의 이성과 지식을 기록해 놓은 거울과 백과사전을 보면서 현실의 추악한 모습을 자각하게 되어 우크바르라는 자신의 새로운 세계를 인식하는 계기를 마련해 준 존재로서 거울과 백과사전을 이야기한다. 우크바르의 한 이교도 창시자의 말인 "거울과 부성은 가증스러운 것이다. 왜냐하면 그들은 눈에 보이는 세계를 증식시키고, 마치 그것을 사실인 것처럼 일반화시키기 때문이다."(20면)라는 구절에서 화자를 둘러싼 가시적인 현실에 대한 화자의 혐오감이 잘 드러난다. 보르헤스는 이성적인 것이라 내세우는 눈에 보이는 현실의 허상을 보여주고 그것에 반하는 자신의 새로운 현실에 대한 인식을 피력하기 위해 가상의 공간인 우크바르를 끌어온다.

보르헤스는 새로운 인식의 세계를 발견하게 된 순간의 감정을 "책을 한장 한장 넘기던 나는 경이로움과 하늘을 둥둥 나는 듯한 현기증을 맛보았다."(26면)고 표현한다. 보르헤스 자신의 이상적인 인식 공간인 틀뢴은 '경이로운 새 세계'로 묘사된다. "이제 나는 그 알 수 없는 혹성에서의 건축과 놀이기구, 그곳의 신화가 가진 공포와 그곳 언어들의 흔적, 그곳의 황제들과 바다들, …… 그곳의 신학적이고 형이상학적인 논쟁들과 함께 그곳의 전역사를 개괄적으로 다루고 있는 방대한 자료의 일부를 바로 내 손 안에 들고 있게 된 것이었다. 그 모든 것들은 눈에 띄는 교조적 의도나 패러디적 어조가 없이 일목요연하고, 통일성이 있었다.”(27면) 여기에서 알 수 있듯이 앞부분에서 보여주었던 거울과 백과사전으로 비유되고 있는 실재하는 현실에 대해 혐오감과는 상반되는 극히 긍정적인 시각이 틀뢴에 부여되어 있다.

보르헤스가 이 작품에서 중점을 두고 있는 부분은 틀뢴의 언어에 관련된 것이다.

> 이 혹성(틀뢴)에 있는 나라들은 본질적으로 관념적이다. 그들의 언어와 언어로부터 파생된 종교, 학문, 형이상학 등과 같은 그 모든 것들은 관념론을 전제하고 있다. …… 틀뢴의 언어들과 방언들이 파생되어 나온 <우르스프라헤(원초적 언어>에는 명사들이 존재하지 않는다.(30-31면)

서술적 화자가 틀뢴에는 명사가 존재하지 않는다고 이야기하는 것은 바로 보르헤스의 언어에 대한 관념과 더 나아가 그의 인식 체계를 밝혀준다. 틀뢴에서는 명사형이 없다는 말은 명사가 사물의 의미를 극히 한정시키는 단어라는 것을 보르헤스가 인식하고 있음을 보여준다. 따라서 그는 이상적인 인식 공간인 틀뢴에서는 명사가 부재한다는 사실을 설정하게 된다. 명사가 부재한다는 것은 관념과 사물의 의미를 하나의 단어 또는 글로써 구속시키지 않음을 뜻한다. 그렇기 때문에 틀뢴에서는 언어가 자유롭게 시각과 청각이 동시에 표현되는 언어들의 집합으로서 하나의 사물과 실체를 묘사할 수 있다. 또 하나의 단어가 하나의 시적 실체를 형성하기도 한다.

　보르헤스는 틀뢴에서는 진리 또는 그럴듯한 진실조차 추구하지 않고 형이상학도 환상문학의 한 지류로 생각한다고 진술한다. 그는 그들에게 하나의 체계란 어떤 한 관점에서 온 우주의 모든 관점들을 종속시키는 오류라고 여긴다고 이야기함으로써 틀뢴의 언어관에 대한 설명과 마찬가지로 어떤 규정된 의미성과 절대적 진리란 없다는 자신의 견해를 밝히고 있다. 기존의 철학사적 지류들은 이 작품 안에서 모두 거부당하고 있다고 볼 수 있다. 그 거부감의 표출 방식은 비꼼과 반어적 묘사를 통해 표출되어 있다.

　「틀뢴, 우크바르, 오르비스 떼르띠우스」에서 보르헤스는 시간은 영원의 움직이는 이미지로 인식한다. 현상이란 과거의 현재이며, 미래의 현재로 파악한다. 따라서 존재의 전체성은 불가능한 것이며 모든 것은 연속성상에서 점진적으로 주어지는 것으로 이해한다. 이러한 보르헤스의 시간에 대한 관념은 “나는 이 혹성의 사람들이 우주를 공간이 아닌 연속적인 시간 속에서 발전하게 되는 정신적 과정으로 이해하고 있었다고 말했었다.”(33면)라는 진술로 압축되어 표현되어 있다. 그는 이분법으로 시간과 공간이 분리되어 있다고 생각하지 않는다. 모든 것은 분리되어 인식되지 않고 하나의 사실은 또 다른 사실과 결합되고 연관된 상태로 본다. 일원론이나 절대관념론이 없다고 믿는 보르헤스의 신념이 틀뢴을 통하여 역설된다. 보르헤스는 틀뢴이라는 철저히 허구적인 공간을 설정하여 작가 자신의 현실에 대한 염오를 보여준다. 그는 기존의 플라톤적 사고 체계를 깨뜨리고 새로운 형이상학과 언어관과 시간관을, 합리적 전개를 거부하는 우연성에 입각한 서술 방식으로 표출한다.

전환의 문학

인쇄일 초판 1쇄   2006년 06월 15일
발행일 초판 1쇄   2015년 07월 20일
인쇄일 재판 2쇄   2015년 07월 25일
발행일 재판 2쇄   2015년 07월 30일

지은이 조 해 옥
발행인 정 진 이
발행처 새미
등록일 2005. 3. 15. 제17-423호
서울시 강동구 성내동 447-11 현영빌딩 2층
Tel : 442-4623~4 Fax : 442-4625
www.kookhak.co.kr
E-mail : kookhak2001@hanmail.net

ISBN 978-89-5628-217-6 *93800
가 격 14,000원